KB070592

싱가포르 한인사회

글로벌 한인, 트랜스내셔널 한인 공동체

나남
nanam

나남신서 2141

싱가포르 한인사회

글로벌 한인, 트랜스내셔널 한인 공동체

2023년 5월 31일 발행
2023년 5월 31일 1쇄

지은이 김지훈
발행자 趙相浩
발행처 (주) 나남
주소 10881 경기도 파주시 회동길 193
전화 (031) 955-4601(代)
FAX (031) 955-4555
등록 제 1-71호(1979. 5. 12)
홈페이지 http://www.nanam.net
전자우편 post@nanam.net

ISBN 978-89-300-4141-6
ISBN 978-89-300-8001-9(세트)

책값은 뒤표지에 있습니다.

이 저서는 2016년 대한민국 교육부와 한국학중앙연구원(한국학진흥사업단)을 통해 해외한인연구사업의 지원을 받아 수행한 연구임(AKS-2016-SRK-1230004).

나남신서 2141

싱가포르 한인사회

글로벌 한인, 트랜스내셔널 한인 공동체

김지훈 지음

나남
nanam

Global Koreans and Transnational Korean Communities in Singapore

by

Jeehun Kim

nanam

싱가포르 한인 1.5세대 아내,

싱가포르에서 태어난 아들, 뉴욕에서 태어난 딸,

싱가포르에서 중장년기를 보내고 황혼기를 한국에서 보내는 장인·장모님,

한국에서만 사신 나의 부모님.

모두가 트랜스내셔널 가족이 된

지난 20여 년의 시간을 이 책으로 기념한다.

머리말

처음으로 싱가포르에 살았던 1999년 6월부터 2002년 7월 사이에 싱가포르 창이공항을 오가는 길에 여행 가방과 함께 택시에 탈 때면, 싱가포르인 택시 운전사는 청년기에 미국과 영국에서 살았던 경험이 있는 나의 영어 악센트를 알아채고는 "어느 나라에서 왔냐?"고 늘 물었다. "한국"(*Korea*) 이라는 대답에 곧바로 이어지는 질문은 항상 "북한이냐, 남한이냐?"(*North or South?*) 였다. 사실, 싱가포르는 남북한 모두와 같은 해(1975년) 에 외교 관계를 수립하고 대사관을 열었다. 충분히 할 수 있는 질문이다. 미국의 도널드 트럼프 대통령과 북한의 김정은 위원장이 싱가포르에서 정상 회담(2018년 6월 12일) 을 연 것은 이런 배경도 중요했다.

2017년 1월부터 〔코로나바이러스감염증-19(COVID-19, 이하 코로나19)에 따른 봉쇄 기간 약 2년을 제외한〕 2023년 2월까지 방학 기간마다 2주에서 한 달쯤 현장조사를 위해 싱가포르를 방문했다. 공항이나 시내에서 택시나 그랩(*Grab*) 을 탈 때에는 택시 운전사들은 목적지를 확인하는 나의 말을 듣고 대개 먼저 "한국인이냐?"(*Are you Korean?*) 고 물었다.

"그렇다"(*Yes*)고 하면, 2000년대 초반까지 늘 들었던 "북한이냐, 남한이냐?"(*North or South*?)는 추가 질문이 없었다. 곧바로 본인이나 배우자 혹은 자녀가 한국 드라마나 K-pop을 얼마나 좋아하는지, 좋아하는 한류 스타는 누구인지, 적당한 시간 안에 마무리 짓기 위해 노력하지 않으면, 차를 타는 내내 하는 그 이야기를 내가 내릴 때까지 이어가곤 했다. 그래서, 적절한 타이밍에 싱가포르의 평범한 서민층에게 궁금했던 질문을 하고 그 답을 듣고 택시를 내리는 것을 나의 '택시 루틴'(*taxi routine*)으로 삼았다.

택시 속 저자의 경험은 2000년 전후인 과거와 2020년 전후인 현재 사이 약 20여 년의 기간 동안 싱가포르에서 한국의 위상과 싱가포르인의 한인(韓人)에 대한 태도 변화가 이루어졌음을 잘 보여 주는 예이다. 그리고, 이 두 시기 한인이 싱가포르에 살거나 방문했다면, 아마 저자와 비슷한 경험을 공유했을 것이다.

이 책은 아시아의 선진국, 도시국가이자 글로벌 도시(*global city*)인 싱가포르의 한인사회를 현재 기준으로 '글로벌 도시 이민사회'로 유형화한다. 그리고 지난 반세기 동안 어떻게 변화해왔는지, 싱가포르 한인사회 공동체의 사회문화적 특징을 탐색한다. 이를 위해 연령, 젠더, 이주 이력, 직업, 소득, 여타 사회인구학적 배경이 각양인 한인 구성원의 이주 경험과 실천에 대해 인터뷰하고 관찰한 결과를 분석한다.

저자는 인도네시아 자카르타에 대한 도시사회학적 연구(Kim, 2002), 싱가포르와 동남아로 간 조기유학생 가족과 주재원 가족에 대한 연구(Kim, 2010; Kim, 2012; Kim, 2015; Kim & Okazaki, 2017; Okazaki &

Kim, 2018; 김지훈, 2014), 베트남 하노이의 주재원 가족과 한인타운 연구(Yun et al., 2022; Ho et al., 2022), 인천과 안산 지역의 다문화 가족 및 청소년 연구(안지영 · 김지훈, 2014; Kim & Okazaki, 2022), 한국의 유학생 연구 등을 20여 년 가까이 해왔다(김지훈, 2013; 김지훈 · 이민경, 2011; 박근영 · 김지훈, 2014).

싱가포르 한인사회를 공동체 수준에서 본격적으로 연구한 것은 한국학중앙연구원의 공동 연구과제를 받으면서부터이다. 이 책은 2017년 1월에서 2023년 2월 사이 장기간의 질적 연구로 얻은 자료를 바탕으로 한다. 더불어 지난 20여 년간 런던(및 그 인근인 옥스퍼드), 뉴욕, 싱가포르, 방콕 등 여러 국가의 도시와 한국에서 거주하는 도시를 포함한 다섯 곳 중 두 도시를 오가면서 두 나라에서 동시에 살아온 트랜스내셔널 이주자(*transnational migrant*)로서의 자기성찰적 경험도 녹아들어 있다.

이 책의 부제목 일부이기도 한 '트랜스내셔널 공동체'(*transnational community*)와 헌사에서 언급한 '트랜스내셔널 가족'(*transnational family*)은 1990년대 중반과 2000년대 초반에 새롭게 등장하여(Basch et al. 1994; Bryceson & Vuorela, 2002), 21세기 이민 연구의 패러다임을 바꾼 새로운 개념이다. 이 연구들이 등장하고 몇 년 후부터 우연히도 이 두 개념이 가장 잘 적용될 글로벌 도시 두 곳에서 "상당한 뿌리를 두고 오가는 삶을 사는 트랜스내셔널 가족"으로 지냈다.

해외 한인이나 한인사회에 대한 연구는 그간 대규모의 한인이 영주 목적으로 이민한 미국이나 캐나다와 같은 전통적 이민국가나 역사적 이유로 이산한 한인 후손의 규모가 상당한 중국, 일본 등의 일부 국가에 주로 한정되어 진행되는 경향이 컸다(e.g. 윤인진, 2004). 세계화(*Globalization*)와 함께 변화하는 한인들의 정체성(*identity*)과 트랜스내셔널리즘(*transnationalism*, 초국적성)에 대한 연구도 드문 편이지만, 많지 않은 이러한 연구도 기존에 주로 연구해온 국가를 중심으로 이루어지는 경향이 이어지고 있다(e.g. Yoon, 2021).

이는 한국과 다른 아시아 여러 국가가 엇비슷한 시기에 후기산업화와 세계화가 이루어지면서 21세기에 두드러진 규모의 한인이 '새로운 선택지'로 이주한 국가에 대한 공백을 남긴다. 이 책은 그 중요한 공백을 메우는 시도이다.[1] 싱가포르 한인사회 전반에 대한 첫 번째 책이며, 재외 한인사회 전반에 대한 이론적 공백도 동시에 메우고자 한다.

재외 한인사회를 이해하려면 우선, 세계 220여 개국 중 2021년 기준으로 한인이 1만 명 이상 거주하는 나라는 26개국에 불과하다는 점을 인식할 필요가 있다(외교부, 2021; 이 책의 〈표 1-3〉 참고). '세계 대부분의 국가'의 한인사회, 즉 1만 명 미만의 한인이 거주하는 한인사회에 대한 이해를 바탕으로 이 책에서는 싱가포르와 다른 동남아 국가 한인사회의 지난 20~50년간 역사적 변천을 고려하여 유형화하면서 '전 세계 대부분 국가'의 한인사회에 적용할 수 있는 유형화와 세부 유형을 제시했다.

지구적 수준에서 급속한 세계화가 이루어진 20세기 후반과 21세기의 시점에서 달라진 맥락과 환경 때문에 한인뿐만 아니라 전 세계적으로 다른 민족집단의 이주 동기, 형태, 기대 및 전망, 그 실천은 개인 수준, 가족 수준, 공동체 수준, 국가 수준, 글로벌 지역(*regional*) 수준, 글로

---

1 동남아시아 한인사회 연구단의 다른 공동 연구진의 저서는 대부분 동남아 다른 나라의 한인사회에 관한 첫 번째 저술이다(김지훈 외, 2022; 채수홍, 2022 등 다른 공동 연구진의 저서를 참고할 것).

벌 수준에서 과거와 구분되는 차이를 보인다. 해마다 혹은 몇 년마다 많은 국가에서 이주와 이민 관련 제도와 정책은 이민을 받는 국가이든 보내는 국가이든 세부 정책을 선도적으로 바꾼 '경쟁국'의 정책을 고려하며, 서로 엇비슷한 방향으로 혹은 '선도 국가'가 되기 위해 먼저 그 정책을 바꾸기도 한다.[2] 거의 모든 국가가 고령사회화하고 있는 현재의 맥락에서 이민정책(*immigration policy*)은 인구학적 '필수' 정책이기도 하다(김지훈, 2017; 김종호 · 김지훈, 2023; 조영태, 2016). 따라서 앞으로의 미래에도 국가 수준과 글로벌 수준에서 정책 변화의 필요성과 가능성도 크다.[3]

저자는 전 세계 한인사회를 몇 가지 세부 유형으로 유형화를 시도했다. 20세기 전반기까지 역사성을 배경으로 현재 4세대 이상의 한인이 존재하는 한인사회를 형성한 중국, 일본, 중앙아시아를 포함한 구소련 지역의 경우 '디아스포라형 한인사회'으로 구분한다. 속지주의와 복수국적(이중 국적 포함) 제도를 가진 전통적 이민국가인 미국, 캐나다, 호주, 뉴질랜드 등은 '전통적 이민국가형 한인사회'으로 구분한다. 싱가포르와 대다수의 다른 국가는 그 외의 몇 가지 세부 유형으로 유형화할 수 있다고 본다. 또한 싱가포르 한인사회의 경우, 인접한 다른 동남아 국가와 통시적 관점에서, 글로벌 생산 체계와 이주 체제(*migration system*)

---

2 싱가포르 리센룽(Lee Hsien Loong) 총리의 대국민 연설 중 지난 몇 년간 적극적으로 추진하지 않아온 '외국인재 유치정책'을 다시 적극적으로 재도입하겠다는 정책 변화를 그 예로 들 수 있다(Lee, 2022).

3 이주정책에 있어 대부분의 선진국은 외국인 가사노동자를 활용해왔다. 선진국 중에서는 한국만이 그 예외나 마찬가지였다. 그동안 외국 국적자나 외국 출신자 중에서는 중국 동포나 귀화한 외국 출신 한인만이 가사노동자로 일할 수 있었다. 서울시와 정부는 서울부터 시범사업을 실시한다고 2023년에 발표했다.

적 관점에서 볼 때 유사하면서도 구분되는 특성을 지닌다.

도시국가이자 글로벌 도시인 싱가포르는 뉴욕, 런던 같은 글로벌 도시의 한인사회와 어떤 차이점과 유사점이 있는지도 주목한다. 현재를 기준으로 말하면, 싱가포르 한인사회는 뉴욕시의 맨해튼 지역이나 런던 중심지 '1, 2 구역'(Zone 1 & 2)의 한인사회와 유사하게 유학생, 주재원, 글로벌 기업 전문직, 1세대 및 후세대 이민자 한인 등이 공존하는 '글로벌 도시'에서 흔히 볼 수 있는 '트랜스내셔널 이민사회·공동체'(*transnational community*)이다. 또한 싱가포르 한인사회는 인접 동남아시아 국가와 유사하게 '소규모 한인사회'와 '순환이주 주재원 사회'의 특징을 가졌던 근래의 역사가 있다.

저자는 그간 수집한 질적 자료의 분석을 토대로 싱가포르 사회와 싱가포르 한인사회에 대해 '조용하고 치열한 사회'라는 공유된 인식이 존재함을 보여 준다. 동시에, 한 도시에서 거주하는 한인집단이 글로벌 도시라는 맥락과 변화하는 이민정책의 맥락에서 여러 세부 집단으로 분화하고 분절되는 경향이 있음을 이 책의 전반을 통해 보여 줄 것이다.

한 권의 책을 내기까지 감사할 분이 아주 많다는 사실을 생애 첫 단독 저서를 펴내면서 가슴속 깊이 절감했다. 이 책의 토대가 된 연구에 정식으로 참여하여 본인의 삶에 관해 말씀해 주시거나, 싱가포르 현지에서 오래 계시면서 한인사회 구성원이자 관찰자로서 본인의 시각과 생각을 말씀해 주신 모든 분들께 감사한다. 특히 전현직 싱가포르한인회 및 한인 관련 여러 단체와 조직의 회장과 임원분들, 한인회 사무국

장님과 사무실의 선생님들께 감사드린다. 이분들의 성함을 일일이 거명하지 않는 것은 이 책을 쓸 때 모든 분들께 익명으로 인용하기로 약속했기 때문이다. 또한, 혹시 책의 내용과 관련하여 오해받을지도 모르기 때문에 이러한 결정을 내린 것이지, 이분들의 도움을 숨기거나 가벼이 여기는 것은 아님을 이해해 주시기를 바란다.

이 책의 주제인 '싱가포르 한인사회' 연구를 최초로 권유한 선생님은 1999년 저자가 싱가포르국립대(NUS: National University of Singapore)에 유학할 때, 당시 사회학과 학과장이던 힝 아윤(Hing Ai Yun) 교수님이었다. 당시 한국 교육부 국비장학생으로 동남아시아 지역 전문가가 되기 위해 동남아 국가로 유학 가겠다는 다짐을 실천했던 때라, 싱가포르 한인사회 연구의 진정한 가치를 알지 못한 채, 이 주제에 대해 언젠가 쓰겠다고 말씀드렸다. 그리고 인도네시아어를 배우고, 한국어와 영어까지 생각하면서 영어로 논문을 쓰는 3중 언어의 부담 속에서, '자카르타 도심지역 주택가의 장벽화'에 대한 석사학위 논문을 썼다(Kim, 2002). 싱가포르 한인사회에 대한 논문과 저서 집필은 '언젠가 해야 할 오래된 숙제'로 남게 되었다. 지금은 대학에서 은퇴하고 봉사활동으로 노년기를 보내시는 힝 교수님께 감사드린다.

옥스퍼드대 지리환경학과의 알리 로저스(Ali Rogers) 교수님의 '트랜스내셔널 이주' 강의와 인류학과의 트랜스내셔널 이주 논쟁의 장에서 중요한 기여를 한 인류학자인 스티브 버토벡(Steve Vertovec) 교수님의 관련 수업을 들으면서, 내 생각의 편협함을 깨달았다. 일리노이대 어바나샴페인캠퍼스의 한국학자이자 인류학자인 낸시 에이블먼(Nancy Abelmann) 교수님은 결과적으로 나의 옥스퍼드대 박사학위 논문이 된

'트랜스내셔널 이주 맥락에서 싱가포르 한인 전문직 및 교육이주자 가족 일 매니지하기'(Kim, 2009)에 관한 한 페이지 분량의 짧은 요약문을 보내 드렸을 때, 장문의 답신으로 박사학위 논문 주제를 고민하던 나에게 큰 힘을 주셨다. 박사과정 중 힘든 순간이 찾아올 때마다, 그 답신을 읽으며 힘을 얻었다. 나의 소장용 박사학위 논문의 표지와 첫 페이지 사이에 그 답신을 지금도 보관하고 있다. 또한 박사과정 지도교수 앤서니 히스(Anthony Heath) 교수님과 헤더 하밀(Heather Hamill) 교수님, 학위논문 심사자 두 분, 옥스퍼드대 인류학과 로저 굿맨(Roger Goodman) 교수님과 캘리포니아대 어바인캠퍼스 사회학과 주디스 트리아스(Judith Treas) 교수님께 감사한다.

2010년 하와이에서 열린 미국아시아학회(AAS) 겸 국제아시아학회(ICAS) 공동 학회에서 내가 공동 조직자로서 구성한 패널의 토론자로 에이블먼 교수님을 모셨을 때, 그분은 다른 주니어 학자에게도 늘 정성을 쏟으셨기에 과거에 나에게 주신 도움을 기억하지 못하셨다. 우리 세션을 마치고 식사 자리에서 그때의 일을 자세히 말씀을 드리면서 감사할 기회를 가졌다. 그때 환한 웃음으로 정말 좋아하셨던 기억이 아직까지 남아 있다. 고인이 되신 낸시 에이블먼 교수님께 다시 한번 감사드린다.

오래된 숙제인 이 책을 쓰도록 이끈 분은 연구책임자이자 전 부산외대 총장인 김홍구 교수님과 서울대 인류학과의 채수홍 교수님이었다. 채수홍 교수님으로부터 전화로 연구과제 참여 제안을 받았을 때, 드디어 계속 미뤄 두었던 숙제를 해야 하는구나 하는 마음으로 수락했다. 하지만, 마무리 과정은 개인 사정으로 순조롭지 않았다. 한국학중앙연구원의 연구과제에 공동으로 참여하신 다른 팀원 선생님들과 연구보조를 하신 모든 분께 감사한다. 이 책의 연구와 출판은 한국학중앙연구원의 재정적 지원으로 이루어졌다. 연구팀의 다른 저서에 비해서 늦게 발간된 책을 인내해 주신 한국학중앙연구원의 김도형 선생님께도 감사드린다.

나의 싱가포르 현장조사는 때로는 2주, 대개 한 달 정도였지만, 그 첫날과 마지막날의 스케줄은 거의 항상 같았다. 첫 스케줄은 NUS 사회학과의 호콩총(K. C. Ho) 교수님과 일본학과의 인류학자 탕렝렝(Leng Leng Thang) 교수님과 함께 NUS 교수식당에서 점심과 커피를 함께하면서 시작했다. 내가 초점을 두고 인터뷰하거나 조사할 내용을 이야기하면 그분들은 이에 대해 조언과 격려를 해주셨다. 마지막 스케줄은 탕 교수님이 나와 호 교수님을 본인 댁으로 초대하셔서 저녁식사 후 창이 공항으로 가는 것으로 마무리했다. 공항으로 떠나기 전까지 세 시간 동안의 저녁식사와 후담을 나누었다. 내가 그날까지 새롭게 '발견'하거나 '파악'한 의미 있는 내용을 이야기하면, 두 분은 싱가포르·동남아·일본 전문가로서 조언해 주셔서 늘 즐겁고 유익한 시간이었다.

또한, 호 교수님은 NUS 아시아연구원(ARI: Asia Research Institute)의 아시아도시연구클러스터(Asian Urbanism Cluster)에 내가 2019년 여름방학 기간 내내 소속되어 연구에 집중하고, 다른 연구진과 교류할 수 있도록 배려해 주셨다. 개인 연구실과 호텔 수준의 NUS 교수 아파트에서 지낼 수 있도록 넉넉한 체재비의 펠로우십(Visiting Senior Research Fellowship)을 지원한 NUS 아시아연구원, 나의 싱가포르 방문마다 처음과 끝을 함께해 주신 호 교수님과 탕 교수님께 감사한다.

이 책의 출판을 흔쾌히 수락해 주신 나남출판의 조상호 회장님, 원래 약속보다 느리고 느렸던 나의 작업을 인내해 주시고, 이 책의 편집과 교정을 직접 맡아 주신 신윤섭 상무님과 이자영 차장님께 감사한다. 탈고 과정에서 도움을 주신 이승영 박사님과 이태정 박사님께도 감사한다.

큰 도움을 주셔서 이 책의 집필을 가능케 하신, 감사드려야 할 분들은 많지만, 그럼에도 이 책의 부족함이 크며, 그 부족함은 온전히 저자의 부족함 때문임을 잘 알고 있다. 언젠가 이 책의 2판을 발간할 수 있다면, 그때 그 부족함을 채울 수 있기를 희망한다.

2023년 4월 22일

이 책을 마무리하며, 싱가포르에서

김 지 훈

차례

글로벌 기업, 글로벌 한인

전문직 이주자의 일과 삶

제4장

보이되 보이지 않는 한인

경계를 넘나드는 트랜스내셔널 한인

글로벌 한인사회의 재생산과 글로벌 시민권의 한계

서론

글로벌 한인과 트랜스내셔널 한인사회 조명하기

'글로벌 한인'(*Global Korean*)[1]과 싱가포르 한인사회를 본격적으로 다루기 전에 싱가포르와 한국의 특징, 그리고 많은 글로벌 한인이 등장하게 된 배경을 살펴볼 필요가 있다. 앞으로 서론의 핵심 질문인 왜 싱가포르에 글로벌 한인이 많은지, 싱가포르 한인사회는 왜 '트랜스내셔널[2] 한인사회'(*transnational Korean community*) 인지에 대해 간략히 답하면서, 이론적 논의도 이어가겠다.

싱가포르와 한국은 세계 현대사에서 유사한 사례를 찾기 힘든 독특한 특징을 공유한다는 점에서 특별한 나라들이다. 우선 지난 50~60년간 개발도상국에서 세계 '주변부로부터의 오솔길'(해거드, 1994) 을 지나 선진국에 진입한 세계적으로 몇 안 되는 국가 중 하나라는 공통점이 있다.

---

1 '글로벌 한인', '트랜스내셔널 이민사회' 등의 개념은 저자가 이 책을 통해 (재)정의하고자 하는 핵심 개념이다. 서론 후반부와 1장에서 자세한 개념 정의와 재정의를 다룬다.

2 '초국가적'이라고도 번역한다. 이주자에게 트랜스내셔널 이주자 혹은 공동체라는 용어를 처음 사용한 학자는 미국 인류학자 바슈와 그녀의 동료(Basch et al., 1994)이다. 이에 대해서는 1장에서 더 자세히 기술하겠다.

사회학자와 정치경제학자들이 1980년대와 1990년대에 발전국가론 논쟁을 벌일 때 한국과 싱가포르는 대만과 함께 이론적으로 몇 안 되는 예외적 사례이자 모범 국가로서 연구 대상이 되며 주목받았다(Wade, 1991; Amsden, 1989; World Bank, 1993).

21세기 오늘날 세계 어느 나라든 이 두 국가를 '경제적 선진국'으로 대우한다. 뿐만 아니라 두 국가의 수도인 싱가포르와 서울은 면적이 비슷하고, 지난 20~30년간 글로벌 도시로 눈부신 발전을 이뤘다는 공통점도 있다. 싱가포르 한인사회도 마찬가지로 특별한데, 이는 조금 후에 집중적으로 다루겠다.

싱가포르와 한국이 특별한 또 다른 이유는 두 나라 모두 자국 내 경제에만 의존한 경제성장을 추구하지 않았다는 것이다. 두 나라는 미국, 중국, 동남아시아 등 지리적으로 인접한 국가나 냉전 시기에는 이념적으로 밀접한 우방을 파트너 국가로 삼은 발전 경로를 거친 국가라는 점도 매우 중요하다. 그러나 싱가포르가 독립 직후부터 지금까지 철저하게 자국의 실리를 추구하는 경제와 외교를 지속적으로 펼쳐왔다는 점에서는 한국과 차이를 보인다.

한국은 경제성장기 초반에는 미국이 최대 수출 시장이었다. 1990년대에 한국 기업의 동남아 및 중국 진출이 가속화되고 한중 수교 후에는 중국과 동남아가 최대 수출 시장이 되었다. 한국이 중국 진출을 하기 전, 중국 정부의 지도자들이 시장 경제의 이행과 경제 개방을 진지하게 고려할 때 리콴유(Lee Kuan Yew) 수상과 싱가포르 관료들을 직접 만나 논의를 나누었고, 싱가포르를 모델로 삼았다. 중국 정부는 싱가포르 기업을 위한 시범 산업단지도 운영했다. 이에 대한 자세한 사항은 리콴유 수상의 자서전에 나와 있다(Lee, 2000). 싱가포르도 비슷하게 말레이시아와 인도네시아 같은 이웃 국가뿐만 아니라 중국, 대만, 홍콩 등 중화권 국가와 밀접한 관계 속에서 발전한 경로가 두드러진다.

조금 거칠게 표현하면, 한국이 그간 고도성장을 이룰 수 있었던 '배후지'는 현재 중국과 베트남을 포함한 동남아 다수 국가라 할 수 있다. 싱가포르가 성장을 이룰 수 있었던 배후지로는 국경을 마주한 말레이시아나 인도네시아뿐만 아니라 다른 동남아 국가와 중국, 대만, 때로는 경쟁국으로 거론되는 홍콩 등 중화권 국가를 들 수 있다. 아울러 지리적으로 멀지 않고 싱가포르 내 인도계 시민들의 고국인 인도를 포함한 남아시아 국가를 꼽을 수 있다.

홍콩도 배후지라고 하면 의아할지도 모르겠다. 홍콩이 영국에서 중국으로 반환되기 전, 싱가포르를 포함한 여러 나라들은 홍콩의 부유층과 중산층이 이민 올 수 있도록 경쟁적으로 유치정책을 폈다. 캐나다의 밴쿠버에 홍콩 출신 이민자가 많이 거주하게 되어 한국 '기러기가족'의 원조가 되고(Kim, 2010; Okazaki & Kim, 2018), 트랜스내셔널 가족의 중요한 사례가 되며, '유연한 시민권'(*flexible citizenship*)[3]이라는 새로운 개념이 등장하는 중요한 계기도 된다(Ong, 1999).

한국과 싱가포르, 양국은 상생·동반 성장하는 파트너로서 동남아시아를 두었다는 또 하나의 공통점이 있다(김지훈 외, 2022). 이 점은 싱가포르 내 한인사회를 이해하는 데 필수적이므로 주목해야 한다. 이에 대해서는 2장과 3장에서 글로벌 기업의 한인과 한국계 대기업 주재

---

3 옹(Aihwa Ong)의 저서명으로 이후 널리 인용되어 학술용어로 굳어진 단어이다. 옹은 이 저서 초반에 '홍콩 탈출'을 하는 홍콩 부유층에 대해 흥미롭고 자세히 묘사했다(Ong, 1999).

원 및 싱가포르 정착 한인을 다룰 때 자세히 설명할 것이다.

싱가포르와 한국의 관계 또한 매우 특별하다. 1990년대에 한국 관료들은 싱가포르 관료의 청렴성과 효율성을 배우려 했다. 2000년대 이후 근래에는 서울과 비슷한 면적을 가진 싱가포르의 도시계획과 글로벌 도시로서의 발전전략을 배우고자 한다. 진보와 보수 양 진영의 최장수 서울시장 두 명이 모두 서울의 개발 계획을 싱가포르 현지에서 발표한 일은 결코 우연이 아니다. 한편 싱가포르 관료들은 한국 첨단산업을 주도하는 대기업이나 중견기업과의 연계를 통한 발전이나 한류 등 한국 문화산업과 빅테크 기업에 매우 큰 관심을 갖고 있다(김종호 · 김지훈, 2023).

한국과 싱가포르에서 서로가 이른바 선망하는 나라로서의 지위를 강화하기 시작한 2000년대부터 싱가포르 한인사회에서는 글로벌 한인이 상당히 큰 규모의 주요 구성원 집단이 되었다. 2010년대 이후에는 싱가포르 한인사회 전체가 '트랜스내셔널 한인사회'로 변모하면서, 동시에 '정착하고자 하는 이민사회'로 발전했다. 이에 대해서는 1장에서 자세히 다룬다.

더불어 이러한 변화는 주목할 만한 세계 경제 변화의 영향을 받았다. 즉, 글로벌 도시 중에서 주요 경제도시로서 싱가포르의 위치가 이전 시기에 비해서 격상한 것과 밀접한 연관이 있다. 2008년 리먼 사태로 촉발된 글로벌 위기의 여파로 아시아에서 '원톱' 글로벌 경제도시 역할을 하던 도쿄가 그 위상이 흔들리기 시작했다. 싱가포르와 어깨를 나란히 하는 비슷한 수준이던 홍콩은 2014년 우산혁명 이후 강경해진 중국 본토의 개입으로 주요 글로벌 기업들이 이탈하면서 그 지위가 흔들렸다.

이러한 흐름 속에서 싱가포르는 상대적 위치 상승을 이루었다(김지훈, 2019; BIS, 2016).

국제사회에서 두 나라가 서로 호의적이며 대등한 관계인 경우는 매우 드물다. 그럼에도 한국과 싱가포르가 이러한 관계에 있다는 것은 이민자에게 중요한 수용 사회적 맥락(*context of host society*)이 우호적임을 의미한다(Heisler, 2008). 이는 곧 개인과 공동체 수준에서 살기에 편안하고, 서로 간 연애와 결혼의 걸림돌이 적음을 의미한다. 전자에 대해서는 한인의 삶의 경험을 다루는 장들에서, 후자의 경우 한-싱 국제결혼 가족 사례를 다루는 장에서 더 자세히 논하겠다.

'글로벌 한인'은 한국 사회와 미디어에서 일상적으로 매우 흔하게 사용하지만, 학술적 사용에서는 좀 더 엄밀할 필요가 있다. '글로벌'이라는 개념은 '국제적'(*international*)이 두 국가 사이 혹은 여러 나라 사이라는 의미로 한정되어 사용되다가 '지구적' 혹은 '전 지구적'이라는 사회적 의미를 담을 필요성이 생긴 1990년대 세계화 시대에 '세계화' 혹은 '전 지구적'이라는 새로운 의미가 부가되어 생성되었다.[4]

이 책은 1990년대 이후 오랜 기간 동안 싱가포르에서 삶을 영위해온 한인에 대한 연구로, 이들은 글로벌 한인이라고 부르는 것이 적절한 집단이다. 저자가 보기에 지구상에 싱가포르만큼 트랜스내셔널한 특성을 보여 주는 한인사회(공동체)는 없거나 비슷한 사례를 손꼽을 수 있을 정

---

4 《옥스퍼드 영어사전》(OED: *Oxford English Dictionary*)에 따르면, global의 뜻 중에서 '전 세계적'이라는 의미(OED에 등재된 global의 의미 중 2-b의 뜻)는 그 용례 중에서 1995년 2월 16일자 〈타임스〉(*The Times*)의 기사에서 처음 사용한 예에서 찾았다(https://www.oed.com/view, 검색일: 2023. 4. 19).

도로 적을 것이기 때문이다.

저자는 런던, 뉴욕, 싱가포르, 자카르타, 방콕 등의 글로벌 도시에서 최소 1년에서 길게는 10여 년간 살았다. 현재는 한국에서 정부가 '국제도시'로 지정한 수도권의 신도시 지역에서 살며 지난 2년간 세계에서 가장 큰 한인 공동체가 있는 로스앤젤레스의 한인과 싱가포르 한인사회를 비교 연구하면서 그러한 생각이 더욱 깊어졌다.

이 책을 통해 독자들에게 싱가포르에는 왜 그리고 어떻게 글로벌 한인이 많이 살게 되었으며, 싱가포르 한인사회는 왜 트랜스내셔널 한인 이민공동체(*transnational Korean immigrant community*)[5]의 성격을 띠는지 보여 줄 것이다. 한국과 싱가포르의 현대 시기의 역동적 발전 과정, 양 국가와 사회의 변화, 그리고 이주정책(*migration policy*)과 제도가 맞물린 세부 맥락과 거시적 변동을 분석하고, 개인·가족·세대·공동체 수준의 경험을 더 자세히 살펴보고자 한다. 이에 대한 개괄은 1장에서, 세부적 내용은 이 책의 각 장에서 다룰 것이다.

싱가포르 한인사회를 다른 동남아 국가의 한인사회와 비교하면서 짚어 보는 것도 싱가포르 한인사회를 더 깊이 이해하는 데 필수적이다. 〈표 A-1〉은 지난 30년간 동티모르를 제외한 동남아 전체 국가의 한인 규모와 현지 국가의 영주권(*Permanent Resident*, *Permanent Residency*) 및 시민권을 취득한 한인 규모를 보여 준다.

---

5 '트랜스내셔널 한인 이민사회'(혹은 트랜스내셔널 한인 이민 공동체)에서 '이민사회'는 영어로 immigrant society/societies보다 immigrant community/communities라고 주로 표현한다. 한국 사회가 트랜스내셔널 사회라는 오해를 받을 가능성을 피하기 위해서다.

〈표 A-1〉 동남아시아 한인 규모 추이(1991~2021년):
국가별 시민권자, 영주권자, 체류자, 전체 한인 수의 변화

(단위: 명)

구분		1991년	2001년	2011년	2021년
싱가포르	국가별 총계	2,721	4,920	16,650	20,983
	시민권자	17	90	106	585
	영주권자	68	470	1,878	2,726
	체류자	2,636	4,360	14,666	17,672
인도네시아	국가별 총계	5,827	12,867	36,295	16,777
	시민권자	-	16	256	765
	영주권자	-	43	211	1,678
	체류자	-	12,808	35,828	14,334
필리핀	국가별 총계	727	19,571	96,632	31,102
	시민권자	-	67	26	22
	영주권자	607	191	757	1,429
	체류자	120	19,313	95,849	29,651
태국	국가별 총계	2,040	2,988	17,500	18,130
	시민권자	-	21	53	78
	영주권자	22	41	114	128
	체류자	2,018	2,926	17,333	17,924
말레이시아	국가별 총계	1,037	2,882	14,409	13,667
	시민권자	-	5	6	35
	영주권자	-	14	38	114
	체류자	-	2,863	14,365	13,518
미얀마	국가별 총계	136	602	1,408	2,537
	시민권자	-	-	-	-
	영주권자	-	-	-	18
	체류자	-	602	1,408	2,519
라오스	국가별 총계	0	0	830	1,502
	시민권자	-	-	-	-
	영주권자	-	-	-	10
	체류자	-	-	830	1,492
브루나이	국가별 총계	150	45	120	168
	시민권자	-	4	5	4
	영주권자	-	-	4	4
	체류자	150	41	111	160
베트남	국가별 총계	-	861	7,640	65,000
	시민권자	-	-	-	-
	영주권자	-	-	-	-
	체류자	-	861	7,640	65,000
캄보디아	국가별 총계	-	400	4,265	8,416
	시민권자	-	-	5	-
	영주권자	-	-	-	-
	체류자	-	400	4,260	8,416

자료: 외교(통상)부의 〈해외동포현황〉(1991~1999년), 〈재외동포현황〉(2001~2021년) 등의 원자료를 종합하여 재구성했다.

여기서는 두 가지 중요한 잣대를 동시에 살펴볼 필요가 있다. 첫째, 전체 한인사회의 규모(한인의 수)와 변화 추세다. 베트남과 필리핀의 경우 전체 한인의 규모는 싱가포르보다 크다. 그러나 시민권자와 영주권자의 규모는 싱가포르가 가장 크고, 인도네시아와 필리핀이 그다음을 차지한다. 이는 동남아 각 국가의 이민정책과 제도를 반영한다.

2022년 기준으로 한국에 대한 수출입 규모나 해외직접투자(FDI: *Foreign Direct Investment*)의 규모 등 경제적 밀접성은 베트남이 크다. 베트남은 동남아의 한인사회 중 제도적으로 정착이 어려운 국가 유형을 대표하기도 한다(김지훈 외, 2022). 필리핀의 경우 '은퇴비자'를 통해 제2의 인생을 살고자 하는 다목적형 이주 한인이 많은 또 다른 유형으로 분류할 수 있다(Kim, 2022; 김동엽, 2022).

사실 은퇴이민 혹은 은퇴비자에 관한 연구는 서구에서는 이미 오래전에 시작했다. 선진국에서는 연금제도가 오래됨에 따라 노후연금 수입이 안정화되고, 은퇴 후에 해외로 이주하더라도 해외에서 연금을 수령할 수 있도록 제도화됨에 따라 노년기에 기후가 온화하거나 생활물가가 더 저렴한 국가[6]로 노년기에 이주하는 은퇴이주의 흐름이 생겨났다(e. g. O'Reilly, 2013).

태국, 말레이시아, 필리핀 등 동남아 국가 역시 재정적 기반이 탄탄한 외국인 은퇴자를 위한 영주권과 유사한 장기 비자 제도를 적극 홍보하면서, 유럽과 일본 등 선진국 출신의 은퇴자 공동체가 형성되고 있다. 다시 말해, 두 국가에 동시에 상당한 뿌리를 갖고서 트랜스내셔널한 삶을

6 유럽에서는 EU 국가로서 역내 이주 장벽이 없어진 스페인 등 지중해 연안 지역의 나라에 해당한다.

사는 노년기 이주자들도 많아지고 있다. 젊은이만 글로벌한 삶을 추구하는 것이 아니라는 점을 유념할 필요가 있다.

자원 부국 인도네시아에는 현지에서 재벌 규모의 부를 축적한 한인 부자도 존재한다. 인도네시아는 시민권 획득이 쉽지 않지만, 성공하거나 그 반대 상황의 한인이 현지인과 결혼하여 시민권을 획득하고 영구 정착함에 따라 한인 규모가 상당한 국가 유형으로 구분할 수 있다.

싱가포르는 글로벌 도시로서 전 세계의 글로벌 한인이 집결하는[7] 아시아의 선진 도시국가로서 중요도가 크다. 한인사회 유형에 있어 다른 동남아 국가의 한인사회와 과거는 공유하지만 현재와 미래는 다른 유형을 형성하고 있다.

이 책의 연구 기간은 짧게 보면 2017년 1월에서 2020년 말까지 약 4년이다. 싱가포르가 코로나19로 봉쇄된 2년여의 공백기 이후 다시 방문하여 조사한 2023년 초반까지 포함하면 약 6년이다. 이 책의 주제에 대한 관심과 관찰은 저자의 싱가포르 유학 생활에서 비롯되었다. 저자는 1999년 7월 NUS 대학원에 진학한 후 싱가포르에 살면서 현지 한인들과 교류하고 싱가포르와 싱가포르 한인사회의 변화를 눈여겨보기 시작했다.

사실 이민 연구는 현대 사회학의 시작과 함께하며, 도시사회학과도 떼려야 뗄 수 없는 관계에 있다. 또한, 21세기 현재 사회과학 전반에서 사회적으로 가장 중요한 연구 주제로 손꼽힌다. 20세기 초반에 토마스

---

7 예를 들면 2010년대 들어 미국, 캐나다, 뉴질랜드, 호주 등에서 시민권을 획득한 이민 1.5세대 혹은 2세대 한인이 싱가포르로 재이주하는 경우가 눈에 띄게 많아지고 있다.

와 즈나니에츠키(Thomas & Znaniecki, 1918)가 공동으로 수행, 발표한 중요한 사회학 연구인 "미국과 폴란드의 폴란드계 농민 연구"는 이민 연구의 시초이다. 미국과 폴란드 두 나라를 장기간 체류하면서 양국에서 편지와 일기를 포함한 방대한 질적 자료를 수집하는 방식을 채택한 최초의 연구이고, 장기간의 다현장 연구(*multi-sited fieldwork*)의 기원이기도 하다.

이 책은 글로벌 도시이자 도시국가인 싱가포르에서 이주자로 살아가는 한인의 인식과 경험, 실천(*practices*)에 주목한다. 또한 이주자의 초국적 이동성과 이동 궤적은 역동적이고 다면적인 과정임을 주목하여 살핀다. 특히 싱가포르 한인사회의 세부 집단을 좀 거칠게 구분하면, 주류층과 비주류층을 이루는 한인들의 계급적 배경과 이주 이력을 중요한 것으로 파악한다. 싱가포르 한인사회는 과거 고학력 중산층이 주류를 차지했고 그중에서도 한국 기업 주재원이 중심인 소규모 한인사회였으나, 최근 들어 계급, 직업, 글로벌 이주 이력, 연령대 등 사회인구학적 배경이 다양한 한인이 점증하고 있다.[8]

이러한 싱가포르 한인사회가 개인・가족・집단 수준에서 실천하는 초국적 활동(*transnational activities*)과 상호작용의 내용 및 특징을 잘 포착하기 위해 현지조사와 심층면접, 참여관찰 등의 질적 연구 방법을 채택했다.

---

8 최근의 청년 취업자, 1970년대와 1980년대의 여성 이주노동자, 2000년대와 2010년대의 중산층 및 경제적으로 빠듯한 중간층 기러기가족, 한국이나 싱가포르 출신이 아닌 다른 국가에서 태어나거나 산 경험이 있는 한인 등이 그 예이다.

이 책의 집필을 위해 수행한 연구의 특징을 정리하면 다음과 같다.

첫째, 이 연구의 가장 중요한 자료원은 싱가포르에서 장기간 현지조사를 수행하여 수집한 개별 심층면접 자료이다. 연구참여자에게 연구에 대해 설명하고 동의서를 작성한 후, 면접은 모두 녹음하는 것을 원칙으로 했다.9 면접 내용은 최대한 빠른 시간 안에 전사했다. 분석 단계에는 여러 차례에 걸쳐 전사한 내용을 숙독한 후, 주요 주제를 귀납적 방법으로 도출했으며, 필드노트도 적극적으로 활용했다(Birks & Mills, 2011).

둘째, 현지조사를 수행하면서 현지의 한인 기관(현지 언론, 대사관 등), 한인 단체(한인회, 여성회, 상공회의소, 세계한인무역협회 등), 각종 한인 모임, 한인 기관과 단체의 발간 자료와 웹사이트 내용 등 현지에서 수집한 자료도 활용했다. 한인 단체와 한인 모임의 일부 행사에는 저자가 직접 참여하여 관찰했다.10 참여관찰 직후에는 최대한 이른 시각에 기억을 되살려 메모를 작성했다. 또한 싱가포르 정부기관의 발간 자료(통계 자료 등)를 참고했고, 싱가포르 이주 전문가와의 면담도 수행했다. 싱가포르 이주 전문가 그룹은 싱가포르 대학에 재직 중인 한인 전문가뿐만 아니라 이주 연구를 수행해온 싱가포르인 교수까지 포함했다.

셋째, 장기간의 현지조사 역시 가장 중요한 조사 기법이다. 저자는 이 연구를 위해 2017년 2월, 그리고 2018년 1월, 2019년 1월과 10월에 각각 15~30일에 걸쳐 현지조사를 4회 수행했다. 코로나19의 전 세계 유행 이후 싱가포르를 방문할 수 없었으나, 봉쇄가 해제된 2023년 2월

---

9 한인 기관 관계자 중 한 명은 녹음을 거절했고, 대신 필드노트에 메모하면서 면접을 수행했다.

10 여기서 언급한 한인 단체의 경우 최소 1회 이상의 주요 행사에 저자가 직접 참여하여 관찰했다.

과 4월에 각각 3주와 1주씩 방문했다.[11]

2017년 현지조사의 주요 대상자는 한인사회의 주요 구성원 및 한인사회 관계자(전현직 싱가포르한인회 회장, 싱가포르한국상공회의소 회장 및 임원진, 주싱가포르 한국대사관 관계자, 싱가포르한국국제학교 교장, KOTRA 담당자 등), 전문가 그룹(싱가포르 한인 언론사 편집장, 교수 및 연구자, 한인회 임원 겸 법률자문 담당자 등), 다국적기업 소속 금융업 및 호텔·식음료업 종사자 중심의 한인 이주자 등 총 30명이었는데, 이들에 대해 면접조사를 수행했다.

2018년 현지조사에서는 전문직 이민자(박사급 연구원, 교수 등), 노동이주 경험 한인, 주재원, 주재원 출신 사업가, 주부, 조기유학생 동반 학부모 등 다양한 계층과 직업의 한인 10여 명을 대상으로 심층면접을 실시했다. 아울러, 한인여성회 등 한인 단체와 면담도 진행했다.

2017년 2월과 2018년 1월의 현지조사 기간 동안에는 저자가 두 번째로 싱가포르에 약 1년 반을 살면서 박사학위 논문을 위해 장기 현장조사를 수행했던 2006~2007년 기간 동안 한국 및 다국적기업에 근무하는 주재원 이주자 중 연구참여자였던 분들 가운데 현재까지 싱가포르에 거주하는 일부와 공식 인터뷰를 하거나 비공식 면담도 수행했다. 뿐만 아니라, 과거 연구에 참여하지는 않았지만, 싱가포르에 20년 이상 거주하며 정보제공자 역할을 해온 한인 5명도 추가로 만나 비공식 면접을 수행했다. 다양한 연령대, 직업군, 이주 경력을 가진 비공식 면접자와의 지

---

11 코로나19 발생 이후 봉쇄 기간과 봉쇄 해제 이후 한인사회 변화에 대한 구체적인 내용은 이 책에서 다루지 않고, 후속 연구에서 다루기로 한다. 2022년 싱가포르 사회 전반에 대한 사항은 김종호와 저자의 연구(김종호·김지훈, 2023)를 참고하길 바란다.

속적 만남은 자료의 수집 과정이나 분석 과정에서 상당한 도움이 되었다. 싱가포르에 20년 혹은 그 이상 거주한 여러 지인들도 연구에 직간접적인 도움을 주었다.

2019년과 2020년에도 매 방학마다 싱가포르에서 3주, 그리고 하노이에서 주재원과 한인타운에 대한 연구를 1주 정도씩 한 달 정도 체류하여 계속 진행했다. 한국학중앙연구원의 지원 기간이 끝남에 따라, 후속 연구과제를 한국연구재단으로부터 지원받았다. 2019년의 경우 NUS의 아시아연구원에서 펠로우십 지원을 받아 여름 방학 두 달간 머물면서 싱가포르에서 조사를 수행했다. 후속 연구과제를 통해 한인사회 구성원 중 세부 집단(글로벌 기업에 근무하는 청년층과 한인 전문직)에 대한 연구를 수행할 수 있었다. 그 연구 자료와 결과는 별도의 논문으로 발간하거나 발간 예정이기 때문에 이 책을 쓰는 데 직접 활용하지는 않았다.

이 책에서는 한인단체장(한인회장)을 포함하여 모든 연구참여자와 연구에 직간접적으로 도움을 주신 분들의 실명을 쓰지 않았다. 이는 연구참여 동의서에서 명시적으로 설명한 내용이기도 하다. 프라이버시의 범위가 훨씬 더 넓고 민감하게 여겨지는 싱가포르 한인사회에서는 개인정보 보호가 더욱 중요하기 때문이다. '한 다리 건너면 다 아는 한인사회'이지만, 바로 그 이유 때문에 본인 가족 및 다른 가족 관련 신상 노출이나 다른 누군가에게 언급되는 것 자체에 매우 민감하다. 왜 그런지에 대해서는 한인사회 전반의 특징을 다루는 장에서 더 자세히 기술할 것이다.

넷째, 질적 연구자이자 이주 연구 분야의 전문가로서 저자가 싱가포르, 영국, 미국을 포함한 여러 국가에 장기간 거주한 경험 역시 중요한 자원이었다. 단일 사례로서 싱가포르에 초점을 두고 연구하고 기술하더라도 자료 해석의 성찰성과 자료수집을 위한 심층면접에서 연구참여자와의 라포(*Rapport*) 형성, 질문과 대답을 주고받을 때의 이해, 연구참여자가 이야기하는 내용의 복합적 의미 파악 등에 민감성을 발휘하는 데 도움이 되었으리라 생각한다.

뿐만 아니라, 저자는 학자로서 꾸준히 싱가포르 한인사회를 탐구했다. 1999년부터 2002년까지 3년 동안 싱가포르에 첫 번째로 거주한 경험 외에도, 2006년부터 2007년 사이 약 1년 6개월 동안 두 번째로 거주하면서 싱가포르 한인 주재원과 교육이주자에 대한 연구를 수행한 바 있다(Kim, 2009; 김지훈, 2010; Kim, 2010; Kim, 2011; Kim, 2012; Kim, 2015). 2010년 이후에는 적어도 격년에 한 번, 많으면 1년에 두세 차례 싱가포르를 방문하여 싱가포르 교육이주자와 전문직 이주자(*professional migrant*)에 대한 연구를 수행했다(김지훈, 2014; 김지훈, 2019; Kim, 2016). 과거와 현재 싱가포르 한인사회의 주요 세부 집단에 대한 연구를 한 우물 파듯 계속 수행해왔기 때문에 축적된 경험과 연구참여자 집단에 대한 이해가 이 책을 쓰는 데 도움이 되었으리라고 생각한다.

지금까지 기술한 방법론적 특성과 싱가포르 한인사회와 관련한 개인적 이력에 덧붙여 한 가지 더 이야기하고자 한다. 저자는 싱가포르에 대한 내부자적 관점과 외부자적 관점을 갖기에 필요한 시간과 경험을 보유했고, 그래서 싱가포르 한인에 대해 잘 아는 한국인 학자 중 한 명이라고 생각해왔다. 그러나 이 책을 쓰기 위해 2017년부터 2020년까지 싱가포르 한인사회에 초점을 둔 연구를 본격적으로 수행하면서 잘 알고 있다고 생각했던 한인사회의 역사와 일부 세부 집단에 대해 그동안 몰랐던 점들을 알게 되었다. 그간 '왜 그럴까?' 스스로 질문하던 점들도 새롭게 배우고 깨닫게 되었다. 그중 일부는 이 책의 핵심적 소주제로 다룰 것이다.

이 책은 학자에 의한 싱가포르 한인사회 전반에 대한 첫 저술이다.[12] 2020~2023년 코로나19 시기의 한인사회 변화 등 이 책이 다루지 못한 영역은 앞으로 더 많은 학자들에 의해 후속 연구와 심화 연구가 이루어지길 기대한다.

---

12 싱가포르에 오랫동안 거주한 경험이 있는 분들의 자서전이나 싱가포르 사회를 주재원 혹은 청년 이주자로서 경험하고 본인의 시각을 드러내는 일기나 수필적 성격의 책은 있다(정영수, 2012; 이순미, 2018; 오인환, 2019). 현지에서 거주하는 분들이 한국인들을 대상으로 발간한 여행서도 많다.

제1장

싱가포르 한인사회의 과거와 현재

소규모 한인사회, 순환이주 주재원 사회에서
트랜스내셔널 한인 공동체로

들어가며

한인사회에 대한 통계가 처음 출간된 연도를 기준으로 살펴보면, 싱가포르는 독립 직후인 1960년대 후반에 약 200만 명의 인구 대부분이 시민권자와 영주권자로 구성되어 있었고, 주로 무역업 종사자와 기업 주재원으로 일하는 30명 정도 소수의 한인만이 체류했다. 그러나 싱가포르 한인사회는 2021년 기준 영주권자 2,726명을 포함하여 2만 983명의 한인이 거주하는 동남아시아에서 가장 큰 한인사회 중 하나로 변화했다.

오랫동안 싱가포르 한인사회는 기업에서 파견된 순환근무자, 흔히 '주재원'이라고 부르는 근무자와 그 가족이 수적인 면이나 한인사회 활동의 구성과 참여, 한인 공동체 내에서의 발언권 등 해외 한인사회(공동체)의 특징 면에서 역할이 두드러졌고, 그들을 '주류'라고 칭할 수도 있는 '주재원 사회'였다.

싱가포르 한인사회는 여전히 '주재원 사회'로 이해할 수 있는지, 그리고 지난 20년 동안 두드러진 한인사회 구성원 증가와 시민권 및 영주권자 증가는 싱가포르 한인 공동체 전체에 어떠한 영향을 미쳤고, 최근의 변화를 공동체 수준에서는 어떻게 이해할 수 있는지, 서로 연관된 두 가지 질문을 중심으로 싱가포르 한인사회 형성의 역사와 현재를 알아본다.

싱가포르 한인사회의 역사적 변천 과정을 훑어보며 해외 한인사회에 전체적으로 적용할 수 있는 한인사회 유형화와 싱가포르나 주요 글로벌 도시에서 볼 수 있는 '글로벌 한인 이민사회'가 어떻게 이루어졌는지 살펴보자.

1. 한인사회 유형화와 글로벌 한인 이민사회로의 전환

싱가포르 한인사회의 약 50~60년간 역사를 구분하여 살펴보면 〔사회학자 막스 베버의 '이념형'(*ideal type*) 개념을 차용하여〕 전 세계 한인사회의 이념형 유형화(세부 유형 만들기)를 할 수 있다.

첫 번째로 세계 220여 개국 중 가장 많은 국가의 한인사회에서 볼 수 있는 세부 유형은 영주하는 한인, 즉 현지의 PR(*Permanent Resident*, *Permanent Residency*의 약자, 영주권 참고)[1]이나 시민권을 획득한 한인이 드물고 한국 기업이나 정부 관련 기관(외교관 포함)에서 파견된 주재원과 그 가족이 상당수를 이루는 작은 규모의 '주재원 사회'(*expatriate community*)[2]이다. 싱가포르 한인사회의 가장 중요한 특징은 무엇일까? 한 단어 혹은 짧은 문장의 정답 찾기 방식에 익숙한 한국인에게 묻는다면, 특히 현재 싱가포르에 거주하는 한인에게 직접 물어본다면, '주재원 사회'라는 짧은 단답형 답을 얻기 쉽다.

한때는 맞는 말이었고, 지금도 틀린 말은 아니다. 저자는 1990년대 중반 혹은 후반까지 싱가포르 한인사회는 '주재원 사회'였다고 본다. 이 점에서 동남아시아 다른 국가나 많은 한인이 거주하는 약 20개 내외 국가를 제외한 전 세계 거의 대다수 국가의 한인사회가, 좀 더 학술적으로 표현하면, '순환이주 주재원 사회'(*sojourning expatriate community*) 유형 혹은 소규모 한인으로 이루어진 '한인사회 형성기'에 해당한다.

그렇다면, 21세기 오늘날 2023년에 싱가포르를 방문하여, 싱가포르

---

1 싱가포르에서는 흔히 Permanent Resident(Permanent Residency)의 약자인 PR이란 말을 사용한다.

2 이 절 다음 부분에서 더 자세히 설명하겠다.

거주 경력이 좀 더 긴 한인에게 싱가포르 한인사회의 특징을 묻는다면 어떤 대답을 들을 수 있을까? 아마도, '주재원 사회에서 구성원이 다양해지면서 변화하고 있다'는 좀 더 길지만 여전히 한 문장인 대답을 얻기 쉬울 것이다. 오랜 기간 동안 싱가포르와 미국, 영국 등 여러 국가에서 혼자 혹은 가족과 함께 거주하면서 그 국가의 한인 공동체 구성원이자 관찰자로서 살았던 경험이 있는 저자로서 앞서 언급한 간단한 대답은 분명 싱가포르 한인사회의 중요한 특징 중 하나라고 본다. 동시에 학자로서 생각하기에 이 질문과 대답은 그리 간단한 문제가 아니다.

싱가포르 한인사회는 오랫동안 안팎의 한인들에 의해 주재원 사회로 불렸다. 20세기 상당 기간 동안 이 짧은 답은 적실했다. 싱가포르에서 오랫동안 살아와서 스스로를 '교민'[3]이라고 부르는 한인들이든, 싱가포르에서 1년 미만의 거주 경험밖에 없는 짧은 이주 경력의 한인들이든 비슷한 대답을 해왔다. 한인사회의 한국 기업 주재원과 그 가족이 싱가포르 한인 중 상당한 비중을 차지한다는 점, 그리고 미주 · 대양주 · 유럽의 한인 이민사회와 달리 한인사회 내 현지 영주권이나 시민권을 획득한 한인들의 비중이 매우 적은 점이 두드러졌기 때문이다.

21세기 오늘의 시점에서 보자면, 더 이상 싱가포르에 거주하는 한인의 수적인 면에서 주재원이 다수가 아니다. 하지만 주재원이 주류를 차

3 해외에 거주하는 한인을 부르는 호칭으로 교민, 교포, 동포, 재외 한인, 재외국민 등 여러 용어와 개념이 혼재한다. 시대의 변화에 따라, 이 용어는 재정의되거나 다른 의미를 갖곤 한다. 사회적으로 구성 혹은 재구성되기 때문이다. 언어학자 신지영(2021)은 같은 단어 혹은 같은 의미를 갖는 다른 단어들이 서로 관점이나 이해가 다른 집단끼리의 '줄다리기' 장이 될 수 있다고 본다. 예를 들어, 한국 사회에서 '내국인'과 '외국인'이라는 단어가 '누가' '누구'를 지칭하는 것인지 사실 모호하고, 자세히 들여다보면, 주류 집단 혹은 기득권 집단의 '언어 감수성' 정도를 드러낸다는 신지영 교수의 관찰은 예리하다.

지했던 시기에 장기간에 걸쳐 형성된 '주재원 사회적' 특징은 공동체 변화가 이루어진 후에도 여러 측면에서 남아 있다. 현재의 싱가포르 한인사회에서도 특히 한국인끼리 그리고 현지인, 외국인과의 사회관계에서도 그렇다. 아울러 한인 개인과 가족 수준에서, 정착과 이동이라는 이주 궤적의 면에서 중요한 특징이다.

그렇다면 주재원 사회란 무엇인가? 싱가포르 한인사회는 주재원의 상대적 비율이 낮아졌음에도 왜 주재원 사회라고 불리는가? 이런 질문은 한인사회의 여러 측면을 살펴보는 좀 더 상세한 고찰을 요한다. 저자는 이 절에서 한인사회의 세부 유형을 구분하는 유형화를 시도하면서, 싱가포르 한인사회의 과거와 현재를 살펴보고자 한다. 아울러, 인접 동남아 국가의 한인사회와의 비교를 통해 비슷한 유형으로 형성된 싱가포르 한인사회가 현재 어떤 점에서 어떻게 구분될 수 있는 한인사회인지도 살펴보겠다(김지훈 외, 2022).

이에 대답하는 방식은 다양하겠지만, 프랑스 사회학자 부르디외(Pierre Bourdieu)의 '아비투스'(*habitus*) 혹은 사람들 몸에 체화된 구조이자 실천방식을 한인 공동체 구성원 세부 집단별로 관찰하며 살펴보는 것도 그 방법 중 하나일 것이다. 상당 기간 동안 싱가포르 한인사회의 주류를 형성해온 집단적 실천방식이 여전히 주도적 혹은 상당한 영향을 미친다고 볼 수 있기 때문이다. 부르디외는 프랑스 사회의 계급 분석을 위해 아비투스 이론을 고안했다. 국제 이주(*international migration*)의 맥락에서 이 이론을 적용하려는 학자들의 노력이 요즘 부상하고 있지만(Collins et al., 2017; Erel, 2010; Khagram & Levitt, 2008; Lan, 2011;

Lehmann, 2014; Lin, 2012; Plüss, 2013; Yan & Meinhof, 2018), 한인을 이민 이론의 시각과 관점에서 살펴보는 것 역시 중요하다(Yoon, 2021).

저자는 이 책 전체에 걸쳐 싱가포르 한인사회를 사례로, '이주 연구' 혹은 '한인사회 연구'가 주로 다루는 주제[4]와 관련해 논의하면서, 이 질문에 답할 것이다. 사실 특정 외국의 한인사회를 주재원 사회로 혹은 주재원 사회적 특성을 중심으로 심도 깊게 다룬 연구는 한국 학계에는 아직 없다고 말해도 과언이 아니다.[5] '주재원 사회'와 '다양성과 변화'는 이 책을 관통하는 핵심 주제이다.

싱가포르와 동남아 한인사회에서 살펴볼 수 없는 한인사회 세부 유형은 다른 한국 학자들의 연구, 미국을 포함한 서구 국가, 일본, 중국, 러시아 및 구소련 지역, 중앙아시아 국가 등에 대한 연구(e.g. 윤인진, 2004; Seo, 2006; Yoon et al., 2012; Yoon, 2021)를 참고하여 세부 유형을 구분할 것이다. 또한, 이런 유형화는 외국 학자의 재외 주재원 연구의 과거와 현재 동향을 함께 살피면서 구분하고자 한다(e.g. Beaverstock, 2011; Ben-Ari, 2002; Black et al., 1991; Cohen, 1977; Fechter, 2007; Lan, 2011; Lin, 2012; Moore, 2016; Nukaga, 2013; Plüss, 2013; Scott,

---

4 이를 테면, 싱가포르에서 사업으로 성공한 한인들, 인터뷰 당시 실제 한국 대기업 주재원이거나 그 배우자인 경우, 글로벌 기업 사원부터 임원까지, 그리고 평범한 한인들, 연령대, 젠더, 학력, 직업군이 다른 세부 집단, 싱가포르에 오기 전에 해외 거주 경험이나 학업 경험이 있는 세부 집단 등이다.

5 해외에 거주하는 서구인 이주사회를 주재원 사회로 다룬 연구는 많다. 20세기 후반부에 학계에 발표한 가장 주목할 연구는 사회학자 에릭 코헨(Cohen, 1977)의 연구이다. 이는 근현대사에서 역사적 기원이나 규모로 인한 점이 있다. 아울러 자기 경험에 대한 서구인들의 보다 활발한 저서 출간(자서전, 여행서 혹은 수필집 등)을 통해 문학 장르로서 자리 잡은 점과 서구의 지리학 분야에서는 특히 학술 연구의 주요 주제로서 확립된 이유도 중요한 것 같다. 한국 학계에서는 최근 주재원을 포함한 근래에 이주한 한인에 대한 연구에서 부분적으로 주재원을 포함한 비영구 이주 한인에 대한 연구가 시도되고 있다.

2006; Thang et al., 2002).

주재원 사회적 특성은 싱가포르뿐만 아니라, 한인 인구 규모와 이주 역사의 면에서 상위 10개국 미만의 국가를 제외한 전 세계 다수의 한인사회에서 쉽게 찾아볼 수 있는 중요한 특징이다(〈표 1-3〉 참고). 이주사회학을 전공한 저자로서 국내 학계에서 아직 연구 가치가 저평가된 주제로 세계 한인을 이해하고 연구하는 데 그 가치가 매우 크다고 생각한다.

다른 하나의 질문을 던지자면, 현재의 싱가포르 한인사회 역시 주재원 사회로 파악하는 것이 적실한가? 싱가포르 한인사회를 이해하고, 나아가 이 글의 목적인 한인사회의 형성, 변화, 특징을 조망하는 데 이는 여전히 중요한 질문이다. 이를 파악하는 것이 이 연구의 첫 번째 목적이자, 이 책 전반의 주요 내용이다.

먼저, 전래의 이민사회적 특성과 구분되는 주재원 사회적 특성을 이해하려면 이민사회로서의 한인사회를 구성하는 전반적 요소들을 살펴보아야 한다. 특히, 한인들의 법적 체류 신분과 기간, 특히 체류 신분 중 싱가포르 영주권과 시민권 획득 등의 체류 유형의 변화, 현지인 혹은 동족인과 맺는 사회관계의 특징 등 세 가지 측면을 주목할 필요가 있다.

뿐만 아니라, 1980년까지 500명 미만의 한인들이 거주하던 싱가포르에 지난 20여 년간 거주 한인이 지속적으로 증가하여 2023년 기준으로 2만 명 이상의 다양한 배경을 가진 한인들이 체류하게 된 동인을 파악하는 것 역시 싱가포르 한인사회를 이해하는 데 핵심적인 과제이자 이 책의 두 번째 목적이다. 이는 싱가포르 한인사회에 어떠한 변화가 일어났는지 파악하는 것과 마찬가지이기도 하다.

이 장에서는 먼저 싱가포르 한인사회의 시기별 구분, 시기별 핵심적 특징(의 변화), 한인사회 형성과 변화의 주요 동인을 싱가포르와 한국 사회의 세계화와 이주정책을 중심으로 파악하고 살펴볼 것이다.

싱가포르 한인사회를 주재원 사회로 보는 관점은 무엇에 근거할까? 1990년대 초중반까지 싱가포르 영주권이나 시민권을 취득할 수 있는 한인은 매우 드물었다. 다시 말해, 한국 여권에 몇 년짜리 비자 스탬프를 지속적으로 연장 발급받아야 하는 '한국인'이자 싱가포르에서는 '외국인' 신분인 사람이 대부분이었다.

또한 이 시기까지는 직업과 이주 형태 면에서 한인 주재원이 전체 한인의 다수를 차지했다. 주재원 대다수는 한국계 (대)기업이나 공공기관에서 3년 내외 기간 동안 파견된 근무자와 배우자, 미성년 자녀 등 그 가족으로 구성되었다. 재외 한인과 관련한 자료가 최초로 집계, 발간된 1968년부터 1990년까지 싱가포르에 거주하는 한인은 전체 34명에서 2,485명으로 73배 이상 증가했지만(〈표 1-4〉 참고), 영주권자는 5명에서 33명으로 30명 내외 수준을 20년 이상 유지했다(외교부, 각 연도).

1990년을 기점으로 파악하면, 싱가포르의 한인 중 단지 1.3%만이 영주권을 보유했다(외교부, 1990). 체류 목적(직업)을 살펴보면, 소수의 영주권 보유자를 제외한 대부분의 싱가포르 한인들은 주재원 등 넓은 의미에서 체류자(滯留子), 혹은 일반재류자(一般在留子)[6]로 구성되었다.

---

6 '체류자'와 '일반재류자'는 현재 시점에는 이해가 쉽지 않은 용어이다. 그러나 외교부가 1980년대 후반까지 해외에 거주한 한인 중 해외 영주권이나 시민권을 획득하지 않은 (현재에는) '재외 한인'이라고 부르는 대상을 '교민' 혹은 '교포'와 구분하기 위해 연간 혹은 격년으로 발간한 〈재외교민(동포)현황〉에서 재외 한인의 수를 파악할 때 실제 사용한 범주 단어이다.

기업 주재원의 경우 대개 몇 년 단위로 후임자로 교체되기 때문에 현지인과 제한적 사회관계를 유지하는 점이 두드러진다. 이들은 파견된 업무 중심으로 일과 삶을 영위하기 때문에 현지인과의 관계는 얕은 수준을 유지한다. 본인의 직장 혹은 거래처와 관련한 현지인이나 외국인을 제외한 싱가포르의 비한인과의 관계 자체가 매우 제한적이다.

따라서 한인뿐만 아니라 주재원·파견자 공동체에 관한 많은 사회과학 연구는 비슷한 사회경제적 지위와 인종적·민족적 배경을 가진 파견자들끼리만 주로 어울리며, 현지 사회에 뿌리내림 없이 자신들만의 혹은 비슷한 다른 국가 출신과의 파견자(주재원) 공동체를 형성하여 살아간다고 지적한다(Beaverstock, 2011; Cohen, 1977; Fechter, 2007; Kim, 2016). 현재에도 한국 대기업 상당수가 현지 주재원을 수년간 파견하고 있고 앞으로도 그럴 것으로 예상할 수 있기 때문에, 이들이 싱가포르 한인의 주요 구성원 중 일부임은 여전히 부분적으로 적실하다.

이 연구는 싱가포르 한인사회를 주재원 중심 사회로 이해하는 것은 저자가 구분한 시기 중 '한인사회 형성기'[7]와 '주재원 사회 팽창기'[8]까지만 적실하다고 본다(〈표 1-1〉 참고). 달리 말해, 한인사회 형성기 중에서 초기에 해당하는 1960년대 이전은 주재원 사회라고 보기 어려운 시기다. 1990년대 이후 시기는 다른 유형의 이주자 집단이 두드러지게 늘어나면서 한인사회의 다양화와 분화가 진행된 주재원 사회 분화기(1990년대 후반~2000년대)와 영주화(혹은 이민사회화)가 두드러지는 2010년대부터 현재

7 저자는 1990년 이전 시기로 본다.

8 대개 3,000~4,000명 수준의 한인이 거주한 1990년대 중후반 시기를 이른다.

까지의 시기로 구분할 수 있다. 한인 공동체의 구성원과 특징 면에서 모두 주재원 사회였던 시기는 1970년대에서 1990년대 중후반이라 볼 수 있다.

2000년대 후반 혹은 2010년대 이후부터 현재까지는 이민사회화 초기로 구분할 수 있다. 이민사회를 하나의 범주로 본다면, 그 하위 범주로 우리가 새롭게 부를 수 있는 (미국, 중국, 구소련 국가와 구분되는) 이민사회인 싱가포르는 '글로벌 이민사회'[혹은 트랜스내셔널 이민 공동체(*transnational immigrant community*)][9]라고 주장한다. 달리 말해, 이 글에서 지적하고자 하는 보다 근본적인 주장은 다음 두 가지이다.

첫째, 싱가포르 한인사회의 형성과 변화는 전 세계 어느 한인사회보다 더 한국의 세계화와 깊숙이 연계되어 있고, 동시에 지난 20여 년간 싱가포르 정부의 세계화 정책은 싱가포르 한인사회 변화를 가속화시켰다. 다시 말해, 싱가포르 한인의 본격적 진출은 한국 기업의 세계화에 따라 시작되었고, 아시아 전체 특히 동남아 중심지인 싱가포르는 한국 기업이 해외 진출의 첫걸음을 내딛는 곳이었다. 중소기업이든 대기업이든 해외 시장을 진출할 때 미주 시장과 아시아 시장을 동시에 고려하는데, 후자의 경우 싱가포르가 그 전초 기지 역할을 하는 것이다. 기업뿐만이 아니다. 한류 스타들도 동남아 혹은 아시아 투어를 건너뛰고 글로벌 스타로 도약하기 어렵다.

다시 말해, 1990년대 후반부터 현재까지 싱가포르 정부가 추진한 이주 관련 정책과 (국가 주도적 산업정책 등) 발전전략,[10] 그리고 비슷한 시기의

---

9 한국어에서는 이민사회, 한인사회라는 표현을 쓰지만, 이때 '사회'를 표현하는 영어 단어는 공동체(*community*)이다. 주재원 혹은 이민 공동체 연구의 기원이 한국보다 이민 역사가 100년 이상 더 긴 서구에서 유래하고 이론화되었기 때문에, 저자는 이 책에서 '이민사회'와 '이민 공동체'를 교차 사용했다.

한국의 사회경제적 변화를 주목해야 싱가포르 한인사회의 최근 역사와 현재, 미래를 조망할 수 있다. 이에 근거하여 바라볼 때, 싱가포르의 정책과 한국의 사회경제적 변화가 서로 맞물려 지난 15~20년 내외 기간 동안 싱가포르 한인 규모가 10배 이상 증가하고 싱가포르 영주권자와 시민권자가 주재원 이상의 규모로 늘어났다. 더 이상 단순히 주재원 사회로 불리기 어려운 한인사회의 분화(혹은 다원화)와 변화가 이루어지고 있다.

1990년 싱가포르 한인 중 싱가포르 영주권자는 33명에 불과했는데, 1995년 싱가포르 시민권자(싱가포르 국적자)는 19명, 영주권자는 181명으로 6배 이상 증가했다. 2015년에는 싱가포르 시민권자는 257명, 영주권자는 2,423명으로, 최근 20년간 시민권자는 13.5배, 영주권자는 13.4배 늘었다(외교부, 각 연도). 이러한 증가 추세는 싱가포르로 진출(이주)하고자 하는 한인의 다양화와 싱가포르 이주정책의 변화가 뒷받침되어 이루어졌다.

한인의 다원화는 이 책 2장, 3장, 4장, 5장에 걸쳐 주류층과 비주류층, 그리고 비교적 근래에 이주한 한인들과 한인 2세와 여러 차례 이주한 이력이 있는 한국이나 싱가포르에서 태어나지 않은 글로벌 한인(교육이주자, 글로벌 기업 전문직 이주자, 청년 이주자)을 다루면서 더 자세히 살펴보겠다.

둘째, 싱가포르 한인사회가 이민사회화하고 있지만, 싱가포르와 한국 사회의 독특한 정책적 배경은 재외 한인 연구 일반에서 주목할 만한

---

10 싱가포르 정부가 고령사회로 이행하는 싱가포르 인구 문제에 대응하기 위해 인구정책의 일환으로 이주(이민) 정책도 변경한 것으로 볼 수 있다. 인구정책, 이주정책, 발전전략 모두가 동시에 고려된 정책적 산물이라고 보는 것이 타당할 것이다.

특이점을 배태하며, 이는 싱가포르 한인들을 어떻게 개념화할 것인지에 대해 심층적 파악을 요한다. 싱가포르 한인사회는 현지에서 PR이나 시민권을 취득하여 이민자로서 사는 한인도 상당히 많아졌다. 하지만 이민의 역사가 오래된 서구 한인사회와 구분되는 특징이 상당히 존재한다.

이는 전 지구적으로 전반적인 수준에서도 최근 이주민들이 트랜스내셔널 이주자로 변모하거나 트랜스내셔널 이주자의 특성을 띠게 되는 경향적인 특징과도 관련 있지만, 트랜스내셔널한 특성만으로 이해하기 어려운 점들도 존재한다(Khagram & Levitt, 2008). 트랜스내셔널 혹은 초국적 이주자로서 한인집단을 개념화할 수 있겠지만, 특히 최근 싱가포르 한인들이 왜 싱가포르 PR과 시민권을 취득하려 하는지 그 이유와 경향을 더 심층적으로 살펴볼 필요가 있다.

1990년대 후반과 2000년대 중반 장기간의 현지조사 기간 동안 일부 한인들이 간혹 PR을 취득하려는 경우가 있었지만, 대개 "고용비자(*Employment Pass/Permit*)나 PR이나 별 차이가 없고, 고용비자만으로도 10년 이상 사는 데 별 불편이 없다"는 얘기를 쉽게 접할 수 있었다. 그러나 2017년 2월부터 2023년 2월까지 수행한 싱가포르 한인의 면접조사 자료를 통해 파악한 점을 간략히 요약하여 제시하면, PR이나 시민권 취득을 통한 한인의 영주화는 앞으로 더욱 가속화할 전망이다.

싱가포르 한인사회에서는 다른 이민국가의 한인사회와 구분되는 특징을 파악할 수 있다. PR과 시민권의 취득자 수도 중요하지만, 이들의 싱가포르 사회와 한국 사회에 대한 조망, 관계 유지 방식, 미래의 삶에 대한 계획, 자녀 세대에 대한 희망과 기대, 그리고 전망 등 생애사적 고찰에 대한 심층적 이해가 필요하다. 이 지점에서 다른 한인사회와의 차

이를 찾아볼 수 있다.[11]

싱가포르에 10~20년 이상 영주한 3,000~4,000명 규모의 한인 영주권자와 시민권자에 한정해 논의하면, 경직된 시민권 체제 국가를 모국(한국)과 거주국(싱가포르)으로 두고 '유연한 시민권'을 행사하고자 하는 초국적 혹은 트랜스내셔널 이주자 집단으로 요약할 수 있다고 생각한다.[12] 시민권 체제와 정책 그리고 이에 대응하는 이주자의 개별 혹은 가족 단위 시민권 전략은 이민/이주 사회의 영속성을 살펴볼 수 있는 핵심 지표 중 하나인 후속 세대(2세대 이상)의 현지 사회 지향과 통합 혹은 소속감의 정도를 시사한다. 이 점은 재외 한인사회 연구뿐만 아니라 이민 공동체의 재생산과 유지에 대한 흥미로운 사례와 이론적 함의를 제공한다(Portes, 2001; Portes & DeWind, 2007; Rumbaut, 2007).

저자가 싱가포르 한인사회를 주재원 사회의 특징으로 설명하는 것은 20세기 후반의 한 시점에는 매우 적절했다. 싱가포르에 국한되지 않고

---

11 연구 방법에서 자세히 설명하지만, 싱가포르 한인사회와 다른 국가 한인사회의 차이에 대한 저자의 인식은 2000년대 초중반과 2010년대 후반 싱가포르 한인 연구 수행 전 기간 동안 싱가포르-한국-영국 혹은 싱가포르-한국-미국을 동시에 오가며 이들 국가의 한인사회에서 살며 관찰한 경험에도 부분적으로 근거한다.

12 포르테스(Portes)가 초국적 이주자와 관련한 논쟁에서 잘 지적했다시피, 요즘 모든 이민자가 초국적 이주자인 것은 아니다. 포르테스의 연구에 따르면, 이주 연구자들이 핵심으로 파악한 초국적 이주자의 특성(2개 국가 이상에서 경제적 활동을 하는 등)을 가진 좁은 의미의 초국적 이주자는 10~15% 내외다. 싱가포르 사회에서 한인의 직업적 특성을 고려하면, 싱가포르 한인사회는 여타 다른 국가보다 (좁은 의미와 넓은 의미 둘 다에서) 초국적 이주자의 비중이 더욱 크다(Portes et al., 2002).

지금 이 글을 쓰고 있는 맨해튼과 비교해도 훨씬 더 클 것 같다. 맨해튼이나 뉴욕시 전체 한인사회를 같은 관점에서 보면, 초국적 이주자 공동체로서의 특성이 더 클 것이다. 맨해튼 월가(Wall Street)의 글로벌 기업 근무자들, 한국 기업 주재원, 뉴욕 소재 여러 대학과 연구소의 교수와 연구자들, UN에 근무하는 한인, 유학생 및 유학생 출신의 장기 체류자 등 한국, 제3국 거주 경험이 있는 한인이 지속적으로 유입되고 교체되기도 하며, 전체 수준에서는 상당한 규모로 존재하는 이들 한인이 기존에 영구 정착한 미국 시민권자, 영주권자 등 교민(교포)과 공존한다는 점에서 트랜스내셔널 이주자 공동체로 볼 수 있다.

20세기 후반 한국 사회의 산업화와 세계화와 더불어 성장한 동남아를 포함한 여러 지역(*region*), 국가의 한인사회가 공통적으로 가진 특징 중 하나라고 본다(김지훈 외, 2022; 채수홍, 2022). 저자는 이 책을 통해 주재원 사회를 새롭게 개념화하고자 한다.

그렇다면, 재외 한인사회 유형은 주재원 사회 외에 어떤 다른 유형이 있을까? 우리가 동시에 주목할 것은 한국에서 사는 한국인들에게는 훨씬 더 익숙한 개념인 미국, 호주 같은 '전통적 이민국가형(*traditional immigrant type*) 한인사회', 러시아, 중국, 중앙아시아 국가 등 '디아스포라형(*diasporic type*) 한인사회'(임상래 외, 2008; 윤인진, 2014; 한경구, 1996; Cohen, 1997), 혹은 새롭게 부각되면서 적절한 이름이 필요한 신(新) 유형의 한인사회 등 다양한 유형의 한인사회로의 변화를 발아하는 씨앗과도 같은 특징으로서 개념화하고자 한다.

주재원 사회란 20세기 초반까지 세계적 무역항에서 쉽게 찾아볼 수 있었던 외국인 민족 사회의 현대적 발현이라고 할 수도 있다. 아울러, 싱가포르 한인사회 사례를 통하여, 싱가포르 한인사회는 새로운 유형의 한인사회 중 '글로벌 도시형 트랜스내셔널 이민사회(공동체)'라고 부르는 것이 적절하다고 본다.

이러한 유형의 한인사회가 어떻게 형성되었는지 먼저 살펴보고, 다음으로 구성원 1세대, 1.5세대, 2세대 등 세대별 특징, 그리고 다양한 직업과 계층의 한인들의 과거와 현재의 삶은 어떠한 특징이 있는지, 그들은 어떠한 미래를 그리는지 앞으로 각 장에서 함께 더 자세히 짚어보겠다.

싱가포르 한인사회의 형성과 변화는 두 시기 혹은 네 시기로 구분해 살펴볼 수 있다(〈표 1-1〉 참고).

먼저 첫 번째 시기인 싱가포르 한인사회 형성기에 대해 간략히 살펴보자. 100명 미만의 한인이 거주하던 1960년대, 200명 미만에서 600명 내외 한인이 거주하던 1970년대를 한인사회 형성기로 본다. 이때는 한국사회에서 일반인의 해외여행도 가능하지 않던 시기였기 때문에, 소수의 이민자, 정부 및 기업 주재원과 가족이 중심인 한인사회가 형성되었다.

두 번째 시기인 1980년대와 1990년대는 주재원 사회 혹은 주재원 사회 팽창기로 명명할 수 있다. 세계화 전략을 긴밀히 추진한 싱가포르의 산업정책(e.g. Stahl, 1984; Yeoh, 2006)과 한국의 산업정책이 가시화되면서 싱가포르 한인사회가 급격히 팽창한 첫 시기로 볼 수 있다.

〈표 1-1〉 싱가포르 한인사회의 시기별 구분

<table>
<tr><th colspan="2">구분</th><th>한인사회 형성기</th><th>주재원 사회 팽창기</th><th>주재원 사회 분화기</th><th>이민사회화 초기</th></tr>
<tr><td colspan="2">시기</td><td>1960~1970년대</td><td>1980~1990년대 후반</td><td>1990년대 후반~2000년대</td><td>2010년대 이후~현재</td></tr>
<tr><td rowspan="2">싱가포르</td><td>이민 정책[1]</td><td>• 영주 제한</td><td>• 이주 촉진
• 영주 제한</td><td>• 이주 및 영주 촉진 (외국인재 유치정책)</td><td>• 정책조정기[2]</td></tr>
<tr><td>주요 산업 정책</td><td>• 무역항(물류 허브)
• 산업정책 입안기</td><td>• 금융 중심지 정책 등</td><td>• 글로벌 교육 중심지 정책 등</td><td>-</td></tr>
<tr><td>한국</td><td>사회 경제 변화</td><td>• 산업화 초기 단계 현대 이민 시작</td><td>• 한국 기업의 세계화 초기
• 동남아 현지진출</td><td>• 한국 기업의 세계화 심화
• IMF 사태 이후 고용유연화</td><td>-</td></tr>
<tr><td colspan="2">싱가포르 한인사회</td><td>• 소수의 한인 존재 (소규모 한인사회)</td><td>• (일부 기간) 건설노동자, 전자 조립 노동자 유입</td><td>• 조기유학, 주재원 이민자화
• 영주권 취득자 증가</td><td>• 영주권 취득자 및 영주권자 시민권 전환 증가
• 2세대 및 3세대 한인 출현 가시화</td></tr>
</table>

주: 1) 고학력·고급인력을 중심으로 기술한다. 싱가포르는 이주노동자를 적극 활용해왔으나, 저임금·저기술 외국인 노동자는 영주권 취득 등 영주권자와 시민권자가 될 수 있는 경로로 진입할 수 없다.
2) 2022년 중반부터 외국인재 유치정책을 재추진했다. 자세한 내용은 김정호 · 김지훈(2023) 참고.

한국 기업의 세계화로 싱가포르에 진출한 기업이 증가하면서, 싱가포르 도시 및 인프라 개발에 직접 참여한 건설업 등 일부 업종의 프로젝트에 대규모 한인 근로자가 파견되는 등 주재원과 파견 노동자의 진출이 급증하게 되었다. 무역 중심지, 금융 중심지, 다국적기업의 아시아 허브정책 등 독립 이후 싱가포르 산업정책의 골간을 이룬 발전정책은 싱가포르에 주재원들의 규모가 커지게 한 주요 동인이다.

싱가포르의 한인 규모가 5,000명을 돌파하고 현재 2만 명 정도로 한인 규모가 증가한 2000년대 초반부터 2010년대까지의 중요한 변화를 더 세밀하게 살펴보겠다. 이 기간은 두 시기로 세분할 수 있는데, 이 두 시기를 관통하는 싱가포르 사회의 이주 추동 동인은 싱가포르의 외국인 관련 정책 두 가지이다.

1990년대 후반 혹은 2000년대 초반부터 2010년대 중반까지 약 15년간 싱가포르의 외국인재 유치정책(*Foreign Talent Policy*)은 고학력·고숙련 외국인과 직접적으로 관련된 이민정책이었다(Mok, 2011). 한편 비슷한 시기의 글로벌 교육산업정책(*Global Schoolhouse Policy*)은 초·중·고생부터 대학(원)생까지 학생 전반을 타깃으로 한 외국인 유학생 유치와 싱가포르 내 교육 관련 기관의 세계화를 동시에 추진하는 정책이었다(김지훈, 2010; 황인원 외, 2012; Huang & Yeoh, 2005; Gopinathan, 2007; Marginson, 2011; Sidhu, 2006). 인력이나 학생 유치에만 치중한 이주정책이라기보다 이들이 싱가포르에 올 만한 유인으로 관련 교육 및 산업정책을 겸비했다는 점에서 한국, 일본 등 아시아 국가나 서구 국가의 이민정책, 고등교육 기관 세계화 정책과 구분된다.

이러한 정책의 추진은 한국인의 시각으로 보면, 좀 당연한 것 아닌가 생각할 것이다. 혹은 이런 정책을 산업발전 정책으로까지 볼 수 있나 의구심이 들지 모르겠다. 전자보다 후자에 가깝다고 볼 수 있는 이유는 외국인만 한정해 별도의 정원을 두면서 직접적 서비스 영역을 개선하는 수준으로 진행하는 한국이나 여타 국가의 관련 정책과 달리, 싱가포르인에게 직접적 영향을 미치는 영역의 변화까지 동시에 도모하기 때문이다. 이에 대해서는 교육이주자의 경험을 다루는 장에서 더 자세히 논하겠다.

위 두 정책의 적극적 추진은 정책 수준의 중요한 변화이면서, 결과적으로 싱가포르 사회 맥락에서 한인사회에 근래 들어 가장 큰 변화를 이끌어냈다. 짧게 말하면, 두 정책의 도입과 더불어 한인 수가 매우 급격히 늘었으며, 동시에 한인들 중 PR과 시민권 소지자도 크게 증가했다. 외국인재 유치제도 시행 이전에는 싱가포르 영주권 획득은 대규모 투자이민자와 같이 극소수에게만 허용된 기회였다.

한인 증가를 유도한 싱가포르의 정책 변화는 근본적으로 중요하지만, 한국 사회의 유출 요인도 비슷한 시기에 일어났기 때문에 '손뼉이 맞아' 한인사회 팽창이 이루어졌다. 싱가포르 이주정책과 발전전략이 이전 시기에 진출한 한인들이 영주화할 수 있는 제도적 기회와 사업적 기회구조를 제공하여 이주의 토대를 닦았다면, 한국 사회의 사회경제적 구조 변화[13]는 해외 영주를 선택하도록 개인적 동기를 추동한 것으로 보인다. 이에 대해서는 주요 한인집단을 다루는 장에서 더 자세히 살펴보고, 현재와 미래의 쟁점에 대해 간략히 정리하는 마지막 장에서도 더 다루겠다.

---

13 1997년 IMF 사태와 그 후 구조조정 및 고용유연화에 따른 대기업 주재원 출신자의 정착 경향, 2000년대 조기유학 열풍, 한국 사회 양극화와 청년 구직난 등을 가리킨다.

2. 세계 한인사회와 싱가포르 한인사회

이 절에서는 전 세계 한인사회와 동남아시아 한인사회에서 싱가포르 한인사회의 인구 규모 및 상대적 · 상징적 · 지정학적 중요도 등을 복합적으로 고려한 글로벌 사회정치적 위치를 먼저 살펴본다.

최신 자료인 2021년 외교부 통계에 따르면, 싱가포르에는 싱가포르 시민권을 획득한 한인이 585명, PR을 획득한 한인이 2,726명, 기타 자격으로 머무는 한인이 20,398명으로 총 20,983명의 한인이 거주한다(〈표 1-2〉 참고).

절대적 · 상대적 인구 규모 면에서 2만 명의 한인 공동체는 세계적 수준에서 결코 작지 않다. 재외동포 다수거주 국가 현황이 보여 주듯이, 세계 17위 규모의 한인 공동체다(〈표 1-3〉 참고). 해당 국가의 인구를 고려한 한인의 상대적 크기를 보더라도, 싱가포르 총인구가 2022년 싱가포르 통계청 자료에 따르면 563만 7,000명임을 고려할 때, 싱가포르 사회에서도 한인 규모는 작지 않다(Singapore Department of Statistics, 2022: vii). 미국, 중국, 일본 등의 국가 인구를 고려해도, 한인의 상대적 규모는 크다.

〈표 1-2〉 싱가포르 한인 현황(2021년)

(단위: 명)

구분	재외동포 총수 (1+2)	거주자격별					재외국민 등록수 (등록률 %)
		1. 재외국민				2. 외국국적 동포 (시민권자)	
		a. 영주권자	b. 체류자		계 (a+b)		
			일반	유학생			
남성	10,164	1,276	7,279	1,254	9,809	355	6,239(62)
여성	10,819	1,450	7,789	1,350	10,589	230	6,815(64)
계	20,983	2,726	15,068	2,604	20,398	585	13,054(63)

자료: 외교부(2021). 〈재외동포 현황〉. 서울: 외교부, 104쪽.

뿐만 아니라, 지정학적·경제적 중요성 측면에서 글로벌 한인사회 내 싱가포르 한인사회의 위치를 살펴볼 필요도 있다. 동남아시아 국가가 재외동포 다수거주 국가 30개국 중 7개국이나 포함되었다(〈표 1-3〉 참고). 이들 국가 중에서 현지 국가의 PR과 시민권을 획득한 한인 수를 따져 보면, 싱가포르가 단연 1위이다.

해외 한인사회 형성에서 역사적 배경을 고려하고, 이로 인한 '한인 세대'의 역사성과 한국 사회와 현대의 동시대적(*contemporary*) 관계를 고려하여 바라본다면, 디아스포라(*diaspora*) 한인의 규모가 큰 국가를 구분할 필요가 있다. 즉, 중국, 일본, 우즈베키스탄, 러시아, 카자흐스탄과 같은 국가의 경우 19세기 후반부터 20세기 초반까지 디아스포라 한인의 후손들이 큰 비중을 차지했다.

〈표 1-3〉 재외동포 다수거주 국가 현황(2021년)

(단위: 명)

순위	국가명	2021년	순위	국가명	2021년
1	미국	2,633,777	16	아르헨티나	22,847
2	중국	2,350,422	17	싱가포르	20,983
3	일본	818,865	18	태국	18,130
4	캐나다	237,364	19	키르기즈공화국	18,106
5	우즈베키스탄	175,865	20	인도네시아	17,297
6	러시아	168,526	21	말레이시아	13,667
7	호주	158,103	22	우크라이나	13,524
8	베트남	156,330	23	스웨덴	13,055
9	카자흐스탄	109,495	24	멕시코	11,107
10	독일	47,428	25	인도	10,674
11	영국	36,690	26	캄보디아	10,608
12	브라질	36,540	27	아랍에미리트	9,642
13	뉴질랜드	33,812	28	네덜란드	9,473
14	필리핀	33,032	29	덴마크	8,694
15	프랑스	25,417	30	노르웨이	7,744
기타 국가 동포 수					97,926
전체 재외동포 수(193개국)					7,325,143

자료: 외교부(2021). 〈재외동포 현황〉. 서울: 외교부, 43쪽.

미국, 캐나다, 호주, 뉴질랜드와 같은 국가의 경우 이민을 통한 PR과 시민권 획득이 상대적으로 쉽고, 속지주의(屬地主義)를 채택하여 현지에서 2세가 태어나면 자동으로 시민권이 부여된다. 이를 감안하면, 속인주의(屬人主義)를 채택하는 싱가포르에 한인 영주권자와 시민권자가 동남아시아 국가 중에서 가장 많다는 것은 큰 의미가 있다.

지금 언급한 점들을 전반적으로 고려하면, 싱가포르 한인사회는 자체적 독특성을 지녔을 뿐만 아니라 글로벌 한인사회에서 상대적·상징적 중요성을 지녔으며, 이를 탐구할 이론적 가치 역시 크다.

따라서, 한국 정부의 입장에서 교민 혹은 동포의 규모 면에서 싱가포르보다 앞선 순위 국가들의 역사적 특수성과 속지주의 제도를 함께 고려할 때, 싱가포르 한인사회를 단순히 규모에서 17위 수준이라고 보는 것은 적절하지 않다. 싱가포르와 동남아시아 국가의 한인사회가 한국의 산업화 시기 이후 그 규모가 점차 확대되다가, 21세기 들어 그 속도와 중요도가 더욱 급속히 커지고 있다는 현대사적·글로벌사회적 위치와 중요도를 간과하는 것이기 때문이다(김지훈 외, 2022).

그보다는 적극적 이민국가(미국, 캐나다, 호주 등)와 역사적 특수관계의 국가(중국과 구소련 국가, 일본), 그리고 그 외 범주의 국가(제3의 범주)에서 단연 주목할 국가이자(한인사회 유형), 21세기 들어 각광받는 새로운 이민지로서 싱가포르 한인사회를 연구할 필요성을 보여 주는 배경 자료로 보아야 할 것이다.

이 절의 전반부에서는 싱가포르 한인사회가 어떻게 주재원 사회가 되었는지 살펴보고, 후반부는 주재원 사회에서 어떻게 변화하고 있는지 알아보겠다.

1) '소규모 한인사회'에서 '순환이주 주재원 사회'로: 1960~1990년대 중후반

앞서 싱가포르 한인사회를 '주재원 사회' 혹은 '주재원 중심 사회' 등 저자가 '순환이주 주재원 사회'라고 부른 개념(김지훈, 2019)으로 이해하는 것은 한인사회 형성기(1960~1970년대)와 주재원 사회 팽창기(1980~1990년대)까지 적실하다고 제시했다. 그렇다면 1960년대 이전 싱가포르 한인사회는 어땠을까? 또 그때부터 1990년대까지 싱가포르 한인사회 구성원은 어떤 특성을 지녔고, 이 시기 싱가포르 정부 이주정책과 이주 동인은 무엇이었을까?

역사적으로 싱가포르에 한인이 유입한 첫 시기는 한반도와 동아시아의 20세기 초중반 큰 흐름에서 동선 밖에 위치한 시기라고 해도 과언이 아니다. 동아시아와 동남아시아로 반경을 넓힌 소수의 무역상, 2차 세계대전 시기 전쟁 관련 동원 인력의 일부로 한국인은 싱가포르와 처음 대면했다(김지훈, 2019; 싱가포르한인회, 2013; 정락인, 2010). 이 시기에 싱가포르는 영연방의 중개무역도시로서 19세기 후반과 20세기 초반에야 주목받고 성장하기 시작한 신생 도시였으며, 독립된 국가도 아니었다. 영연방으로부터 독립한 이후에도 말라야 연방으로부터 독립한 1965년부터 1970년대까지 외국인 이민정책 자체가 미비했다. 아울러, 현재 시점에서 돌이켜 볼 때 1960년대 중반까지는 전 세계 사회 대부분이 차별적 이민정책을 추진하거나, 이민정책 자체가 미비하기도 했다.

싱가포르 한인사회의 역사적 첫 시기는 20세기 초중반으로 거슬러 올라가지만, 상당 규모의 한인 거주는 싱가포르와 한국의 경제적 성장과 궤를 같이한다. 거주가 곧 영주를 의미하는 것도 아니다. 싱가포르 정부가 발전전략을 통해 경제성장을 추구한 1980년대와 1990년대에는 전 세계 전문직 파견자들이 편리하게 중장기간 정주할 수 있는 제도를 갖추었지만, PR과 시민권 부여 등 시민권 정책은 여전히 제한적이었다. 그러한 이유에서 1960년대에서 1990년대 초반까지 10년 이상 싱가포르에 거주하면서 자영업과 사업 등을 영위하는 한인은 교포(교민)로 간주되곤 했다(한경구, 1996).

달리 말하면, 주재원은 한국 기업의 세계화와 더불어 한국 본사의 파견 직원과 그 가족을 의미한다. 1970년대와 1980년대에 여러 국가에서는 한인사회 구성원의 다수 혹은 주류가 주재원 중심이었기 때문에 공동체적 특성을 묘사하는 데에 '주재원 사회'라는 용어가 실제로 등장한 것이다. 1970년대 초반 이전까지 싱가포르와 한국 사이의 미미한 이주 흐름은 수십 명의 영주권자와 체류자 수준으로 정체되어, 이주의 실질적 공백기가 상당 기간 유지되었다. 이 점은 이후 시기에 주재원 규모의 증가로 싱가포르 한인사회가 형성되었을 때 동질적 배경의 주재원이 수적 다수로서뿐만 아니라 지배적 집단으로 자리 잡음으로써 '주재원 중심 한인사회'로 불릴 수 있게 한 것으로 보인다. 특히, 정부와 기업에서 해외 근무를 위해 파견 나가는 것 자체가 이러한 경향을 강화했다.

고학력 엘리트 중심의 주재원이 싱가포르 한인사회의 주류를 구성하는 것이 싱가포르 한인사회의 가장 중요한 특징이 된 것은 한국과 싱가포르의 이주정책과 긴밀히 연관되어 있다. 해외여행 자유화 조치가 시행된 1980년대 중반까지 한국 사회에서 일반인의 경우 해외 이민뿐만 아니라 해외에 나가는 것 자체가 어려웠다. 동시에, 싱가포르는 엄격한 국경통제와 이주관리가 이루어졌다는 점을 상기할 필요가 있다.

해외여행 자유화 이후에 한국인 방문객은 늘었지만, 합법적으로 무비자 체류 기간 이상으로 싱가포르에 체류하는 것은 직장이 있거나 사업할 수 있는 체류허가자〔노동비자(WP), 고용비자(EP), EP 소지자의 배우자와 자녀에게 발급되는 피부양자 비자(DP: *Dependent Pass*) 등〕만 가능했다. 따라서 한국 기업체 관련 종사자가 수적인 면과 한인사회 내 영향력의 면에서 주류를 차지했다.

〈표 1-4〉 싱가포르 한인 수 추이(1968~2021년)

(단위: 명)

구분	1968년	1969년	1970년	1972년	1973년	1974년	1975년	1977년	1978년
총계	34	44	59	171	157	230	261	442	544
시민권자	-	-	-	-	-	-	-	-	-
영주권자	5	5	5	2	7	1	8	15	16
체류자	29	39	54	163	150	229	253	427	528
구분	1979년	1980년	1981년	1982년	1983년	1984년	1985년	1986년	1987년
총계	630	809	622	4,274	5,315	8,457	5,583	3,697	2,800
시민권자	-	-	-	-	-	-	-	-	-
영주권자	19	25	49	29	30	32	32	30	30
체류자	611	784	N/A	4,245	5,285	8,425	5,551	3,667	2,770
구분	1989년	1990년	1991년	1993년	1995년	1997년	1999년	2001년	2003년
총계	2,812	2,485	2,721	3,654	3,768	4,120	4,150	4,960	5,820
시민권자	-	-	17	17	198	19	416	600	35
영주권자	30	33	68	177		219			714
체류자	2,782	2,452	2,636	3,460	3,570	3,882	3,734	4,360	5,071
구분	2005년	2007년	2009년	2011년	2013년	2015년	2017년	2019년	2021년
총계	6,952	12,656	13,509	16,650	20,330	19,450	20,346	21,406	20,983
시민권자	44	53	71	106	2,424	257	385	447	585
영주권자	1,058	1,305	1,653	1,878		2,423	2,520	2,646	2,726
체류자	5,850	11,298	11,785	14,666	17,906	16,770	17,441	18,313	17,672

주: 1) 1981년 자료에는 체류자 자료가 없다.
2) 1972년 자료 불일치는 조사 내 오류로 추정한다.
3) 1995, 1999, 2001, 2013년은 온라인 자료를 기반으로 별도(시민권자와 영주권자의 합)로 표기했다.
자료: 외교부의 〈재외국민 현황〉(1968~1990년), 〈해외동포 현황〉(1991~1999년), 〈재외동포 현황〉(2001~2021년) 등의 원자료를 재구성했다.

그러나 이 시기에도 싱가포르 한인사회를 한국계 기업 주재원들만으로 이루어진 동질적 한인사회로 보는 것은 주류 중심 시각이라고 간주할 수 있다. 1990년대 중반까지 대기업 주재원을 제외하고 한인사회 구성원 유입 중 주목해야 할 시기와 집단이 존재했다. 1990년대 중반 이전에도 주재원 외에도 싱가포르 한인사회에 '잘 드러나지 않는' 상당수의 한인 이주자가 존재해왔음을 4장에서 더 자세히 살펴볼 것이다.

2) 소규모 한인사회 및 한인사회 형성기: 1960~1970년대

한인사회 형성기(1960~1970년대)의 싱가포르 한인사회를 좀 더 자세히 살펴보자. 이 시기는 '소규모 한인사회'라는 유형으로 다른 한인사회의 현재에도 적용할 수 있다는 점도 고려하자.

1950년대까지 싱가포르에 정착한 소수의 한인은 주로 무역업에 종사했다. 자신의 배경을 거의 전혀 드러내지는 않았지만, 한인 모임에는 가끔 등장한 분이 몇 분 계시다는 기록이 싱가포르한인회(2013) 자료에 남아 있다.[14] 1960년대 초반까지 한인사회는 5명 정도의 영주권자와 많아야 30~40명 규모의 체류자로 구성된 작은 사회였다. 1958년 무렵부터 한인끼리 모임을 가졌고, 1963년 3월 '재싱가폴 한인회'라는 한인회가 정식 발족한 후 정기적 모임을 가졌다. 1962년 말레이시아에 한국 대사관이 설치된 후 한인들이 정착하기 시작했는데, 당시 전체 교민 수는 17~18명 정도였다(한경구, 1996: 114).

---

14 이들 중 일부는 제2차 세계대전 시기 일본군으로 징용되거나 이와 관련한 한인 중 매우 소수가 남아 있을 가능성도 있다(정락인, 2010).

1962년 김복만 태권도 사범, 1963년 이기하 사범이 싱가포르에서 영국 공군기지 등에서 태권도를 강습했다. 1963년 세계적 언론사 로이터통신 동남아 총국장 한기석 씨가 싱가포르에 오는 등 한인들이 일부 정착했다(싱가포르한인회, 2013: 110). 또한 이 시기에 선박, 철강재, 목재 등의 사업을 위해 한인들이 진출했지만, 초창기 이민자는 대부분 싱가포르를 떠나게 되었다(한경구, 1996: 115).

초기 정착자 소수만이 거주했던 1960년대 이후, 1970년대에 들어 주재원이 싱가포르 한인의 주요 집단으로 등장했다. 최초로 재외국민 현황이 작성된 1968년 직업별 한인 구성을 보면, 영주권자 5명을 제외한 한국 국적 체류자가 상업 종사자 8명, 종교인 4명, 체육인 2명, 의사 2명, 기타 13명 등 총 29명이었다(외교부, 1968). 1970년 자료에 처음으로 은행원 2명이 나타났고, 1972년 기술직 한인 91명이 새롭게 등장했다(외교부, 1970; 1972). 1972년과 1973년, 2년간 기술직 종사자가 대거 체류함에 따라 체류인 규모가 일시적으로 늘어났다.

1975년부터 외교부 자료는 당시 한국 정부의 구분대로 '교민'과 '체류민'의 직업 구성을 구분하고 세부적으로 조사하여 좀 더 자세한 정보를 제공하기 시작했다. 이는 역설적으로 교민(한인)의 규모가 '소규모'이고 당시 여권의 발급 자체가 힘든 시기였고, 대사관에 등록하는 것은 '자연스러운' 일로 여겨졌기 때문에 한인의 사회인구학적인 배경을 보다 더 자세히 파악 가능한 역사적 시기임을 드러내는 것이기도 하다.[15] 1975년

15 싱가포르는 한국, 북한과 거의 동시기에 외교관계를 맺었다. 현지조사 당시 1980년대 한인들 중에서 한국대사관을 가기 위해 택시를 탔는데 북한대사관에 가게 되어 깜짝 놀랐다는 에피소드를 가진 분의 이야기를 들을 수 있었다.

교민 61명 중 영주권자는 8명, 나머지는 '일반재민'[16]으로 분류되었다. 교민 전체(영주권자와 일반재민 모두)의 직업을 구체적으로 살펴보면, 상업 7명, 기술자 7명, 문예인 1명, 종교인 1명, 학생 23명,[17] 주부 17명, 기타 5명 등이다. 같은 해 체류자는 200명으로 파악되었는데, 공무원과 국영기업체 직원 9명, 민간상사 주재원 25명, 은행원 7명, 기술자 6명, 문예인 7명, 선원 38명, 주부 31명, 기타 70명 등이다(외교부, 1975).

1970년대 후반에는 교민 중에서 상업 종사자가 두드러지고, 체류자 중에서는 공무원, 국영기업체 및 민간상자 주재원, 은행원 등 넓은 의미의 주재원과 선원이 가장 큰 직업군을 차지했다.

무역항인 싱가포르의 특징으로 인해(KOTRA, 2015; Port Technology News, 2015), 한인사회 형성 초기부터 두드러진 한인 직업군이 존재했다. 바로, 해운 및 조선 관련 업종에 종사하는 한인들이다. 이들은 한인사회 형성기부터 현재까지 꾸준히 유지되어 온 집단이다. 오늘날까지 싱가포르는 세계적 무역항이자 아시아 해운운송의 중심지 역할하고 있다.

싱가포르에 진출한 해기사(海技士)들은 1975년 '싱가포르 한국해기사협회'를 구성하는 등 초창기 한인사회에서 가장 활발한 한인 직업군 모임을 주도했다(싱가포르한인회, 2013: 98). 현재에도 상당한 규모의 주요 구성원 직업군을 차지한다.[18] 국내외 선박에 탑승하여 일했을 뿐

16 요즈음 용어로는 해당 국가의 PR을 소지하지 않은 한국 국적의 '재외국민'으로 표현할 수 있다.

17 외교부 자료에서 학생 범주로 파악된 사람들은 싱가포르의 경우 조기유학 붐이 일었던 2000년대 초반 전까지는 주재원 등으로 파견된 부모와 동반한 자녀들로 추정한다. 2000년대 중반 이후 조기유학생을 포함하고, 2010년대부터 조기유학생과 대학(원)생을 비롯한 학생을 포함한 것으로 판단한다.

18 역대 한인회장들 가운데 해운업, 조선업 등에 종사하며 싱가포르에서 성공한 사람이 여러 명 있다.

만 아니라, 관련 후방 업종으로 진출하여 정주화를 추구한 대표적인 초기 한인집단으로 볼 수 있다.

해운업에는 해운회사의 직접 운영과 전 세계 해운회사의 대리점 운영 등 해운업 자체뿐만 아니라 싱가포르에 기항하는 선박에 식료품, 유류 등 각종 물품을 조달하는 서비스업, 선박 수리 및 유지와 관련한 업종 등 다양한 후방 업종이 포함된다. 해운과 조선과 관련한 초기 파견 근무자 중 일부는 해운업을 직접 창업하여 성공한 경우도 있지만, 상당수는 후방 업종에 종사하면서 주재원, 파견원으로 정주했다. 해양 관련 전공자뿐만 아니라, 베트남전쟁 종전 이후에 해군 등 군인 및 군무원 출신 중 선박 관련 업무를 경험해 본 일부는 싱가포르를 포함한 동남아에서 일자리를 얻어 계속 체류하기도 했다.

3) '순환이주 주재원 사회'의 확립과 팽창: 1980~1990년대

싱가포르 한인사회에서 부분적 정주화를 이룬 집단은 앞서 살펴본 무역, 해운, 조선 관련 업종에 종사하는 집단 외에도 있었다. 1980년대부터 새롭게 부상한 몇 개 업종의 종사자들이 싱가포르 한인사회의 주요 구성원으로 등장했음을 주목할 필요가 있다.

첫째, 건설업 종사자들이다. 1980년대 중반 이후 싱가포르의 도시개발이 본격화된 시기부터 지금까지 한국 기업은 싱가포르 건설 시장에 적극적으로 참여했다. 이에 따라 건설업, 토목 및 도시 인프라 관련 종사자들은 싱가포르의 한인(주재원 및 주재원 출신 사업가 등) 규모와 싱가포르 한인 경제에서 중요한 위치를 차지하게 되었다.

싱가포르 컨벤션센터를 포함한 선택빌딩. 싱가포르 랜드마크 중 하나로, 쌍용 등 한국 대기업들이 건설했다.

1980년대 초반 석유가격 급상승으로 오일 머니를 도시 및 인프라 건설에 대거 투자함에 따라 세계적 건설 붐이 일어났다. 건설업 종사자들은 중동에 진출했을 뿐만 아니라, 엇비슷한 시기 싱가포르를 포함한 동남아시아 국가에도 대거 진출했다.

싱가포르의 주요 랜드마크 건물 중 상당수는 한국 건설회사가 직접 수주하거나 하청으로 참여했다. 2000년대 중반 이후까지 싱가포르의 랜드마크를 상징했던 스탬포드래플스빌딩, 컨벤션센터와 무역센터가 자리 잡은 선택빌딩 등은 쌍용을 비롯한 한국 대기업에 의해 건설되었다. 현재 싱가포르 도시 경관의 중심을 차지하는 마리나베이샌즈호텔 관련 시설 역시 한국 기업이 시공에 참여했다.

1980년대 초반에 몇 년 동안은 건설업의 관리직, 기술직 주재원뿐만

현재 싱가포르의 아이콘 마리나베이샌즈호텔. 한국 기업이 이 호텔의 시공에 참여했다.

아니라, 건설 노동자들도 한국에서 직접 파견했다. 건설 현장 한 곳에 1,000~2,000명의 인력이 필요했다. 한국 노동인력의 고임금화로 직접 파견이 중단되기 전까지, 1980년대 초중반 시기에는 건설 업종에 종사하는 남성 인력이 연인원 수천 명 수준으로 파견되어 한인사회 규모가 일시적으로 급증했다.

1981년 기술자 16명 외에 기능공 135명(남성 126명, 여성 9명)이 진출했다. 1982년에는 기술자 231명(전원 남성)과 노무자 2,735명(전원 남성)이 진출했다. 남성 노무자의 경우, 1984년 6,154명, 1985년 3,170명, 1986년 1,390명, 1987년 910명, 1991년 240명, 1993년 56명 등이었다. 1980년대에 대규모로 진출했다가 1990년대 들어 그 규모가 미미하게 줄었다. 기술자 역시 같은 시기 증감했다. 1985년 420명, 1986년 310명,

1987년 202명, 1990년 37명, 1991년 30명, 1993년 87명(여성 37명 포함)이 체류했다. 1995년과 1997년 외교부 자료는 노무자와 기술자를 같은 범주로 파악했는데, 이들의 규모가 1995년 325명, 1997년 535명으로 나타났다. 이 같은 기술자, 기능공, 주재원 중 상당수는 건설업 종사자로 파악된다. 건설 노무 인력의 대다수는 귀국했기 때문에 이는 일시적 현상으로 볼 수 있다.

민간기업(당시에는 주로 상사) 주재원도 1980년에는 57명에 불과했으나 1982년 280명으로 눈에 띄게 증가했다. 1980년대 초반의 민간기업 주재원 중 상당수는 건설업 관련 종사자로 파악된다. 건설업 관계자 중에서 관리직, 설계 및 기술직 주재원은 이후 1980년대와 1990년대 초반에 장기 체류하였고, 그 후에는 영주화를 선택한 주요 직업군 중 하나였다.

건설업 주재원이 장기 체류한 이유는 1980년대에 파견된 관리직과 기술직의 경우, 건설업 호황과 싱가포르에서의 지속적 건설 수주로 3년 내외 파견 기간에도 같은 회사에서 후속적으로 수주받은 건설 프로젝트를 연속해 맡는 경우가 많았기 때문이다. 다수의 프로젝트가 지속적으로 진행되던 당시, 기업 본사 입장에서 현지 사정에 밝은 주재원들을 계속 활용하는 것이 신규 인력으로 완전 대체하는 것보다 효율적이었다. 주재원 입장에서도 본봉 외에 해외파견 수당을 받고 해외에서 일하면서 자녀를 교육할 수 있었으므로 개인과 가족 차원에서 이점이 컸다. 5~10년 이상 근무한 이들 주재원의 일부가 영주를 선택함에 따라 2000년대 이후 한인사회 구성원 확대와 다양화에 기여하는 주요 집단 중 하나가 되었다(Kim, 2012).

넓은 의미의 주재원은 1980년대 싱가포르 한인 중 가장 중요한 직업군을 차지했다. 공무원, 의사, 종교인, 언론인 등 기타 직업 종사자는 1970년대에 비해 그 규모의 면에서 큰 차이가 없었던 반면 민간상사 주재원, 은행원, 기술자 등은 이전 시기보다 그 규모가 크게 증가했다. 1984년 외교부 자료를 보면, 민간상사 주재원 295명, 은행원 32명, 언론인 8명, 기술자 455명 등 790명으로 노무자, 주부, 기타(주로 자녀 세대 등 체류자 가족) 이외 직업군 대부분을 차지했으며, 같은 해 교민 수인 785명보다 더 많았다(외교부, 1984).

민간기업 주재원을 좀 더 자세히 살펴보면, 1985년 285명, 1986년 249명, 1987년 220명, 1989년 120명, 1990년 105명, 1991년 147명, 1993년 250명, 1995년 297명, 1997년 588명, 1999년 620명 등이었다(외교부, 각 연도). 1980년대에는 건설업 관련 주재원이 주를 차지하고, 1990년대에는 다양한 업종의 주재원이 체류한 것으로 파악된다.

둘째, 전자회사에 종사한 여성 노동자들이다. 1980년대 중후반 기간 동안 싱가포르 소재 전자회사들은 공장에서 조립 업무를 담당할 여성 근로자로 한국에서 수백 명 이상 유치했다. 외교부 자료에 따르면, 여성 노무자 수가 1984년 217명, 1985년 430명, 1986년 300명, 1987년 139명 등이었다(외교부, 각 연도). 이들 중 상당수가 전자회사 조립 노무 여성 근로자로 파악된다.

대부분 미혼 여성이던 이들의 상당수는 해외에서 근무하는 기간 동안 외로움을 달래기 위해 한인 교회에 다녔다. 1980년대 초반 싱가포르에 한인 교회가 두 곳 있었는데, 각 교회에 200명 가까운 여성 근로자가 교회 청년부 모임에 참여했다.

남성 건설업 종사자들의 대다수가 귀국한 것과는 달리, 미혼 여성 근로자의 상당수는 싱가포르인 등과 결혼하여 영주를 선택했다(이 책의 4장 참고).

셋째, 한국 사회와 산업의 세계화에 따른 자영업 및 관광업 종사자들이다. 1980년대 중반 한국 정부의 해외여행 자유화는 싱가포르 한인사회에 새로운 한인 유입이 이루어지도록 했다. 뿐만 아니라 이전 시기와 달리 한인사회에서 한국 식당이나 여행사 등 한국 관련 사업이 가능하게 하는 기회를 제공했다. 1982년 10월 한국과 싱가포르 간에 비자면제협정이 체결되었다. 이는 한인 유입이 폭발적으로 증가하는 최초의 계기와 제도적 토대를 제공했다. 해외여행 자유화 조치는 한인 여행객이 대거 방문할 수 있도록 함으로써 관광업 종사자 등 관련 업종의 한인들이 새로 유입하고 현지 한인들이 사업과 취업을 할 수 있는 기회를 제공했다.

1980년대 중후반과 1990년대 초반 싱가포르의 이민정책은 프리랜서로 일하는 한인들이 유입할 수 있는 제도가 없었음을 기억할 필요가 있다. 주재원의 경우 EP, 배우자와 자녀는 직계가족으로서 가족 비자에 해당하는 DP가 발급되었는데, DP 비자로는 싱가포르에서 일할 수 있는 자격이 없었다. 수요가 급격히 늘어난 한인 관광객 가이드는 여행사에서 정규 직원을 채용하여 적합한 체류자격을 얻은 직원을 뽑거나, 싱가포르에서 이미 PR을 보유한 한인을 구할 수밖에 없었다. 이는 국제결혼으로 PR을 취득한 한인 여성들에게 가이드로 일할 수 있는 기회를 제공했다.

같은 시기, 한국인들의 생애 첫 관광지로 동남아가 각광받았음을 상기할 필요가 있다. 효도관광 패키지를 비롯한 단체관광의 초기 여행지 중 하나가 싱가포르였다. 싱가포르와 1시간 이내의 육상 및 해상 페리로 연결되는 인접한 인도네시아(바탐섬과 빈탄섬)와 말레이시아(조호바루)를 엮은 3박 4일 내외의 '동남아 3개국' 패키지 여행상품을 통해 대규모 한인 관광객들이 싱가포르에 방문했다.

한국에서 여행사를 직접 운영하거나 관련된 일을 한 경험이 있는 사람들이 싱가포르 현지에서 여행업계에 진출하기도 했다. 현지 가이드 등 여행사 직원 중 일부는 과거부터 싱가포르에 체류하던 중 싱가포르인과 결혼하여 현지 장기체류 자격을 얻은 한인 여성 근로자 출신이었다. 이들은 한국어를 잘하고 현지 사정에도 밝았기 때문에 관광 업종에 진출했다.

이후 시기에는 가이드의 도움을 받지 않고 본인이 직접 여행을 설계하는 자유여행이 대세로 자리 잡았고, 한인들의 영어 능력도 좋아지면서 현지 가이드 인력 수요는 줄어들었다.

그러나 관광업 종사 경험자들의 경우 2000년대 이후 한국인 조기유학생 가족의 싱가포르 대거 유입, 한국 기업의 적극적 싱가포르 및 동남아 진출, 글로벌 기업의 한인 고용 증가 등 새롭게 열린 기회구조의 수혜자 중 일부로 현지 자영업과 개인 사업 종사자로 자리 잡았다. 특히 한국(인)과 관련된 민족공동체 시장(*ethnic economy/niche*)에 종사하는 주요 구성원의 일부를 차지했다.

3. 글로벌 한인 이민사회: 한국과 싱가포르 사회 글로벌화와 글로벌 이주 한인

1990년대 후반 이후 싱가포르 한인사회는 글로벌 한인의 유입과 트랜스내셔널 이민사회로의 전환이 이루어졌다.

이 시기는 두 개의 세부 시기로 나눠 살펴볼 수 있다. 먼저, 1990년대 후반부터 2000년대까지 약 10년의 기간 동안 싱가포르 한인사회는 팽창하고 분화했다. 이 시기에는 조기유학생 가족(교육이주자) 등 이전 시기에 드물던 새로운 유형의 이주자가 급격히 유입되었다(Kim, 2010). 건설업을 비롯하여 일부 업종에서 3년 이상 장기간 근무한 주재원 출신 중 상당수가 정착을 시도했다. 또한 한국 기업이 아닌 다국적기업이나 싱가포르 정부가 투자한 반도체 등 일부 대기업에서 전문직으로 일하는 한인들도 상당한 규모로 유입되었다(Kim, 2012).

이 시기의 싱가포르 한인 수 증가는 싱가포르 혹은 한국, 한 축의 요인만으로 이해하기 어렵다. 양국의 국내 요인과 정책이 서로 맞물려 싱가포르 한인사회의 팽창과 이민사회화가 이루어졌다.

한국 사회의 IMF 사태는 한국 밖에서 새로운 기회를 찾는 한인을 전반적으로 증가시켰다.[19] 뿐만 아니라 한국에서 파견된 한인들이 해외에

---

19 IMF 사태는 전 세계의 한인 주재원이 현지 국가에 정착을 시도하게 하는 촉발 요인이 되었다. 동남아시아 한인사회 전반에서 정착을 시도하거나, 새로운 기회를 동남아 사회에서 (혹은 서구 이민국가에서도 마찬가지로) 찾는 한인 수의 증가가 가시화되었다. 그러나 동남아 한인사회의 다른 연구(김지훈 외, 2022; 채수홍, 2022 등 동남아시아 한인사회 프로젝트로 수행된 연구 참고)가 지적하듯이, 싱가포르만큼 이민사회화되지는 않았다. 동남아의 다른 국가와 달리 싱가포르는 1999년 외국인재 유치정책을 통해 고학력·전문직 출신의 경우 영주할 수 있는 기회를 제공한 것이 그 차이를 만들었다고 본다.

서 정착하는 것을 더 적극적으로 고려하는 전환점이 되었다. 1997년 아시아 위기(*Asian Crisis*)와 IMF 구제금융 과정의 기업 구조조정, 고용 유연화 등 한국 사회경제의 변동은 현대 한국 사회에 큰 충격을 준 분수령과 같은 사건이었다. 대기업 상당수가 해체되었고, 해체되지 않은 기업들도 자체 구조조정을 통해 상당한 수준의 인력감축을 감행했다. 고용 관행도 유연화됨에 따라 해외에 진출한 주재원들에게도 큰 영향을 끼쳤다.

현재 싱가포르에서 사업을 영위하는 한인 상당수는 주요 대기업 주재원 출신으로 싱가포르에서 근무한 경험이 있는 사람들이다. 일례로, 2017년 삼성 주재원 출신 OB(*old boy*) 모임에는 약 300명이 등록했다. 현대, 쌍용, SK, LG 등 싱가포르에서 건설업, 무역업, 선박·해운업 관련 주재원을 다수 파견한 다른 재벌기업 출신들도 상당한 규모일 것으로 추정한다.[20] 1997년 이전 주재원과 그 가족의 규모를 넘어서는 수준의 주재원 출신 사업가가 현재 체류하고 있을 것으로 보인다.

싱가포르 한인사회의 확대는 싱가포르 정부가 비슷한 시기에 추구한 이주·이민정책 변화, 발전전략, 경제적 기회구조 개방이 서로 맞물려 이루어졌다. 1990년대 중반까지 외국인에게 PR을 부여하는 대표적 제도는 투자이민 제도였으며, 이는 상당한 수준의 자산가가 아니면 시도하기 어려웠다. 1994년 기준으로 100만 싱가포르달러(SGD)를 투자하는 등 싱가포르 경제 발전에 기여가 가능하다고 판단되는 전문가 등을 심사 후 한정적으로 인정한 바 있다(한경구, 1996: 116).

20 삼성 주재원 경력자 OB 모임 규모는 2017년 2월 삼성 주재원 출신 연구참여자 다수를 통해 확인했다.

주요 기업에서 종사하는 경우 고용비자 취득은 상대적으로 쉽지만 PR 취득은 어렵게 한 제도는 1990년대 후반에 변화했다. 싱가포르 소재 기업에 취업하는 노동허가를 취득한 경우 가족 동반이 허락되지 않을 뿐만 아니라 PR을 취득할 수 있는 경로 자체가 막혀 있었다. 주재원 출신 한인들이 장기 체류자로 전환하여 영주권자가 될 수 있게 하는 제도적 변화는 1999년 외국인재 유치정책 추진 후부터 이뤄졌으며, 2010년대 초반에 다시 정책이 변화했다가 2022년부터 재변화한다(김종호 · 김지훈, 2023).

이 시기 동안 주요 구성원 집단의 변화와 특징을 자세히 살펴보자.

〈표 1-5〉 싱가포르의 근로 및 노동 관련 체류 비자(2017년)

구분	최소요건 월소득(SGD)	기타
일반고용허가 (EP: Employment Pass)	3,600달러	• 기업과 연계되어 발급됨 • 배우자 및 자녀를 동반하기 위한 최소 소득 기준은 월 5,000달러 이상임 • 부모를 동반하기 위한 최소 소득 기준은 월 1만 달러 이상임
개인고용허가 (Personalized EP)	1만 2,000달러 (현재 EP 보유자가 개인고용허가로 전환 시)	• 기업과 연계된 일반 EP와 달리 개인에게 부여됨 • 직장의 변경에 따라 EP 재발급 필요가 없음 • 배우자 및 자녀, 부모 동반 가능
	1만 8,000달러 (현재 EP를 미보유한 해외 소재 외국인 전문직 신청 시)	
S Permit	2,200달러	• 학위 혹은 자격증이 필요함 • 배우자 및 자녀를 동반하기 위한 최소 소득 기준은 월 5,000달러 이상임
노동허가 (WP: Work Permit)	없음	• 가족 동반 불가 (이주노동자 본인만 체류허가)

주: 1) EP 자격을 위한 월소득 최소 요건은 2017년 1월에 SGD 3,600달러로 인상되었다.
2) 5,000싱가포르달러일 경우 배우자 및 미성년 자녀에게 부여되는 비자는 직계가족 피부양자 비자(DP), 1만 달러일 경우 부모에게 부여되는 비자는 장기방문비자(Long-term Visit Pass)를 발급한다.
자료: 싱가포르 인력부(Ministry of Manpower, 2017a).

〈표 1-6〉 싱가포르의 근로 및 노동 관련 체류 비자(2023)

구분		최소요건 월소득(SGD)	기타
일반고용허가 (EP)		5,000달러	• 기업과 연계되어 발급됨 • 배우자 및 자녀를 동반하기 위한 최소 소득 기준은 월 5,000달러 이상임 • 부모를 동반하기 위한 최소 소득은 월 1만 달러 이상임
기업가허가[1)] (Entre Pass)		정부가 인정한 벤처 혹은 엔젤 투자자의 투자가 있는 경우, 지적재산권이 있는 경우, 투자자로 활동한 경험이 있는 경우, 최저소득요건 없음	• 벤처나 혁신 기술을 가진 사람이 싱가포르에 새로운 사업체를 시작하거나 운영할 때 발급함
개인고용허가 (Personalized EP)		1만 2,000달러 (현재 EP 보유자가 개인고용허가로 전환 시)[2)] 1만 8,000달러 (현재 EP를 미보유한 해외 소재 외국인 전문직 신청 시)	• 기업과 연계된 일반 EP와 달리 개인에게 부여됨 • 직장의 변경에 따라 EP 재발급 필요가 없음 • 배우자 및 자녀, 부모 동반 가능 • 3년간의 기한
해외네트워크와 전문가허가 (Overseas Networks & Expertise Pass)		최소 3만 달러 이상, 혹은 향후 싱가포르 고용주에게서 최소 3만 달러 이상 받을 예정인 경우	• 경영, 예술, 문화, 스포츠, 학계 및 연구 분야 등에서 특출한 성과를 거둔 개인의 경우, 최소 급여 요건을 맞추지 못해도 허가 가능 • 5년간의 기한
S Permit		3,000달러	• 학위 혹은 자격증이 필요함 • 배우자 및 자녀를 동반하기 위한 최소 소득 기준 월 5,000달러 이상임
노동허가 (WP: Work Permit)		없음	• 가족 동반 불가 (이주노동자 본인만 체류허가)

주: 1) 기업가허가와 해외네트워크와 전문가허가는 최근 새롭게 도입된 고용허가 범주이다. (https://www.mom.gov.sg/passes-and-permits 참고)
2) 개인고용허가의 최저소득요건은 2023년 9월 1일부터 월 SGD 2만 2,500달러 (2023년 3~4월 환율 기준 한화 월 2,250만 원 정도)로 인상 예정이다. (https://www.mom.gov.sg/passes-and-permits/entrepass/key-facts 참고)
자료: 싱가포르 인력부(Ministry of Manpower, 2023).

1) 글로벌 · 다국적기업 근무자 가족과 한인 영주권자의 증가

1990년대 후반부터 2000년대 이후 현재까지 싱가포르에 거주하는 한인 중에는 한국 기업 파견 주재원 외에도 이에 버금가는 규모의 한인이 싱가포르 소재 (한국계 기업이 아닌) 글로벌 · 다국적기업에 종사한다는 사실에 주목할 필요가 있다. 초기 정착 한인에 대한 논의 중에서도 매우 소수였지만 이러한 다국적기업 종사 주재원에 대한 언급도 있다(싱가포르한인회, 2013).

싱가포르 소재 다국적기업 주재원이 의미 있는 규모로 부각된 것은 1990년대 이후에 나타난 현상이다. 1990년대 이후 현상으로 보는 이유는 1980년대와 1990년대 중반까지 한국 경제가 고속성장하고 한국 경제 규모와 시장이 확대되어 글로벌 시장에서 한국 시장의 지위가 상승함에 따라 다국적기업 입장에서 한국어와 한국 시장을 잘 아는 인력이 필요해지면서 한국인을 상당수 고용하기 시작했기 때문이다.

특히, 싱가포르 정부가 발전전략의 일환으로 다국적기업들이 아시아 태평양 지역 본부의 소재지로 싱가포르를 선택하도록 적극적 지원을 제공함으로써 다국적기업을 유치하고자 했다(권율, 2003). 이는 싱가포르 경제의 주요 근간 중 하나라는 점에서 앞으로도 계속 유지될 것으로 보인다.

싱가포르 내 다국적기업에 종사하는 한인은 두 유형이 있다. 이들은 다국적기업 내의 전근형 파견(*intra-corporation transfer*) 주재원과 현지 채용 인력으로 대별된다(Black et al., 1991).

전자의 경우 한국계 대기업의 주재원 파견과 거의 동일하다. 차이점이 있다면 다국적기업의 한국 지사에서 일정 기간 사내 파견된 주재원[21]과 다국적기업 본사에서 직접 파견된 주재원으로 나눌 수 있다는 점이다. 다국적기업 한국 지사에서 파견된 주재원은 대부분 한국 출신 한인이다. 한편 다국적기업 본사에서 파견된 주재원은 영어권 국가 혹은 글로벌 기업 본사가 소재한 국가 출신 한인 2세대나 해외 대학에서 학위를 취득한 한인 등 글로벌 이주 경험이 있는 다양한 배경의 사람들이 많다.

상당수의 한인이 근무하는 다국적기업으로 1990년대와 2000년대에는 HP, P&G 등 글로벌 제조기업, 2010년대에는 구글, 아마존 등 글로벌 IT 기업을 들 수 있다. 현지채용 인력의 경우 급여와 체류 혜택 등에서 다양한 스펙트럼이 있다. 근래에는 한국계 (대)기업에서도 주재원 파견자에 대한 재정적 부담 경감과 고용 유연성을 위해 상대적으로 급여와 기업 복지 혜택이 적은 현지채용 인력을 많이 선택하는 경향이 있다.

글로벌·다국적기업 종사 한인의 증가는 싱가포르 한인사회의 분화와 영주화 경향과 관련하여 중요한 특징과 의미를 갖는다.

첫째, 글로벌 기업 종사자의 경우, 재직 중 싱가포르 PR을 더 적극적으로 지원하는 경향이 있다. 적어도 2000년대 말까지는 한국 기업에서는 PR 신청을 회사를 떠날 신호로 볼 수 있기 때문에 재직 중인 주재원은 퇴직 직전이나 퇴직 후 사업을 영위하면서 PR을 신청하곤 한다.

글로벌 기업의 고용안정성은 한국 기업에 비해 훨씬 더 낮기 때문에

21 엄밀히 말하면, 같은 A사의 한국 지사에서 '휴직'과 유사한 상태로 A사의 싱가포르 지사(아시아·태평양 본부)에서 일정 기간 새로운 계약을 맺고, 그 기간 이후에는 A사의 한국 지사에 다시 '복직'을 하는 개념이다.

글로벌 기업 종사자는 더 적극적으로 PR을 신청하면서 영주화를 추구한다. 특히, 현지채용 인력의 경우 커리어 계발(승진과 급여 인상)은 기업 이직을 통해 추구하는 것이 싱가포르에서는 당연한 '게임의 규칙'으로 받아들여질 정도로 흔하다.

글로벌 기업에서는 매년 업적 평가의 결과나 본사 이사회에서 결정하는 글로벌 전략의 변화에 따라 해고가 이루어지며, 때로는 본인의 성과와 상관없이 부서 전체의 구조조정도 드물지 않게 발생한다. 싱가포르에서 갑작스럽게 해고 통보를 받을 경우 새로운 직장을 찾기 위해 싱가포르에 머물 수 있는 기간이 대단히 짧다. 따라서 앞서 살펴본 S Permit와 EP를 유지하는 것보다 훨씬 더 안정적인 PR을 획득하려는 경향이 있다(〈표 1-5〉, 〈표 1-6〉 참고).

둘째, 한국계 (대)기업에서 전문직(기술연구직 등)으로 종사한 이력이 있는 경력직 한인의 경우, 글로벌 기업으로의 이직을 싱가포르에 영주하는 통로로 활용했다. 이러한 경향은 IMF 사태 직후 반도체, 전자 등 일부 제조 업종에서 한국 기업이 기술력으로 세계 시장을 선도했던 시기인 1990년대 말과 2000년대 초중반에 특히 두드러졌다.

셋째, 다양한 업종의 글로벌 기업에 종사하는 한인들이 점증했다. 특히 금융 업종은 과거에 비해 싱가포르의 글로벌 위상 격상으로 종사자 규모가 훨씬 더 커졌고, 한인 종사자 규모 역시 주목할 만큼 커지고 있다. 골드만삭스를 비롯한 글로벌 투자은행, 글로벌 상업은행, 브로커리지 중개회사 등 외환・채권・선물 시장, 즉 싱가포르의 핵심 업종 중 하나인 금융 업계의 다국적기업에 종사하는 한인들의 규모도 작지 않다.

2017~2019년 현지조사를 통해 추산한 바로는 한국 금융기업의 파

견 주재원을 제외하고 다국적 금융기업에만 500명 이상의 한인이 종사했다(김지훈, 2019). 다만, 이들 업종에 근무하는 한인들은 트레이더(*trader*)22 등 고소득 전문가의 경우 업계 특성상 연령층이 대부분 20대 중반에서 40대 사이였고, 50대 이상은 아주 희소하다.

한편, 글로벌 금융회사에는 백오피스(*back office*)라 불리는 행정지원 업무를 맡는 직원이 상당히 많다. 외환·채권·선물 거래를 직접 담당하는 트레이더는 상당한 수준의 기본급에 더해 거래성과에 따라 기본급의 몇 배 수준으로 성과급(보너스)을 받는다. 반면, 트레이더를 지원하는 백오피스 직원은 평범한 대졸 초임 수준에서 시작하여 기본급 인상이 상대적으로 더디다. 성별 분업으로 완전한 구분이 이루어지는 수준은 아니지만, 여성이 트레이더인 경우는 매우 희소하고, 백오피스 직원의 대다수는 여성이다.

넷째, 싱가포르 소재의 글로벌 기업은 1990년대 후반부터 다양한 직급과 급여 수준의 한인 인력을 채용함으로써 한국 기업 주재원 중심 싱가포르 한인사회의 다변화에 중요한 영향을 미쳐왔다.

소득 수준별로 보면, 글로벌 기업 종사자들도 양극화가 이루어지고 있다. 금융계 종사자는 상당한 수준의 기본급여 외에 성과급이나 스톡옵션 등으로 매년 수억 원 이상의 소득을 올리는 경우도 적지 않다. 하지만, 그 반대의 극단에는 글로벌 기업 소속이더라도 한국 소비자를 인터넷과 전화로 응대하는 서비스 종사자는 이미 PR인 상태에서 혹은 노동비자 혹은 고용비자 발급의 최소 수준을 약간 상회하는 급여와 처우

---

22 외환, 선물, 채권 등을 거래하는 금융부문 전문 트레이더를 의미한다.

를 받는 경우가 다수 존재한다.

다국적기업에 종사하는 한인들은 싱가포르한인회, 싱가포르한국상공회의소 등 한인 관련 주요 단체 활동에 거의 참여하지 않고 종교단체나 친목단체 등에만 개인적 수준으로 참여하는 '조용한 한인집단'이다. 한국계 대기업의 경우 2000년대와 2010년대 들어 한국 본사에서 파견하는 인력을 줄이고, 현지에서 한인을 채용하는 방식으로 전환했다. 이에 따라 한국계 대기업 싱가포르 지사에 종사하는 한인들도 소수의 주재원과 다수의 현지채용 한인 직원으로 구성되고 있다.

요약하면, 규모 면에서는 한국계 (대)기업 종사 주재원의 규모와 엇비슷하거나 더 많은 것으로 추정되는 다국적기업 종사 한인은 한국계 (대)기업 주재원보다 이주 배경과 지위에서 훨씬 더 다양성이 큰 집단으로 보인다. 특히, 글로벌 기업 종사 한인은 더 적극적으로 영주화하는 한인집단으로 주목할 필요성이 크다.

2) 조기유학 열풍과 교육이주 가족

2000년대 싱가포르 한인사회의 주요 변화로 조기유학생 가족을 포함한 교육이주자의 등장을 빼놓을 수 없다. 2000년대에는 단신 조기유학생이나 부모(주로 어머니) 동반 유학생이 주재원에 버금가는 한인사회 주요 구성원이었다. 영어와 중국어를 동시에 배울 수 있는 학업 환경, 매우 저렴한 공립학교 학비, 그리고 당시 한국 사회의 조기유학 열풍으로 싱가포르는 한국인의 조기유학 대상지로 각광받았다(Kim, 2010; Kim, 2015; Park & Bae, 2009; 김지훈, 2014).

싱가포르 내 조기유학생 규모는 정확히 산출하기 어렵지만 최고점을 이룬 2008년 기준으로 학생만 최소 2,000~3,000명 수준일 것으로 추정한다. 이 시기에 한국 정부는 동남아 범주로만 관련 자료를 수집했다. 싱가포르 정부는 이민 및 이주와 관련한 세부 국가별 자료는 비공개 원칙을 오랫동안 고수했고, 최근에야 한인 전체 규모와 관련한 자료를 공식적으로 외교 공관을 통해 제공했기 때문에 수년 전까지 정확한 수치를 확인할 수 없었다.

2006~2007년 기간 동안 조기유학 가족이 싱가포르 한인사회의 가장 큰 이슈 중 하나로 부상했다. 싱가포르주재 한국대사관에서 이례적으로 당시 싱가포르의 국제학교[23]를 대상으로 단발성으로 직접 문의하여 수집한 자료를 보면 한국인 학생이 주요 학교당 100명을 초과하는 경우가 많았다(Kim, 2010; Kim, 2015).

〈표 1-7〉 동남아의 초·중·고 조기유학생(2005~2014학년도)

(단위: 명)

구분	2005년	2006년	2007년	2008년	2009년	2010년	2011년	2012년	2013년	2014년
동남아	4,011	6,624	7,421	7,973	5,827	5,950	5,609	5,352	4,939	4,224
미국	12,171	14,474	14,006	13,156	10,076	10,761	10,582	8,857	7,761	6,969
중국	6,340	7,199	6,880	5,415	3,208	3,522	3,509	2,958	2,760	2,383
캐나다	4,426	6,155	5,453	5,172	3,590	3,397	2,727	2,610	2,436	2,393
호주	1,674	2,196	2,030	2,046	1,475	1,188	991	948	846	638
뉴질랜드	1,413	2,082	1,833	1,636	1,449	1,244	854	667	629	566
일본	812	769	810	852	702	637	603	470	438	494
영국	504	598	568	535	400	446	854	378	402	389
기타	2,315	3,730	2,944	2,911	1,918	2,111	2,234	2,250	2,287	2,311
미상	1,478	1,604	1,470	1,265	1,124	993	638	445	419	366
합계	35,144	45,431	43,415	40,961	29,769	30,249	28,601	24,935	22,917	20,733

주: 조기유학이 목적인 조기유학생뿐만 아니라, 부모 동반 유학생까지 포함한 자료이다.
자료: 한국교육개발원. 〈교육통계 연보〉(2005~2014년) 자료에 근거하여 재구성했다.

23 미국, 영국, 캐나다, 호주 등 다양한 계열의 교육과정을 채택한다.

2000년대 후반부터 싱가포르의 부동산 가격이 급격히 상승하면서 주거비 등 생활물가가 크게 올랐고, 2010년대 초반부터 싱가포르 교육부의 내부적 정책 전환으로 조기유학을 목적으로 하는 한인의 공립 초·중등학교 입학이 어려워졌다. 공립학교 재학생들의 경우 고등학교 졸업 시, 즉 학업 종료 때까지만 싱가포르에 머물렀고, 신입생은 극히 드물었던 것으로 보인다. 2010년대에 들어서는 싱가포르 소재 국제학교에 다니고자 하는 부유층 가족만이 신규 유입한 것으로 보인다.

3) 한류와 한인 경제의 성장

싱가포르를 포함한 동남아시아 지역에서의 한류 열풍은 한인사회에 다양하고 폭넓은 기회구조와 이민자에게 호의적인 수용 환경 및 맥락을 제공했다.

2000년대부터 불어온 한류로 한국의 영화, 드라마, 음악 등이 인기를 끌었다. 요즘에도 싱가포르의 주요 방송 채널에서 한국 드라마를 프라임 타임인 저녁 시간대에 2시간 정도 방송하고 있다.

한류에 따른 대표적 기회구조는 한국 드라마와 예능 프로그램에 등장한 한국 음식을 현지인들도 긍정적으로 생각하고 맛보기 시작한 것이다. 1990년대 말, 2000년대 초반에는 싱가포르에 약 10개 내외 한국 식당이 존재했다. 그러나 2017년 초반에는 약 300개의 한국 식당이 싱가포르 정부에 등록되어 있었으며, 그중 200개 정도가 한인이 직접 운영하는 것으로 파악되었다(김지훈, 2019).

싱가포르의 한류에 관한 조사를 살펴보면, 싱가포르인이 가진 한국에 대한 이미지는 전체적으로 긍정적이다. 특히 소득수준이 높고 연령대가 낮을수록 한국을 긍정적으로 인식하는 경향이 있다(심두보, 2010: 314).

한식당의 증가는 현지 거주 한인들과 관광객, 출장자 등 한인 방문자만 대상으로 하는 로컬(local)[24] 한인 경제에 의존한 것이 아니라는 점을 주목해야 한다. 1980년대 중반부터 2000년대 초반까지 10여 개 미만의 한국 식당이 중심업무지역이나 탄종파가(Tanjong Pagar)를 비롯한 주요 도심 중 일부 지역에 산포되었던 것과는 다른 양상을 보인다. 2000년대 후반 이후 한국 식당은 싱가포르의 주요 호텔, 쇼핑센터, 관광지역 및 업무지역 대부분에 포진하게 되었다. 근래에는 새로운 쇼핑몰의 계획 단계부터 주요 한식당의 입점이 예정된다. 탄종파가 지역에는 40~50개의 한식당과 주점이 모여 있다. 대표적 중산층 거주지역 중 하나인 부킷티마(Bukit Timah) 지역 소재의 쇼핑몰에는 20여 개의 한식당, 학원, 유학원 등 한인 편의시설이 밀집되어 있다.

싱가포르의 상가와 토지는 가격이 비쌀 뿐만 아니라 외국인, 영주권자, 시민권자 등 체류 신분에 따라 구매 자격에 제한이 있거나 부가되는 취득세율이 차별적으로 적용된다. 도시국가로서 토지와 개발이 중앙 통제적으로 운영되며 민간 주도적 개발이나 재개발이 극히 어렵다는 점에서 한인 상가가 밀집된 한인타운 형성이 힘든 여건이다. 그럼에도 최근 들어 한국 식당 밀집지가 여러 곳에 생기면서 소규모의 한인타운이 형성되고 있는 점은 싱가포르 내 한식당의 인기와 더불어 한인 이민

---

24 '로컬'은 '현지'와 같은 뜻으로, 싱가포르 한인들이 대중적으로 사용하는 구어체 표현이다. 이는 싱가포르에만 국한된 것이 아니라, 동남아 전반에서 통용된다. 아울러 학술적 의미의 '로컬' 개념이 사회학, 인류학, 지리학에서 존재한다. 여기서 사용된 '로컬'은 이 둘 모두를 고려한 구어적 표현이자 개념이다.

사회의 성숙화를 보여 주는 지표라고 할 수 있다.

싱가포르 한식당 등 한인 상가 밀집지역은 다른 한인 이민사회와 구분되는 두 가지 특징이 있다.

첫째, 싱가포르 상업지역은 대부분 비싼 임대료 등으로 신규 이민자 집단은 어느 민족집단이든 공간적으로 민족경제(*ethnic economy*) 지역을 형성하기 어렵다. 차이나타운, 아랍거리 등은 19세기와 20세기 초반에 형성된 것이다. 싱가포르의 한식당의 경우, 이전 시기에 한인 이민자와 방문객 등을 대상으로 시작되었지만, 현재는 대다수가 현지인들을 주요 고객으로 삼아 운영되고 있다. 이는 싱가포르 거주민 다수가 한식을 일식, 태국음식 등 글로벌 식단 중 하나로 받아들였음을 뜻한다. 한류 대중화를 밑받침으로 한 한식당의 대폭 증가는 일시적 현상이나 민족경제의 일부분으로만 해석할 수 없는 것으로 보인다.

둘째, 싱가포르의 한인타운은 뉴욕, 런던 등 일부 글로벌 도시 중심가에 소재한 한인타운과 유사한 공간적·사회적 구조를 가진 것으로 보인다. 일례로, 뉴욕 맨해튼의 32번가 지역에 주로 산재한 한식당들은 한인과 미국인들 모두를 주요 고객으로 삼으며 좀 더 '정통' 한국식에 가까운 메뉴를 운영한다. 대조적으로 맨해튼의 다른 지역에 소재한 한식당은, 요리전문학교 출신의 한인 2세대들이 직접 개발하거나 변형한 퓨전 한식을 한인이 아닌 현지 고객을 주 대상으로 운영하는 경우가 많다.

싱가포르의 한식당의 경우, 한인과 싱가포르 거주민 모두를 대상으로 하는 상대적으로 고가인 한식당과 중심가가 아닌 쇼핑몰 푸드코트(*food court*)에 소재하면서 한인이 운영하지 않을 수도 있는 상대적으로 저가 메뉴 중심의 현지화된 한식당이 뚜렷이 구분된다.

나가며: 주재원 사회를 넘어 글로벌 이민사회로

저자는 이 장에서 싱가포르 한인사회의 변천 과정을 한인사회 형성기, 주재원 사회 팽창기, 주재원 사회 분화기, 이민사회화 초기 등 네 시기로 구분하는 것이 유용하다고 보았다. 주재원 중심 사회로 이해하는 것은 한인사회 형성기(첫 번째 시기, 1960~1970년대)와 주재원 사회 팽창기(두 번째 시기, 1980~1990년대 후반)에 해당하는, 3,000~4,000명 수준의 한인이 거주한 1990년대 중후반까지만 적실하다고 할 수 있다. 아울러, 싱가포르와 동남아시아 다른 국가 한인사회의 한인들 사이에서 통용되는 '주재원 사회'라는 용어보다 '순환이주 주재원 사회'라는 학술적 개념을 사용하는 것이 더 적합함을 제시했다.

2000년대 이후 주재원 외에 주목할 만한 신규 이주자 집단이 상당한 규모를 이루었다는 점에서 싱가포르 한인사회는 다양화되고 있다. 한국 기업의 주재원 외에 다국적기업에 종사하는 한인들은 특히 2000년대부터 그 규모가 커졌다. 한인사회 형성기에도 다국적기업에 종사하는 한인은 소수 존재했다. 그러나 2000년대부터 글로벌 금융 시장에서 싱가포르의 글로벌 지위가 두드러지게 상승하면서 싱가포르에서 아시아 권역 전체를 담당하는 금융 관련 다국적기업에 종사하는 한인들이 이전 시기에 비해 크게 늘어났다.

이러한 변화는 반도체산업과 바이오산업 등 일부 첨단 업종에 대한 전폭적 지원으로 과학기술 관련 전문직 종사자가 늘어나는 등 싱가포르 발전정책 추진과 맞물려 이루어진 것이다. 이는 한국계 기업에 종사하는 주재원 외에도 다국적 및 싱가포르 기업에 종사하는 또 다른 유형의 주재원들이 주목할 만한 규모의 이주 집단으로 성장했음을 의미한다. 다국적기업 주재원은 기존의 순환이주 주재원 중심 한인사회의 다양화와 분화를 촉진했다.

1만 명 이상의 한인이 거주하기 시작한 2000년대 중후반부터 적어도 3,000명 내외로 추정되는 초·중·고 조기유학생과 그 가족은 싱가포르 한인사회의 중요한 한 축을 형성했다. 여타 국가의 한인 조기유학생 가족과 달리, 싱가포르의 조기유학생 가족은 동질적 유형으로 보기 어렵다. 자녀 교육만을 목적으로 한국에서 싱가포르 공립학교와 국제학교로 이주한 학생과 동반 학부모뿐만 아니라, 싱가포르에 파견되었던 전직 주재원 중 계속 체류한 유형의 교육이주(*educational migration*) 가족과 싱가포르 주변 동남아시아 국가에서 거주하는 한인들도 포함하는 다양한 유형의 교육이주자들이 존재하기 때문이다(Kim, 2010; Kim, 2015; 김지훈, 2014).

이들은 글로벌 교육산업 발전을 위해 싱가포르 정부가 추진한 이주정책과 이에 조응한 한인 진출이 맞물려 형성된 이주 체제뿐만 아니라 동남아 전역에 거주해온 한인이 동남아 국가 사이에서 서로 연결된 사업 범위와 네트워크, 그리고 한인의 이주와 재이주 연결망으로 서로 연결되어 있음을 잘 보여 준다. 아울러, 싱가포르 한인사회 규모의 확대는 한인 경제의 확대를 통해 한인들이 싱가포르에 더욱 편리하고 편안하게 영주화할 수 있도록 한인사회 환경을 변모시키는 데도 기여했다고 할 수 있다.

2010년대 초반부터 현재까지 고학력 전문직에게 매우 호의적이던 싱가포르 이민정책은 국내의 정치경제적 이유에서 재검토되었다.[25] 이러한 정책 전환은 한인사회에 역설적 영향을 미치는 것으로 보인다. 이미 PR을 취득한 한인들이 싱가포르 시민권을 신청하거나 EP 소지자 중 PR을 신청하는 경향이 뚜렷해지고 있다.

특히 싱가포르 PR을 소유한 한인 2세대 자녀들 중 남성은 싱가포르의 병역의무를 이행해야 하고, 이를 회피하면 장래 체류 기반에 제약을 받는다. 싱가포르 병역을 이행한 한인 남성들도 한국 시민권(한국 국적)을 유지하면 한국에서의 병역의무 역시 이행해야 한다. 이러한 '경직된 시민권 체제'를 유지하는 한국-싱가포르 이주 맥락, 즉 '유연한 시민권'의 행사가 제약받는 체제 아래에서 영주화가 이루어지고 있다.

이는 싱가포르 한인사회 구성원들 다수가 현재 고민하고 있는 당면 과제 중 하나이다. 뿐만 아니라 이주의 시대(*Age of Migration*)[26]로 상징되는 현재의 세계 사회에서 글로벌 시민권 이론에 대한 함의가 적지 않다. 싱가포르 한인사회의 미래를 조망하는 데도 핵심적 이슈 중 하나이며 향후 추가적 연구가 필요한 영역이다.

싱가포르 한인사회의 분화는 신규 이주 청년층과 기존 이민자 중 60대 후반과 70대 이상 노년 세대의 은퇴 설계에 따라 한인사회의 다양화와 분화를 가속화할 가능성이 크다.

한인 노년 세대와 청년 세대는 미완의 연구 영역으로 향후 후속 연구가 필요한 중요한 주제이다. 이는 싱가포르 한인사회 재생산의 핵심을 차지한다는 점에서 싱가포르 한인사회의 미래를 조망하기 위한 핵심적 연구 대상으로 주목할 필요가 있다.

---

25 2022년 중반에 재도입하기로 한 정책의 재전환이 어떠한 결과를 낳을지는 후속 연구가 필요하다.

26 캐슬(Stephen Castles) 교수의 저서명으로 이후에 널리 인용되면서 학술용어로 굳어졌다.

제2장

조용하고 치열한 사회

주류 싱가포르 한인들이 체험한
경험과 인식

들어가며

1장에서 싱가포르 한인사회는 거주 인구 규모 자체가 증가했을 뿐만 아니라 한국 기업 주재원 중심의 비교적 동질적인 사회에서 변화가 이루어졌음을 지적했다. 한인 인구 규모의 증가와 구성원의 다양화는 통계 자료를 보았을 때 쉽게 인식할 수 있는 가시적 지표로 잘 드러난다. 특히 한인 수의 증가는 통계치에서 눈에 두드러지게 보인다.

그러나 저자는 싱가포르 한인사회는 비가시적 요소들을 종합해 볼 때 '조용하고 잘 드러나지 않는 한인사회'이며, 이는 싱가포르 한인사회를 관통하는 특징임을 보여 줄 것이다. 이러한 '조용한 한인사회'는 여러 다른 이유에서 '드러내는 것을 꺼리는' 한인 구성원 집단의 특성뿐만 아니라 싱가포르 사회, 싱가포르에서 일하고 사업하는 것과 (도시개발 정책을 포함한) 싱가포르의 도시공간적 특성이 결합하여 만들어진 것이기도 하다.

2장은 먼저 싱가포르 한인사회의 주류 중산층의 일과 삶에 대해 들어 보고, 눈에 잘 드러나는 측면인 싱가포르 사회와 한인타운을 중점적으로 살펴본다. 다음으로 싱가포르 사회가 한인 구성원 집단에게 어떻게 인식되고 경험되는지 분석한다. 마지막으로 싱가포르 한인사회가 다양화·분화된 맥락적 변화에도 불구하고 왜 '조용한 한인사회'로 특징지어지는지 살펴볼 것이다.

1. 중산층 중심의 한인사회: 한국 기업 주재원 출신 영주자의 일과 삶

싱가포르 한인사회는 '조용한 사회'로 특징지어진다. 동시에 기업과 자영업을 운영하거나 글로벌 기업에서 전문직으로 종사하는 한인들은 이구동성으로 싱가포르에서 살아가는 것은 "치열하다"고 말한다.

이러한 인식은 다양한 한인사회 구성 집단 모두에게 공통적으로 드러난다. 전현직 한국 기업 주재원 출신 한인뿐만 아니라 중단기간 동안 체류하는 현재의 한국 기업 파견 주재원, 글로벌 기업 종사 전문직 등 넓은 의미에서의 한인사회 주류층뿐만 아니라 오랫동안 거주해온 비주류층, 혹은 짧으면 몇 년, 길면 10년 내외 기간 동안 싱가포르 체류 후 싱가포르를 떠날 것으로 예상하고 이주한 교육이주자(이른바 '기러기가족') 등이 한목소리를 낸 것이다.

한인타운의 존재와 규모, 싱가포르 내 한인의 위상 등 가시적 요소를 비교해 볼 때, 싱가포르 한인사회의 다양화와 분화는 쉽게 드러나지 않는다. 전반적인 한인 규모의 추이에서 한인 인구의 증가, 이를 추동한 새로운 한인집단의 등장이나 증가에 기반한 변화를 통해 현재의 한인사회를 평가하면, 싱가포르 내 한인사회 규모의 확대가 구성의 다양화 및 분화와 함께 진행되었고, 이는 '조용한' 변화, '눈에 덜 띄는' 변화를 통해 이루어진 것이 특징적이다.

싱가포르 한인사회는 대부분의 경우 조용하고 비가시적인 형태의 변화를 띠지만, 그 내면에서는 한인사회의 분절화(*segmentation*)가 '조용하고 치열한' 형태로 진행된다. 이 점은 한국 대기업 주재원 출신 한인,

글로벌 기업에 종사하는 전문직 한인, 글로벌 기업의 중저임금 서비스직 한인, 국제결혼 한인 등의 한인사회에 대한 심층면접의 결과를 통해 잘 드러난다. 앞으로 이에 대해 더 자세히 살펴보겠다.

싱가포르 한인사회의 팽창은 조용하고 비가시적 변화를 통해 이루어지지만, 내부적 갈등이나 긴장이 전혀 없는 상태, 말하자면 조화로운 방식의 변화로 이루어진다고는 보이지 않는다. 나뉘어 있지만 서로 간의 교류는 최소화된 상태, 다시 말해 분절화가 특징적이라고 보인다. 사실 해외 한인사회는 일정 규모 이상 구성원이 늘어나면 갈등이나 긴장이 잠재되거나 표출되는 경우가 많다. 표출되는 갈등의 예로, 회장 선출을 둘러싸고 법적 공방을 벌이고 두 명의 회장이 서로 법적 · 절차적 정당성을 주장하는 여러 다른 주요 국가의 한인사회를 들 수 있다.[1]

싱가포르한인회는 내부 갈등과 긴장 관계가 적어도 현재까지는 표출된 적이 없다. 역대 한인회장이나 오랫동안 싱가포르에 거주한 한인 구성원을 만났을 때는 그 반대 상황을 지적한다. 한인회장을 맡을 수 있는 자격을 갖춘 사람들 중에서 한인회장을 하려는 분을 찾기가 쉽지 않다는 것이다.[2] 이 장에서 소개하고 인용할 수많은 한인 구성원들도 이 점에는

---

1 뉴욕 한인회, 베트남 한인회, 태국 한인회 등에서 2인 이상의 한인회장이 서로 자신이 법적 · 절차적 정당성을 지닌 회장임을 선언하며 현지 법원에서 송사를 벌였다.

2 싱가포르한인회의 경우 복수의 한인회장 후보자가 출마하는 자체가 드물다. 2000년대까지 연임을 쉽게 볼 수 있었다. 익명화를 위해 간접적으로만 표현하면, 2010년대 후반부터 2인의 회장후보가 출마하기 시작했다. 그전에는 한인회장 외에도 싱가포르상공회의소, 세계한인무역협회, 한인 여성회, 한국국제학교 이사장 등 한인 주요 단체장의 경우에도 복수의 후보자가 서로 경선하여 회장을 선출하기보다는 이사, 부회장을 역임한 사람 중에서 한 명이 '자연스럽게' 후임자로 선출되었다. 이는 이러한 단체장을 맡는 것에 적임이라고 암묵적으로 합의될 만한 원로급에 해당하는 연령대인 50대 후반 내지 60대 초반의 한인 중에서 어느 정도 경제적 성공을 이룬 상태에서 2년 정도의 임기 동안 본인의 사업 외에 매주 매일

쉽게 동의한다. 이에 대해서는 이 장의 후반부에서 살펴볼 것이다.

엇비슷한 시기에 한인사회 규모가 팽창한 아시아 국가의 한인사회와 비교하면 싱가포르 한인사회의 특징은 두드러진다. 베트남 한인사회의 사회경제적 분화나 중국 한인사회 분화에 대한 연구에 따르면(채수홍, 2018), 1990년대 초기 베트남과 중국 개방 그리고 '중국 열풍'이 일어난 1990년대 이후 중국의 부상과 더불어 등장하여 급속히 팽창해온 중국 연안 지역 주요 도시의 한인타운이나 현지 한인사회와도 매우 대조적이다. 특히 중국의 한인사회는 한국 기업의 투자와 더불어 상당 규모의 주재원 유입이 한인사회 팽창의 한 축이 되었지만, 다른 지역에 거주해왔던 조선족 출신 한인의 유입과 차이나 드림을 꿈꾸며 한국에서 건너온 여유 없는 한인층의 급격한 유입이 결합된 결과이기도 하다.

아시아와 북미의 다른 한인사회와 비교할 때, 싱가포르 한인사회의 가장 두드러진 특징은 이른바 불법 미등록(*undocumented*) 한인 이민자가 거의 없다는 점이다.[3] 이는 중산층 중심의 보다 동질적인 한인사회가 될

상당한 시간을 할애할 수 있는 위치에 있는 사람들의 인적 풀이 아직은 넓지 않다는 점에서 기인한다. 다시 말해 싱가포르에는 30~40대 한인은 많이 거주하지만 20년 이상 거주한 상태에서 50대 중반 이후에도 계속 거주하는 노장년층이면서 경제적 여유가 있는 성공한 원로급 한인이 상대적으로 적기 때문이기도 하다. 뿐만 아니라, 경제적으로나 사회적으로 성공하더라도, 한 국가의 '한인회장'이 갖는 위상 혹은 명예에 무관심한 한인이 많기 때문이기도 한 것 같다. 아울러, 한인 상대의 기업활동으로 부를 축적하지 않고, 글로벌 기업과 연계하여 부를 형성하거나 한국의 재벌가 중 조용히 이민 온 경우는 한인 관련 활동을 선택하지 않는 경우도 많다.

3 방콕, 하노이, 호치민 등의 국제공항의 한편에는 단기 방문비자의 재연장을 위해 줄 선 한인들을 쉽게 볼 수 있다. 인도네시아와 말레이시아와 같은 싱가포르 인접국의 경우 싱가포르를 방문하는 것으로 장기 체류하고자 하는 국가의 방문비자 연장을 하는 것을 선택하곤 한다. 싱가포르에서는 교량으로 연결된 말레이시아의 조호바루를 방문하는 것으로 90일짜리 방문비자를 연장할 수 있지만, 2회 이상 시도하는 것은 출입국을 관리하는 싱가포르 이민관세청(ICA)의 단속 대상이 될 수 있는 위험한 일로 알려져 있다.

수 있는 핵심적 이유이다. 싱가포르 정부가 추구하는 이민정책의 목표이자 결과이기도 하다.

물론 60일 혹은 90일간 주어지는 방문비자를 편법으로 연장하기 위해 말레이시아-싱가포르 국경을 다녀와 정식으로 체류 기간을 늘리는 방식을 시도하는 한인이 전혀 존재하지 않는다는 의미는 아니다. 근무했던 직장이나 학교에서의 비자가 종료된 후 새로운 직장을 찾는 과정에서 짧은 과도기 동안 체류를 연장하는 등 이례적 개인 상황에서 드물게 이런 사례가 발생한다.

그렇지만 이는 인접 동남아시아 국가들에서 일어나는 상황과 차이가 있다. 인접 동남아시아 국가의 경우 한인 규모의 공식 수치와 비공식 수치가 두 배 내외로 차이를 보인다. 이들 국가에서는 방문비자를 손쉽게 연장, 재연장함으로써 해당 국가에 방문객으로만 체류하고 실질적으로는 영주하는 한인이 적지 않다. 그러나 싱가포르에서는 이런 편법적 방식의 장기 체류가 가능하지 않다.

21세기 들어 한인 규모가 급격히 증가하는 중국, 베트남, 필리핀, 인도네시아 등에서는 한인사회 규모를 몇만 명 이상 늘려 잡는 경우가 많다. 그 주요 근거는 국경을 잠깐 건너 다녀온 후 비자를 연장하는 합법적 단기체류 비자 연장을 통해 이들 국가에서 실질적으로 장기 체류하고 거주하는 한인들이 있기 때문이다. '유동인구'라고도 표현되는 경우이다.[4]

예를 들어, 인도네시아 거주 한인이 합법적 체류 비자 연장을 위해 국

---

4 중국과 동남아 일부 국가의 한인사회에 관한 연구 중, 해외에서 새로운 '기회'를 찾아보려는 시도('소규모 창업')를 실천하다가 한국에서 가져온 사업 자금을 다 소모하는 '실패'를 겪은 후 '유랑'하는 한인에 대한 연구도 다른 학자들에 의해 시도되고 있다(e.g. 구지영, 2013; 장수현, 2012).

경 다녀오기를 하는 대상지는 주로 싱가포르다. 자카르타와 싱가포르 간의 한 시간 남짓한 비행시간이나 미화 100달러 내외의 항공료를 고려했을 때 경제적이기도 하고, 합법적 방식이기 때문이다. 베트남의 하노이와 호치민 공항의 입국장에서 이민수속을 받기 전에 도착비자를 받는 코너의 대기자 상당수는 한인이다.5

중국 한인사회 연구의 다수에서 한국과 중국을 페리로 오가는 보따리 상인 외에도 방문비자의 최대치에 가깝게 머문 후 방문비자 최대 부여 횟수(연 2~3회)를 넘어서면 단기간 한국을 방문 체류하는 형태로 합법성을 유지하는 전략을 채택하는 경우를 볼 수 있다. 체류 기간의 합법성은 유지하더라도, 방문비자로는 취업이나 상업 활동을 할 수 없기 때문에 엄밀한 의미에서 내용적 불법성을 내포한다. 싱가포르 한인 중에서 이런 반(半) 합법적 체류자의 규모는 다른 국가에 비해 월등히 적거나 미미하다.

그렇다면 한국 대기업 주재원, 대기업 주재원 출신 사업가와 같이 싱가포르에서 여전히 주류층을 형성하는 한인들의 일과 삶은 어떠할까? 주류층 한인들 모두가 단일한 방식의 라이프스타일을 가진 것은 아니지만, 그 차이의 변동 폭은 크지 않다.

직업군과 업종별로 살펴보면, 싱가포르에 진출한 한국 대기업 중 대

---

5 베트남에서 한국인은 다른 국적의 외국인에 비해 방문비자 없이 단기간 방문할 수 있다는 점에서 특혜를 받는 외국인이다. 대부분의 서구 국가(미국과 유럽 다수의 국가)의 방문자는 단순 여행을 위한 방문도 공항 이민국에서 발급 비용을 달러로 지불하고 도착비자를 받아야 한다. 한국인은 월 1회, 최대 15일까지 머물 경우 무비자로 방문할 수 있다. 저자가 2018년 1월 베트남 하노이와 호치민을 방문하면서 이를 직접 관찰할 기회가 있었다. 이후 현지 교민들에게 문의했을 때, 몇 개월 비자 연장을 위해 공항 도착비자 센터를 이용하는 한인의 존재는 잘 알려져 있었다.

표적 업종인 건설업 계열 회사에서 일하는 경우를 먼저 살펴보자. 한국 대기업 건설사 중 대표적 회사 한 곳에서 오랫동안 일하다가, 이후 본인의 사업을 시작한 A씨(60대 남성)의 사례를 통해 싱가포르에서 한국 대기업 사원으로 일하는 것과 본인 사업을 시작한 계기에 대해 살펴보자.

> 1998년도에 IMF가 대한민국의 모든 스트럭처(*structure*)를 … 상당히 많이 바꾸는 큰 변화의 요인이 됐죠. 예를 들어 대기업에 들어가면 평생직장〔개념〕, '우리가 남이가' 이것도 다 깨지고, 회사가 어려워지면서 대거 인원들도 내보내고 그런 시기였죠.
>
> 그리고 저 같은 경우는 그 당시에 우리 회사가 어려워지면서 철수할 수밖에 없는데, 회사는 제가 필요하고 우리 가족은 다 짐이 되니까 … 가족에게 들어가라고 하는 강제 이동, 그런 거에 반발하는 마음이 일어났죠. 그 당시에 이탈리아계 전문 … 스페셜 하도급 업체가 있는데 … 굉장히 큰 회사인데 … 하여튼 굉장히 고민하고 있을 때 이 회사에서 나보고 같이 일해 보지 않겠느냐고 스카우트〔제의를 해서〕 고민하다가 그 회사에 가서 2년간 근무하고 사업을 하게 되었죠(60대, 남성, 한국 대기업 주재원 출신 사업가, A씨).

현재 60대인 A씨가 30~40대 무렵 싱가포르에 처음 진출했을 때, 한국 대기업에서 영어를 잘 구사하는 사람이 많지 않았다. 특히, 무역 상사와 같은 업종이 아니라 건설업의 경우는 더욱 드물었다. 싱가포르에 진출한 한국 기업들은 직접 일을 시행하는 것이 아니라 싱가포르 정부나 민간기업에서 발주하는 프로젝트의 수주를 받아 수행하는 일이 대부분이었다. 싱가포르 정부나 기업 혹은 다국적기업 협력사와의 소통을 위해 영어를 할 일이 많았지만 당시 영어 능력이 있는 한인은 많지 않았다.

그런데 A씨는 어느 정도 영어를 할 수 있었다. A씨에게 영어 능력은 본인이 조직 내에서 성장하고, 향후 사업을 할 수 있도록 하는 중요한 문화자본(*cultural capital*)을 축적하는 밑바탕이 되었다.

> 내 상사는 〔나보다 높은〕 연배인 분인데 〔업무의〕 내용은 잘 아시는데 직접 나가서 〔외국인과〕 커뮤니케이션하는 걸 별로 안 좋아하세요. 나는 영어도 별로 안 될 때니까 나가서 〔의사소통을 위해〕 그림도 그리고 〔했죠〕. 그때 3년간 내 인생에서 여기서 먹고살게 하는 좋은 경험을 하게 돼요. 영국 감독관하고는 나중에는 친구처럼 지낼 〔정도였죠〕. 그 친구 말년에 회의를 쫙 하면 감독관이니까 힘이 있잖아요. 영어로 잔소리하면 소위 얘기해서 막 혼내는데 우리 회사 〔전체에서 그 사람〕 영어를 알아듣는 사람은 나밖에 없어요. 스코틀랜드 애들 영어가 모질잖아요(60대, 남성, 한국 대기업 주재원 출신 사업가, A씨).

건설업은 한국계 대기업의 주요 업종 중 하나인데, 무역이나 전자 등 여타 업종과 구분되는 한국 기업의 관행이 존재한다. 전자, 무역 등의 업종은 주재원 파견자에게 주택 수당, 자녀 교육 수당을 기본적으로 제공하는 것이 관행이지만, 건설업은 대개 예외이다. 건설업 호황기에 기업별로 주택 수당과 자녀 교육 수당을 부분적으로 혹은 전체적으로 제공하는 경우도 있었다. 하지만 업종 전체적으로는 한국 최고로 간주되는 재벌기업 건설업 계열사도 매우 낮은 수준의 주택 수당 정도를 제공했다.

그래서 한국 대기업 주재원은 상대적으로 널찍한 고급 아파트에서 자녀를 국제학교에 보내고 때로는 차량도 제공받는 것과 달리, 건설업 주재원은 배우자와 자녀를 동반하면 그 비용을 가족 수준에서 알아서 조달해야 하는 경우가 많았다.

> 우리 건설회사는 갑자기 팽창하면서 협조가 필요하니까 한 프로젝트에 한국 직원이 100명이 있는데, 어떻게 거기에 풍부하게 〔여기〕 사람 주는 레벨만큼 줄 수가 없잖아요. 상대적으로 우리는 여기 현지 얼라운스(*allowance*, 보조수당)는 낮았지요. 내가 볼 때 … 월급 받는 거는 비슷해요. 오히려 일이 험하니까, 한국 본국에서 받는 월급은 건설회사가 조금 더 높다네요. 그런데 여기 현지 얼라운스, 하우징 얼라운스, 그다음에 학교 스쿨 피(*school fee*), 이런 것들은 굉장히 〔적었죠〕.
>
> 나는 그때 아실지 모르겠지만 싱가폴에 있으면서 ○○○○ 〔싱가포르 지명〕 끝에 HDB에서 살고, 내 동기들은 여기 시내에 있는 콘도(*condo*)에서 살고 그래서 그걸로 신분의 우열이 결정될 〔정도였죠〕. 직장이 그러니 어떻겠어요? 젊으니까 그것도 받아들이고 회사에서 열심히 일했어요(60대, 남성, 한국 대기업 주재원 출신 사업가, A씨).

A씨는 가족을 동반한 건설회사 주재원으로서 HDB[6] 아파트에 거주하면서 자녀를 싱가포르 공립학교에 보냈다. 나중에 글로벌 기업으로 전직하고, 이후에 개인 사업을 하면서 A씨가 아래에서 표현한 대로 "형

---

6 싱가포르 정부 산하 주택개발청(Housing & Development Board)에서 공급하는 아파트(한국에서 최근 시도하려는 토지임대 조건부 공공아파트와 유사함)를 일상적으로 HDB로 줄여 호칭한다. 싱가포르 인구의 80% 이상이 HDB 아파트에서 거주한다. 민간 개발 '고급' 아파트는 싱가포르에서는 콘도라고 부르며, 대지가 개인 소유주에게 무한으로 주어지는 것(*freehold*), 99년 리스, 999년 리스 등 다양한 형태 대지권의 콘도로 나뉜다. 일반적으로 콘도는 단지 내 수영장과 운동 시설, 커뮤니티 시설이 매우 잘 갖춰져 있다.

편이 좀 되는 사람"들인 한국계 대기업 주재원이나 글로벌 기업 전문직 주재원, 또는 개인 사업을 하는 주류층 한인들처럼 자녀를 국제학교에 보냈고 고등학교 졸업 후에는 미국 대학으로 유학시켰다.

첫째, 둘째 〔아이들이〕 초등학교는 여기 로컬 거버먼트 스쿨을 나왔어요. 그러니까 영어도 배웠고 중국말도 했겠죠. 그러다가 우연찮게 중학교부터는 인터내셔널 스쿨에 영국계 인터내셔널 스쿨에 두 명 다 같은 학교 ○○○○〔국제학교 이름〕에 보내서 졸업했고 대학은 우연찮게 두 녀석이 다 미국으로 갔고요. 아마 일반적으로 그렇게 〔할〕 거예요. 형편이 좀 되는 사람은 〔아이들을〕 인터내셔널 스쿨에 보냈다가 미국으로 보내고, 아닌 사람은 〔거버먼트 스쿨과 한국 대학으로 보내는〕 친구들도 있고(60대, 남성, 한국 대기업 주재원 출신 사업가, A씨).

다음으로 글로벌 기업 주재원 가족의 경우를 살펴보자. 현재 글로벌 대기업에서 주재원으로 일하는 남편을 둔 40대 B씨는 주재원 배우자이자 중년 여성으로서 싱가포르에서 영위하는 삶을 잘 보여 준다. 한국에서 살 때는 본인도 일하는 워킹맘이었기 때문에 일과 가족의 삶을 둘 다 꾸려 가는 것이 버거울 때도 있었다. 그녀는 남편과 자녀를 동반한 아내이자 어머니로서 싱가포르에서 보내는 삶에 대해 다음과 같이 말한다.

〔싱가포르에서 살면서〕 일단 얻은 거라고 하면 종교 생활을 하고 있기 때문에 한국에서보다 시간이 많기 때문에 종교 생활을 풍부히 할 수 있는 부분이 저한테는 큰 부분인 거 같〔아요〕. 그리고 일단은 솔직히 얘기하면 한국에서는 관계들이 되게 많잖아요. 시댁 관계 이런 여러 가지 관계를 신경을 많이 써야

하는데, 제가 그런 거 못 하는데, 그런 거에서 멀어지는 거, 시댁 관계에서 멀어진 거, 자유로워진 거, 이런 거는 제가 느끼기에는 좋은 점이라고 〔생각해요〕. 오히려 그거 때문에 가족과의 관계들도 좋아지는 거가 있는 것 같고요. 부모님을 많이 생각하게 되는 거 〔같아요〕.

잃은 거라고 하면 경력단절이 제일 큰 거 같아요. 여기 와서. 사실 되게 회사를 그만두고 〔싶었어요〕. 와서 2년, 2년 반 정도는 되게 즐겁게 생활했는데, 2년 반 넘고 그러니까 그다음부터는 자존감이 되게 많이 떨어지더라고요. 일을 할 수 있는 상황이 안 되고 이러다 보니까 뭔가 다른 거를 하려고 해도 할 수 없는 상황이 생겨서 자존감이 많이 〔떨어졌죠〕. 이런 거는 여기 와서 조금 잃은 거라고 생각해요(40대, 여성, 글로벌 기업 주재원 아내, B씨).

글로벌 기업에서 일하는 좀 더 젊은 층의 사례를 살펴보자. 현재 30대로 글로벌 금융회사에서 전문직으로 일하는 C씨는 어린 자녀를 둔 글로벌 기업 전문직 기혼 남성으로서 싱가포르에서 사는 "보다 질 높은" 삶이 어떠한 의미인지 잘 드러낸다.

삶의 질은 높은 것 같아요. 가족이 있으면 와이프가 어떻게 생각하는지가 중요한 건데 … 〔싱가포르에는〕 기본적으로 헬퍼 제도(*domestic helper*)가 있기 때문에 집안일에 대해서 벗어날 수 있〔어서〕 … 와이프가 행복하면 저도 행복한 거니까요. 물론 애를 보는 거는 한국이랑 비슷하겠지만 집안일에서 벗어날 수 있으니까요.

그리고 아이도 기본적으로 학교에 다국적 친구들이 있으니까 다양한 언어를 배울 수 있고요. 여기는 친구들이랑 어울릴 수 있는 공간도 많고 〔공원이든 실내든〕 키즈 카페 같은 것도 잘되어 있고요. 요즘 한국도 잘되어 있더라고요. 그런 거 봤을 때는 삶의 질이 높죠.

삶의 질을 유지하기 위해서 드는 비용은 엄청 높아요. 여기는 기본적으로 〔1인당 GDP가〕 4만, 5만 달러죠. 그만큼 자동차도 비싼 편이고 렌트비도 굉장히 〔비싸요〕. 세금이 낮다고 하지만 〔그〕 대신 밖에서 … 사 먹고 이런 데 붙는 부가세들이 엄청 높고요. 삶의 질을 높게 유지하기 위해서 쓰는 비용이 〔많아요〕(30대, 남성, 글로벌 금융회사 전문직, C씨).

장년층으로서 한국 대기업에서 일하거나, 중년층으로서 한국 대기업 혹은 글로벌 기업에서 일하거나, 또는 그 배우자로서 지내거나, 싱가포르 한인사회의 주류 중산층으로 사는 사람들은 싱가포르에서의 일과 삶에 대해 다음과 같이 말했다.

직장에서 영어와 업무 스트레스가 있더라도, 주거와 자녀 교육에서는 상대적으로 만족한다. 특히 어린 자녀가 있는 경우 가사도우미를 고용하거나 자녀를 국제학교에 보낸다면 한국에서 가능하지 않던 기회를 가족 구성원에게 제공할 수 있다는 점에서 기본적으로 만족한다. 아울러, 친족 돌봄 노동이나 친족 관계 유지, 친구 관계 유지에 많은 시간과 노력을 기울였던 데서 벗어날 수 있다. 여성은 시댁 스트레스로부터 자유로워질 수 있다.

이러한 이점들은, 일이 바쁘더라도 가족 중심의 삶을 영위하는 데 핵심적 요소가 된다.

2. 한인타운 없는 한인사회: 민족경제의 형성과 발전

한인타운의 존재 혹은 부재는 이민사회로서 한인사회의 성숙과 발달 정도를 보여 주는 중요한 특징 중 하나이다. 가시적이며 규모가 있는 한인타운이 없다는 것은 한인 이민사회의 집결지 부재를 의미하기도 한다. 이는 재외 한인에게만 적용되는 것이거나 싱가포르에만 적용되는 것은 아니다. LA 한인타운은 아마 전 세계 한인타운 중에서 가장 크고, 뉴욕 한인타운은 아마 LA에 이어 두 번째로 큰 규모를 이루고 있을 것이다. 뉴욕, 런던, LA의 차이나타운은 이 세 글로벌 도시의 도심 외곽이 아니라 중심가의 한 영역을 차지한다는 점에서 현지인과 이민자 모두에게 매우 가시적인 상징성을 띤다.

그렇다면 싱가포르의 한인타운은 어떠할까? 1990년대 말까지 싱가포르에는 한인타운이라 부를 만한 지역은 없었다고 해도 과언이 아니다. 한국 대기업 사무실이 다수 존재하는 싱가포르 최중심지 CBD(Central Business District) 지역인 시티홀(City Hall), 선택시티, 탄종파가, 오차드로드(Orchard Road) 등에 각각 많아야 2~3개 한국 식당이 산포되어 있는 정도였다. 2000년대 초반까지만 해도 싱가포르 전역에서 한인이 운영하는 한식당은 통틀어 20개 내외에 지나지 않았다. 또 이들 한식당이나 한국 상점은 한 지역을 중심으로 밀집되어 있지 않았다.

2018~2023년 현재 시점에서 보면, 한국어 간판을 내건 상점이나 식당을 매우 쉽게 찾아볼 수 있다. 특히 한국의 주요 브랜드들[7]은 싱가포르

---

7 아모레퍼시픽 등의 화장품 브랜드, 파리바게트를 비롯한 제과점 등을 가리킨다.

싱가포르 쇼핑몰 안의 한국 화장품 가게와 한국 식당.

의 중심가와 부심지의 쇼핑몰에 거의 빠지지 않고 존재한다. 싱가포르 한인타운은 우선 소재지에 따라 한인 상점 등 한인 비즈니스 중심지와 한인 밀집 거주지로 나누어 살펴볼 필요가 있다.

한인 비즈니스 중심지로는, 현재 한인회관이 위치한 탄종파가 지역을 들 수 있다. 2018년경에는 50개 이상의 한식당, 주점, 기타 서비스 업체가 소재했고, 여타 지역에 많아야 10여 개의 한인 서비스 업체가 모인 곳이 한두 군데 더 있는 정도였다. 달리 말해, 한인타운이라 부를 수도 있겠지만, 밀집도가 상당하다고 볼 수 없는 곳(탄종파가) 외에는 한인타운이 없었다. 당시 한 도시에 2만 명 정도의 한인이 거주했음에도 두드러진 한인타운 없는 한인사회를 형성하고 있었던 것이다.

싱가포르의 한인 비즈니스 밀집 지역이 한인회관 인근의 탄종파가 지역을 중심으로 수십 개 이상의 한국 식당, 상점, 서비스 업체가 밀집한 곳으로 변화한 때도 2000년대 중후반 이후였다.

싱가포르 부기스정션 몰에 입점한 한인 상가.

이처럼 싱가포르 한인사회가 도시 내 특정 구역에 한인타운을 형성할 수 없었던 것은 싱가포르 도시정책과 싱가포르 한인의 직업적 구성의 영향을 받았다. 독립 직후 싱가포르 정부가 토지수용 정책을 시행하여 거의 대부분의 공지를 국가가 수용했다. 상업용지, 주택용지 등 개발 가능한 지역은 시장 상황을 고려한 후 조금씩 분양하는 토지를 개발업자들이 대개 경쟁을 통해 획득한 후 개발했다. 개발의 속도 조절을 국가에서 한다는 점에서 정부의 역할이 크며, 토지 보유와 투기를 통한 지대 획득의 가능성이 상대적으로 적었다.

싱가포르 주택정책은 HDB, 콘도(민영 고급 아파트), 단독주택 등 대략 3개로 나뉜다. 싱가포르 주민의 90% 가까운 인구가 HDB에 거주한다. 콘도와 주택은 그 비중이 10% 내외다. 20세기 후반까지 콘도가 주로 개발되는 지역, 주택의 경우 독립 이전 시기부터 방갈로, 타운하우스, 숍하우스(*shophouse*) 등이 오랜 기간 존재해 오던 지역이 대개 한정되어 있다.

싱가포르의 HDB 아파트. 사진 속 HDB는 도심 인근에 지어진 상대적으로 오래된 초기 단지 중 한 곳이다.

2000년대 이후 대규모 신도시 건설과 더불어 한인타운이 새로 형성된 중국의 여러 대도시, 베트남 하노이와 같이 현지 지역 도시개발의 팽창적 발전과 더불어 가질 수 있는 기회구조가 없었다고 볼 수 있다(Ho et al., 2022; Yun et al., 2022).

서울의 강남 지역보다 부동산 가격이 더 높은 수준이면서, 전 세계에서 가장 높은 수준의 렌트비와 주택 가격을 유지하는 싱가포르에서 자가를 소유할 수 있는 여건을 갖춘 한인 수가 상대적으로 적었다는 점도 밀집보다는 산포 형태로 한인이 거주하도록 하는 데 큰 영향을 미쳤다. 부동산 정책과 부동산 상황은 외국인이 싱가포르에 머물려면 최소한의 경제적 수준을 갖추어야 함을 의미한다. 즉, 저소득층 한인은 싱가포르에 거주하기 매우 어렵다는 것이다. PR이나 시민권을 보유하지 않은

싱가포르의 콘도와 숍하우스 밀집 지역.

경우, 실직과 같은 예기치 못한 상황에서 발생할 수 있는 상당한 지출을 감당할 수 없다면 싱가포르를 떠날 수밖에 없다는 의미이기도 하다.

한인의 거주 형태는 2000년대 이전에는 대개 콘도를 렌트해 거주하는 경우가 거의 전부였다. 지금은 그렇지 않다. 이는 HDB 거주 자격이 바뀌기 시작한 2000년대 이전까지 HDB의 보유와 거주 자체가 영주권자 혹은 시민권자만 가능했고, 이러한 자격을 갖춘 한인은 매우 적었기 때문이다.

비영주권자의 HDB 거주 규제를 포함한 정책이 변화한 2000년대 중반 이후에는 싱가포르 부동산 시장의 주택 가격 및 렌트비가 급격히 상승했다. 한화로 환산한 연봉 총액이 높더라도 비싼 렌트비와 국제학교 학비를 고려하면 실질적 가처분 소득은 많지 않은 경우가 허다했다. 이에 따라 싱가포르 거주 한인은 2000년대 중반까지 주재원의 경우 더욱 거의 콘도에서만 거주하던 주거 형태에서 벗어나 HDB 아파트에서 거주하는 경우도 늘어났다.

2010년대에는 과거 HDB 밀집 지역의 주택 부지에 '나홀로' 콘도 아파트가 다수 들어서기 시작했다. 급격한 렌트비 상승과 전체적 렌트비 수준의 상향 조정에 따라 대부분의 급여생활자 한인들은 급여 혹은 주거비 지원액에 맞추어 생활 지역을 조정할 수밖에 없었다. 이러한 상황은 한인 거주지가 이전보다 광범위한 지역에 산포하는 추세를 가속화했다.

싱가포르의 부동산 정책과 외국인 관련 정책은 저소득층 불법체류자의 부재 혹은 중산층 중심 한인사회 형성을 넘어 보다 광범위하게 한인사회 구성에 영향을 미쳤다. 싱가포르에서 2000년대 초반부터 약 10년간 한인사회에서 일어난 가장 중요한 변화라 할 수 있는 조기유학생 가족의 증가는 싱가포르의 부동산 정책과 외국인 관련 정책에 영향을 받아 이루어졌다. 이는 한인 민족경제에도 영향을 미쳤다. 서구의 이민 연구는 민족경제 공동체(*ethnic enclave, ethnic economy*)의 존재가 이민자에게 일자리를 포함한 사회안전망을 제공하는 역할을 한다고 제시해왔다(Ho et al., 2022; Spencer et al., 2012).

이를 싱가포르 맥락에 적용하면, 일정 규모 이상의 한인이 싱가포르에 거주한 이후 비공식적 민족경제가 비교적 활성화된 사례로 두 가지를 들 수 있다. 이들 경제도 두 가지 부문에서 싱가포르 부동산 정책과 외국인 관련 정책의 영향을 받았다.

첫째, 한인 조기유학생 가족 유입에 큰 변화가 있었다. 2000년대 중반부터 후반까지 10년 미만의 기간 동안 싱가포르에는 조기유학생 가족의 기러기엄마가 상당수 존재했다. 그러나 2010년대에 들어 기러기엄마들에게 중요한 부수입을 창출하던 부업 중 두 가지 선택지가 실질적으로 사라지는 상황이 발생했다. 자녀를 동반한 기러기엄마들 일부는 다른 자녀(단신 조기유학생)를 맡아 보호자(*guardian*) 역할을 함으로써 싱가포르에서의 소요 경비의 상당액을 조달하는 경우가 많았다.

이러한 사례들은 부동산, 환율 및 생활물가 수준의 변화와 외국인에 대한 공립학교 등록금 인상으로 서서히 없어진 것으로 보인다. 부동산 렌트비의 급격한 상승으로, 현지 체류 비용이 지나치게 높아지면서, 공립학교에 자녀를 보내는 것이 어려워졌다. 더욱이 싱가포르 공립학교 학비가 외국인, 영주권자, 시민권자 등 법적 신분 차이에 따라 차별화되면서 외국인 학비가 상당히 인상되어 더 이상 무료에 가까운 수준이 아니었다. 이에 따라 2010년대 초반부터 싱가포르 공립학교에 조기유학을 위해 신규 진입하는 경우는 거의 찾아보기 어려운 상황으로 변화했다. 요즘 자녀의 조기유학만을 목적으로 싱가포르 현지에 체류하는 경우는 부유층을 제외하고는 거의 없다.

둘째, 싱가포르 중심가 인근 콘도에서 싱가포르 출장자 대상 단기 하숙의 운영에 변화가 생겼다. 기러기가족에 꼭 한정된 것은 아니지만, 기러기가족이 눈에 띄는 규모로 등장한 2000년대 기간에는 한인 웹사이트를 통해 단기 하숙생을 구하는 광고를 쉽게 접할 수 있었다. 단기하숙은 출장자에게 꽤 괜찮은 숙박 선택지이기도 하다.

호텔 숙박료가 비싼 싱가포르에서 2017년 기준으로 미화 120~150달러는 3성급 비즈니스호텔 숙박료의 최저선이었다. 코로나19 발발 이후 싱가포르의 호텔 숙박료가 급등했다. 2019년까지 대략 150~200달러이던 곳이 2022년 이후 상당수는 예약 불가 상태였고, 예약 가능한 곳은 400~500달러 수준으로 치솟았다.

싱가포르인들과 싱가포르 한인들에게 왜 그런지 문의했지만, 알지 못했다. 추가로 호텔에서 근무하는 한인 연구참여자를 통해 알아보니, 코로나19 기간 동안 싱가포르 호텔의 상당수가 임시 격리시설로 전용되었다고 했다. 따라서 방문객들이 실제 숙박할 수 있는 호텔 수가 제한되고, 싱가포르 역시 양적 완화에 동참하여 물가가 급상승하며 호텔 숙박료의 급등으로 이어진 것으로 보인다.[8]

단기 하숙은 그 수준 혹은 그보다 약간 저렴한 수준의 비용으로 한식 조식과 세탁을 포함한 서비스를 제공받는 점이 매력적이었다. 그러나 에어비앤비(Air B&B)를 포함해 6개월 이하 기간의 렌트를 불법화하는 싱가포르 정부 정책으로 단기 하숙을 운영하는 것 자체가 불법이 되었다. 현재는 단신 회사원 혹은 대학(원) 생끼리 하우스 렌트를 통해 이른바 하우스메이트를 구하는 경우를 제외하고 한인 대상 단기 하숙을 찾기 어렵다.

---

8 다른 한편, 저자는 2021년부터 2023년 사이 싱가포르와 미국 LA 지역 한인을 비교 연구하기 위해 LA와 인근 캘리포니아 지역을 한 달 정도씩 총 4회 체류했다. 미국 정부의 양적 완화 정책 이후 물가 급등으로 LA와 어바인 지역 호텔의 숙박료 역시 2021년 중반 150달러이던 곳이 2022년부터 250달러 혹은 그 이상으로 올라서 미국 인플레이션의 영향을 직접 체감할 수 있었다.

3. 싱가포르 사회에 대한 인식:
투명한 사회, 치열한 사회, '주식회사 싱가포르'

싱가포르 사회에 대한 인식에서 많은 이들이 동의하는 것 중 하나는 정직한 사회, 투명한 사회라는 점이다. 뿐만 아니라, 마치 기업을 운영하듯 비즈니스 마인드가 강한 국가이자 사회라는 인식도 근간에 존재한다.

사업을 하는 경우 싱가포르 사회에 대한 이러한 인식은 특히 중요하다. 외국인에게 기회를 제공하는 환경은 본인의 노력이 성공으로 이어지는 중요한 사회적 배경이 되기 때문이다. 이러한 사회적·제도적 근간은 사업하는 사람들이 "큰돈을 벌 기회는 얻기 어렵겠지만 일하고 노력하는 만큼 성과를 거둘 수 있는 사회"란 인식을 갖게 한다. 싱가포르에 40여 년간 거주한 70대 남성 사업가 D씨의 이야기를 들어 보자.

> 30대 초반에 나와서 여태까지 살았으니까 사회생활을 해외에서 다 했다고 생각하는데 … . 사실 돌이켜 보면 〔내 나름대로 열심히 일했죠〕. 사회적으로 성공은 못했지만 그래도 열심히 한 보람은 느꼈다고 생각합니다. 만약에 … 내가 한국에 있었다면, 글쎄요, 현실적으로 이런 위치에 있었을까 하는 것이 퀘스천 마크(*question mark*)가 붙습니다. 내 성격이나 비즈니스 스타일을 봐서, 서울은 비즈니스 스타일이 밝지 않아요.
>
> 여기는 사회 자체가 정직한 사회예요. 어떤 불법이나 비하인드, 이런 것이 통하지 않으니까 나름대로 노력한 만큼 보답은 나온다고 생각해요. … 일확천금이나 그런 거는 없죠. 그런 면에서는, 노력한 만큼 나온다는 측면에서는 잘했다고 생각해요. 〔싱가포르 사회가〕 고맙다고 생각해요(70대, 남성, 사업가, D씨).

투명한 사회라는 점과 늘 함께 따라붙는 싱가포르 사회에 대한 중요한 인식은 '자본주의의 자본주의' 혹은 '철저한 자본주의 사회'라는 인식이다(Ramirez & Tan, 2004). 자본주의 국가에는 돈 중심의 세계관과 사회관이 널리 퍼져 있다. 싱가포르는 그중에서도 자본주의의 이념형에 가까운 국가라는 인식이 있다. 이는 비판적이거나 냉소적으로 표현되기도 한다. 특히 사업하는 사람들과 금융권에서 일한 경험이 있는 사람들은 더욱 공감한다. 사업을 하는 E씨는 이렇게 말한다.

〔싱가포르의〕 수많은 종교, 수많은 인종, 뭘로 컨트롤합니까? 결국 돈으로 컨트롤하고, 돈이 모든 걸 다 해결할 수 있죠. 인간적으로는 좀 안 좋은데, 나라를 그렇게 관리해왔기 때문에 사람들 생각에서도, 사람들도 이제 … 돈이 지배하는 가치관이 크다는 거죠. 우리나라는 돈 없어도 살 수 있는데, 여기는 돈 없으면 진짜 못 삽니다(50대, 남성, 기업가, 영주권자, E씨).

싱가포르에서 PR을 가진 사람들은 본인과 가족이 살아가는 데 아무런 문제가 없었다. 그런데 2010년대 중반부터 글로벌 수준에서, 특히 서구 국가에서 외국 출신 영주권자와 시민권자를 구분하고 차별하기 시작했다. 이런 추세와 함께 싱가포르 정부 역시 그전 시기에 영주권자가 일정 기간 이후 언제든 신청만 하면 시민권을 부여하는 정책을 변화시킬 조짐을 보였다. 그러자 더 적극적으로 싱가포르 시민권을 신청하는 경향이 나타났다. 싱가포르인 배우자를 둔 영주권자도 이 점에서 예외가 아님을 주목할 필요가 있다.

제 주변에 〔싱가포르인과 결혼한〕 말레이시아 〔국적자〕 분들, 그런 분들이 제일 먼저 하는 게 일단 회사를 그만둬야겠다고 생각하는 순간 제일 먼저 하는 게 〔싱가포르〕 시민권 신청부터 하는 거예요. 왜냐하면 나이가 먹었을 때, 제가 회사를 그만두고 인컴(*income*, 소득)이 없을 때가 저도 불안한 상황이에요. 고정 인컴이 없으니까, 얘네〔싱가포르 정부〕가 〔시민권을〕 줄 것인가 그런 이유죠. 노후를 〔여기서〕 보낼 거라면 지금 일단 신청을 해놔야 된다는 거죠.…

싱가폴은 어떤 케이스가 있냐면 결혼해서 다 좋은 거 아니잖아요. 남편에게 무슨 일이 생기거나 하면요. 특히 저는 ○○ 업무를 하다 보니까 많이 보게 되는데 남편이 무슨 일이 생기거나 이혼하는 경우가 있어요. 그렇게 되면 〔PR의〕 스폰서가 없어지는 거죠. 그런 상황에서 PR이 만기가 되어 버리면 그 상황에서 지금 저는 고정 수입이 없으니까 대출도 안 된다고 그랬잖아요.

이 상황에서 내가 만약에 세금을 안 내고 있을 때 여기서 나한테 PR을 줄 것인가? 저는 여기에〔싱가폴에〕 애도 있고 모든 자산이 다 있거든요. 여기서 얘들이 나를 PR을 연장해 줄 것인가? 연장해 주겠죠. 하지만 60세가 넘으면 … PR도 안 되고 시민권도 외국인은 안 주는 경향이 있어요(40대, 여성, 국제결혼, F씨).

싱가포르에서 사는 것의 장단점을 물었을 때 연구참여자들의 대답은 비슷하다. 살기 좋은 점도 많지만, 글로벌 도시국가이면서 동시에 중산층 생활물가의 근간인 중요한 두 요소, 주택과 자동차 가격이 다른 어느 나라보다 높은 수준이라고 빠짐없이 지적한다.

주택의 경우 공공주택인 HDB라는 대안이 존재한다. 하지만 자동차의 경우 싱가포르 정부가 정책적으로 한국산 현대자동차 중형 모델을

1억 원에 가깝게 시장가격이 형성되도록 했다. 한국에서는 웬만한 중산층이면 당연히 누리는 자동차 소유가 쉽지 않은 것이다.

각자 본인의 경제적 여건에 근거하여 싱가포르에서의 생활비를 산정할 것이다. 그러나 아래 세 사람이 지적하는 '물가'는 싱가포르에서 외국인이 중산층으로 살아가는 데 필요한 '수준'을 보여 준다.

G씨(70대, 남성, 기업가, 영주권자): 정치에 신경 안 쓰고 그런 장점이 있죠. 정부가 간섭 안 하고. 그런데 문제는 요사이 와서 물가가 너무 비싸요.

D씨(70대, 남성, 기업가): 공기만 빼놓고 나머지는 다 차지(*charge*, 비용부과)돼요. 통행세[9] 다 받지요.

G씨: 아무것도 안 하고 숨 쉬고 집에서 밥 세끼를 먹어도 월마다 〔싱가포르달러로〕 만 달러는 들어갈 거예요. 아무것도 안 하고 그냥 … 집에서 밥 세끼 먹고, 차는 한 대 있어야지.

물가 중에서 의료비 부담도 매우 높다. 동네 의사를 잠깐 만나 진찰받고 처방전 받는 것만으로도 싱가포르달러로 200달러(한화로 약 16만 원) 정도 소요된다. 개업의 상당수가 전문의 자격증까지 가진 한국의 의원급 1차 진료기관(병원) 클리닉에서 2,000~3,000원이면 해결되는 것과 다르다. 종합병원에 가는 경우 의료보험 적용으로 큰 부담이 없는 것과 대조적이다. 싱가포르에서는 미국의 민간의료보험과 유사한 민간보험

---

9 싱가포르의 중심상업지역(CBD)은 '교통혼잡세' 개념의 통행료를 부여해왔다. 차량의 가격 자체도 비싸지만, 중심가 지역을 통과하기 위해서는 통행세도 내야 하므로 유지비가 만만치 않다. 런던에서도 이 방식을 도입했고, 한국에서도 도입을 고려한 적이 있지만 무산되었다.

을 가입하는 것이 필수적이다.

한편 치안 유지를 통한 안전한 환경은 싱가포르 생활의 큰 장점으로 꼽힌다.

> 싱가폴에 있으면서 좋았던 점은 사회적으로 안정되어 있고 치안이 잘 확보되어 있기 때문에 가족들과 편안하게 안전하게 살 수 있었다는 거, 그거는 이 사회에 크게 고마워해야 〔할 거죠〕(70대, 남성, 기업가, 영주권자, G씨).

4. 싱가포르에서 한인 사업가로 살아가기: "졸면 죽는다!"

싱가포르에서 한인으로 살아간다는 것과 싱가포르 사회 혹은 한인사회는 오랫동안 거주한 노년 세대에게는 어떤 의미일까? 먼저, 주류층의 시각을 살펴보자.

> 싱가폴은 눈에 보이지 않는 경쟁이 치열한 사회예요. 각자가 살아가는 경쟁, 살아남기 위한 투쟁, 이런 게 있기 때문에 … 다이내믹한 … 한인사회가 형성되지 못했어요. 살아남기 위해서 자기한테 올인해야 되니까, 여기서 서바이벌하기 위해서 숨 쉬기 위해서 투쟁하다 보니까 내가 속해 있는 커뮤니티에다가 컨트리뷰션(*contribution*, 기여)할 수 있는 〔게〕 많지 않다는 〔거죠〕.
>
> 밖에서 보면 모두 편안하고 즐거운 삶을 살고 행복한 삶을 살고 그런 것처럼 보이지만, 각자 개인〔을〕 보면 엄청난 생활 스트레스에 힘든 게 있으니까 다른 생각

을 할 수 없어요. 친구들이 "여기서 졸면 죽는다"[10] 〔고 그래요.〕 〔싱가포르에서는〕 오늘 그냥 넘어가면 내일 금방 표가 나니까(70대, 남성, 기업가, 영주권자, G씨).

그 사회가 조금 전에 얘기한 그런 경쟁 사회예요. 그런 경쟁 사회니까 사실 꽉 짜인 … 틈새를 보일 수 없는 그런 사회죠. 여담을 얘기하면, 여기 상권이나 모든 비즈니스는 중국계 사람들이 다 잡고 있습니다. 우리나라 사람들이 외국을 부르면서 놈 자 〔붙이는 나라 사람〕 … 중국 사람 돈 먹기 쉽지 않습니다. 단적인 예로, 그만한 어려움과 경쟁을 감수해야 한다는 거죠(70대, 남성, 기업가, D씨).

싱가포르의 내수 시장은 매우 작은 편이다. 싱가포르에서 사업할 때, 일부 업종(요식업, 건설업)을 제외한 여타 업종에 종사하는 한인들은 싱가포르인만을 대상으로 사업하는 경우는 거의 없다. 이에 대해 사업가 G씨는 본인의 사업 본사(오피스)와 거주지는 싱가포르에 있더라도 사업 활동 반경은 싱가포르 인근 다른 동남아 국가임을 잘 보여 준다.

G씨: 여기서 살고 있는 한국 사람들이 요식업을 뺀 나머지는 로컬을 상대로 장사하는 사람들이 없어요. … 밖에서 돈 벌어서, 인건비 싼 나라에서 돈 벌어서 인건비 비싼 나라에서 쓰는 거지. 거꾸로 되어야 하는데 … . 그러니까 성공한다는 게 상대적으로 힘든 거예요.

〔대부분의 사업가〕는 다 인건비 싼 나라에 가서 장사해서 돈 벌어 가져와

10 "싱가포르에서 졸면 죽는다"라는 표현은 싱가포르한인회장을 역임한 한 분의 자서전에 나와 있다(정영수, 2012). 아마 비슷한 연배의 G씨가 전 한인회장의 표현을 인용한 듯하다.

서 인건비 비싼 나라〔싱가포르〕에서 쓰니까 교민 사회가 활성화될 수 없는 큰 요인이죠. 미국에 가서 한국 사람이 성공한 이유가 뭐에요? 시장이 크니까 뭐를 해도 먹고살 수 있잖아요. 여기 상대로 해서는 뭐를 해도 먹고살 수가 없는 거예요.

D씨: 어떻게 보면 지역적인 단점이죠. 마켓에 한계가 있으니까.

G씨: 후회가 있다면 내가 여기 말고 다른 나라에 〔갔어야 했다는 거죠〕. 인도네시아나 … 태국이나 필리핀이나 이 근처 베트남 이런 데 가서 살면서 사업했으면 더 큰 기회가 있지 않았을까 하는 생각이 들어요.

D씨: 어떻게 보면 이 시장의 한계성을 느낀 거죠. 지금도 우리가 돌이켜 보면 그런 게 있어요. 좀 큰 나라에서 이 정도 노력해서 사업하면 지금보다는 훨씬 좋은 성과가 있지 않았겠냐는 생각을 버릴 수 없죠. … 캐나다나 호주, 큰 나라에서 사업하면 거기서 뼈를 묻을 생각을 합니다. 여기 도시국가에서는 뼈를 묻을 생각을 하는 사람이 많지 않을 거 같아요.

G씨: 여기서 우리가 땀 흘려서 번 돈은 없고 쓴 돈밖에 없으니까 이 사회에다 우리가 부채를 졌다 그런 생각이 별로 없는 거예요. 그냥 우리 가족하고 내가 안전하게 잘 살았다는 고마움은 있어도 이 사회에서 내가 어떤 거를 많이 받았다는 그런 생각이 없는 거예요. 인뎁티드(*indebted*, 빚졌다)라고 하잖아요. 그런 생각이 안 생겨요.

5. 싱가포르 한인사회의 변화와 분절화에 대한 여러 시각

싱가포르 한인사회에 대해서는 여러 시각과 입장이 존재한다. 오늘날의 시점에서 '주재원 사회'라고 표현하면, 아마도 '주재원'은 그중에도 가장 폭넓은 의미일 것이다. 한국 기업 주재원으로 싱가포르에서 주재원 경험을 가진 '주재원 출신' 현직 자영업자와 기업가, 글로벌 기업에서 전문직으로 근무하는 '글로벌 기업 주재원', 그리고 현재 한국 기업과 기관에서 실제 파견 나온 '주재원', 이 셋을 포괄하는 의미이다.

시기별로 싱가포르에서 주류를 차지했던 한인들에 대해서 G씨는 다음과 같이 말한다.

> 1960년대, 1970년대에 제일 좋았던 사업은 아마 내가 보기에 … 목재 관련된 게 제일 크게 두드러졌어요. 그다음에 1980년대 들어 건설과 관련해서 많은 회사들이 들어왔고, 많은 사람이 취업하고, 많은 사람이 가서 같이 공사에 취업하고, 일했던 사람이 많아서 건설업은 1990년대에 주재원이 〔많았죠〕.
>
> 그다음에 2000년도 들어 석유 화학, 〔선박, 상선〕 관련 이쪽에 사람들이 상당히 많이 진출했어요. 그때부터 고급 인력들이 많이 나오기 시작한 거죠. 〔그리고〕 은행 계열, 금융도 꼭 한국에서 나오지 않았더라도 … 미국에서 공부했던 〔한국계〕 사람들이 〔진출했죠〕. 2000년 들어서면서, 한인사회 성격 자체가 상당히 바뀌어서 고급 인력 시장에 진출한 사람들이 상당히 많아졌죠. 그 사람들은 한인회라는 그런 큰 조직하고 관련이 없어요. 거기에는 기대지 않고 그냥 각자 한국 사람이라는 아이덴티티(*identity*, 정체성)를 갖고 각자 자기 분

야에서 자기 일을 하는 사람들이에요. 한인회하고는 거의 관련 없어요.

〔한인회 모임에〕 나오지도 않고 … 소위 한인회하고는 별로 유대 관계를 갖지 않고 독립적으로 행동하는 한국 사람, 한국계 사람들이죠. 많은 사람이 미국 시민권을 갖고 있거나 다른 나라 시민권을 〔갖고 있죠〕. … 내가 알기로 한인회가 파악하고 있는 한국인 멤버들은 나와 있는 전체 사람들의 반도 안 된다고 생각해요(70대, 남성, 기업가, 영주권자, G씨).

60, 70대 원로 외에도 20년 이상 싱가포르에 거주해온 50대 사이에서도 개인 사업을 하는 경우는 앞서 살펴본 것과 비슷하게 싱가포르 사회는 치열하고, 한인사회에 여유 있는 한인이 생각보다 많지 않다는 점을 지적한다. 싱가포르 한인사회의 주요 단체 중 한 곳의 장을 역임했던 E씨는 이렇게 말한다.

싱가폴 〔한인사회는〕 다른 나라와 〔차이가 있어요.〕 옛날에 1세대가 와서 2세대, 3세대〔가 생기고〕 그런 개념은 아니에요. 1세대라면 30년 넘은 사람들, 저같이 20년 넘은 사람이 2세대죠. 10년 넘은 사람도 많아졌고요. 1세대부터 자리 잡아서 〔생긴〕 게 아니고요. 2세대는 사업하시는 분들이 많고, 3세대는 새로 기회 잡아 오신 분들도 많이 있죠. 1세대부터 … 오래전부터 〔형성된〕 교민사회가 아니기 때문에, 뭐라고 할까, 끈끈한 건 다른 데 비해서 떨어져요.

성공하면 좀 사회에 나와 봉사도 하면 〔좋은데〕, 그런 분들이 현재로서는 많지 않아요. 봉사한다는 몇 분들도 종교 단체에 가서 하죠, 지금도 단체장이신 분들은 이전에 했던 분들이에요. 그 나물에 그 밥이죠. 〔한인 단체장은〕 한국학교 이사장, 한인회장, 상공회의소회장, 옥타회장, 민주평통회장을 꼽아요. 이분들이 이거 했던 분들이 이거 하고, 변화가 없다는 얘기는 인프라가 작다, 그런 거죠. 여기서 성공하고 오래된 사람들 중에서(50대, 남성, 기업가, 영주권자, E씨).

싱가포르에 처음 살기 위해 오면 흔히 듣는 이야기 중 하나가 "한 다리 건너면 다 아는 사회"라는 것이다. "한국분들 오면 제가 만날 그런 얘기를 하잖아요. 거짓말하지 마라. 남의 돈 떼먹지 마라. 싱가폴은 한 다리 건너 다 아는 사람이다"(H씨).

한 다리만 건너면 금방 다른 사람을 파악할 수 있다는 점 때문에 싱가포르 한인은 평소 프라이버시에 매우 민감하다. 물론 한국 사회에서도 중산층의 경우 프라이버시에 더욱 민감해지는 경향이 있다. 이러한 경향은 상대적으로 구성원 간의 관계가 잘 연결되어 있는 싱가포르 한인 사회에서는 더욱 강화된다.

"이런 말 한 사람 누구야?" 딱 짚으면 〔나〕와요. 저 같은 경우에는 오래 있었기 때문에 제 나이가 딱 나오니까. 보통 보면 많이 묻잖아요. "산 지 얼마나 되었어요?" 내가 "30 몇 년 됐어" 하면 나이가 나오니까 저는 "좀 됐어요"〔라고 하죠〕. 저는 절대 몇 년 되었다는 말을 안 해요(50대, 여성, 영주권자, H씨).

'한 다리 건너 다 아는 사람'이란 이야기는 싱가포르 한인사회의 연결망이 촘촘하고 폭넓음을 의미하지만, 그 점이 반드시 관계의 깊이를 뜻하는 것은 아니다. 한인회나 다른 한인 전체에 대한 관심과 같은 인간적 요소에 대한 관심이라기보다 도구적 경험에 대한 관심을 의미하는 것이다.

이에 대해 주류층 남성 D, G씨나 조용히 '보이는 듯 보이지 않게 지내는 것을 선호하는' 여성 H씨 모두 표현은 다르지만 같은 점을 지적한다.

> 내 일 외에 관심을 안 가져요. 남의 일에 관심 가질 시간적 여유가 없어요. 마음의 여유도 없고. 그래서 사회가 조용해요. 여유가 있으면 남의 일에 자꾸 간섭하고, 관심을 가지면 간섭하고, 간섭을 하면 문제가 생기고 그러잖아요. 여기는 그렇게 간섭할 여유가 없는 거예요. 그래서 이 사회가 조용해요, 아주.
>
> 한인회 자체와 연관도 없고 갈 일도 없고 혜택받을 일도 없고 그렇죠. 이미 현지화되어서 시민권 갖고 계신 분들도 많고. 현지 쪽에서 자녀들, 남편, 이쪽 시댁 식구들하고 생활하니까 아쉬운 게 없잖아요. 그리고 필요해야 가는 거예요. 내가 한인회가 필요치 않은데 왜 가겠어요(50대, 여성, 국제결혼, H씨).

40대 중반의 F씨 역시 20여 년간 싱가포르에 살면서, 싱가포르 한인은 최소한 세 집단으로 나뉘어 서로 섞이지 않는 분절화된 사회로 돌아가고 있다고 생각한다.

> 이 세 티어(*tier*, 계층)가 다 따로 가고 있어요. 그게 좀 안타깝기도 한데 … WP(*Work Permit*의 약자, 노동비자 참고)[11]〔로〕 계신 분들은 사는 게 힘들어서 남들과 교류할 생각을 못 하시고. 전문직은 프라이버시가 강해서 말 나오는 거를 되게 싫어하세요. 그래서 섞이는 거 싫어해요. 가족들과 오셨기 때문에 가족 위주 생활, 친한 몇 사람들과 생활하시는 거 같고 탑 티어분들은 '그들만의 리그'(40대, 여성, 국제결혼, F씨).

---

11 1장의 〈표 1-6〉 싱가포르의 근로 및 노동 관련 체류 비자(2023) 참고.

F씨가 언급한 세 계층(*tier*)이 존재하고, 서로 간 교류가 최소화된 상황에서 분절화되어 있다는 관찰은 저자가 보기에 적실성이 크다.

하지만 싱가포르 한인사회는 F씨가 언급한 세 부류보다 더 많은 세부 집단으로 분절되어 있다고 보는 것이 더 적절할 것이다. F씨가 언급한 한인 세부 집단 외에도 국제결혼한 세부 집단, 글로벌 기업에서 전문직으로 일하는 세부 집단, 싱가포르에서 조기유학을 경험한 후 청년으로 성장한 청년층 세부 집단 등이 그것이다. 이들은 동일한 경로로 이주한 동일한 배경의 세부 집단 내 다른 구성원과 서로 교류하기보다 일부 구성원들과만 교류하고 지내는 경향이 있다. 그 영향으로 싱가포르 한인사회는 더욱더 세분화된 하위집단으로 분절화가 이루어지고 있다.

프라이버시를 중시하는 중산층이 다수를 이루는 싱가포르 한인들의 성향은 싱가포르 한인사회의 분절성을 더 강화하는 것으로 보인다. 개인과 가족의 프라이버시를 중시하면서, 동시에 비슷한 부류의 일부와만 사회적 교류를 하는 방식으로 한인사회는 분절화되고 있다. 글로벌 기업에서 근무하면서 20년 이상 싱가포르에 거주하는 I씨가 보기에도 그렇다.

2000년대 초반까지 주재원이 수적 측면에서 한인사회 구성원의 다수였던 시절에는 주재원의 근무 기한이 사회적 관계에 영향을 미쳤다. 3~4년 단위로 순환 근무하는 한국 기업과 조직의 주재원들은 5년 이상 오랫동안 친밀한 관계를 유지할 대상이 점점 줄어든다. 10년 이상 거주한 한인들은 새로운 주재원 출신들을 맞이할 때, 언젠가 떠날 가능성이 큰 사람으로 간주하고 떠날 가능성이 낮은 사람들을 중심으로 관계를 맺는 성향이 강하다. 이는 한인뿐만 아니라 순환이주 주재원 전체의 특성 중 핵심이기도 하다.

이는 누구나 쉽게 다른 한인을 파악할 수 있지만, 누구와도 깊이 관계 맺기를 회피하고, 소수의 다른 한인과 깊은 관계를 추구하는 경향을 만들었다. 또한 이는 역설적 상황을 가져오기도 했다. 20년 이상 거주한 싱가포르 시민권자인 I씨의 농담, "인격적으로 별로인 사람도 계속 생존이 가능하다"는 말은 이러한 관계 맺기의 특성을 모두 담아 압축적으로 보여 주기 때문에 주목할 만하다.

> 저는 〔늘〕 가는 커뮤니티만 가니까. 교회 다니는 분도 있을 거고, 절 다니는 분도 있을 거고. 그런데 비슷할 거예요. 따로따로 놓고 보면 결국 80~90%는 10년 전과 비슷하게 다 바뀐 사람들일 거고. 오래 안 있고, 가시고 오시고 하니까 … . 다른 교포사회와 비교했을 때는 그게 싱가폴 특징이에요. 그래서 이런 농담도 있어요. "싱가폴은 인격적으로 별로인 사람들도 계속 생존이 가능하다, 친구들이 바뀌기 때문에"(40대 후반, 남성, 글로벌 기업, I씨).

한인사회에서 원로로 대접받는 성공한 기업가들이나, 주요 기업 주재원 중 법인장급 등 한인회와 한인 관련 주요 단체에 이사 이상의 구성원으로 참여하는 집단을 제외한 대부분의 한인들은 한인 단체 행사에 건별로 선택적으로 참여하거나, 전반적으로 관심이 없다. 본인의 성공 혹은 본인의 회사가 주재원에게 제공하는 차량, 주택, 자녀 교육비 등 여러 혜택을 통해 여유로운 라이프스타일을 유지할 수 있고, 구분짓기가 드러나기 쉬운 장이기 때문이다.

나가며: 조용하고 치열하게 분절화되고 있는 싱가포르 한인사회

이 장에서는 싱가포르 한인사회의 전반적 특징과 한인사회 구성원들의 삶과 경험, 그리고 싱가포르 한인사회 주요 구성원들이 가진 다양한 시각을 살펴보았다. 먼저, 싱가포르 한인사회는 주재원 중심 이민사회로 이들은 한국의 중산층과 마찬가지로 자녀 교육에 열성적이고, 좋은 대학으로 자녀를 유학 보내며,[12] 가족 중심의 삶을 추구하는 경향이 있다.

싱가포르 사회는 비즈니스 하기에 '깨끗한' 제도를 갖추었고, 비즈니스와 관련한 투명성도 높다. 하지만 경쟁 중심의 자본주의 논리가 그 어느 나라보다 더 강한 자본주의 사회이기 때문에, 치열한 경쟁을 통해 살아남아야 하는 사회라는 인식을 공유하고 있다.

아울러, 싱가포르 한인사회의 주요 구성원 집단 중 하나인 한국 대기업 주재원들의 순환 근무는 사회적 관계 맺기 경향에 영향을 미쳤다. 작은 한인사회는 서로 다른 사람들과 잘 연결되어 있어 "한 다리 건너면 다 아는 사회"이지만, 동시에 프라이버시를 중시하고 사회계급적 배경에 따라 서로 간 교류할 기회도 교류할 의지도 별로 없어 분절화되는 경향이 크다는 점을 알 수 있었다.

지금까지 조망한 내용을 바탕으로 앞으로의 장에서는 보다 세부적인 집단별 경험에 대해 더 자세히 살펴보기로 한다.

---

12 특히 경제적 여유가 있는 사람들은 자녀를 미국 대학으로 유학 보낸다.

제3장

글로벌 기업, 글로벌 한인

전문직 이주자의 일과 삶

들어가며

이 장에서는 싱가포르가 20세기 후반부터 21세기 들어 집중적으로 육성해온 산업정책과 가장 밀접한 관련이 있는 금융업, IT 관련 업종, 바이오 및 의약학 관련 업종 등 지식집약적 업종(*knowledge-intensive industries*)의 글로벌 기업에서 일하는 20대에서 50대 사이의 청년층과 중장년층 한인 전문직 이주자와의 심층면접을 바탕으로 한인 전문직 이주자가 바라보는 싱가포르 소재 글로벌 기업에서의 일과 삶을 살펴본다.

다양한 연령대의 연구참여자, 특히 남성과 여성 모두의 관점에서 글로벌 기업에서 일하기, 싱가포르 선택의 이유, 그리고 일 밖의 영역에서의 삶에 대한 이들의 시각과 경험을 알아본다.

글로벌 기업에 근무하는 한인들 역시 치열한 직장인의 삶을 살고 있음이 공통적으로 드러난다. 하지만 한국과 전혀 다른 제도적 여건하에 글로벌 기업에서 일하는 것이란 한국 내의 한국 대기업이나 싱가포르 내의 한국 기업에서 일하는 것과는 질적 차이가 있다.

이 장에서는 연구참여자의 내러티브를 통해 드러난 글로벌 기업에서 일하는 것의 본질, 일 밖의 영역에서의 삶을 살펴본 후 싱가포르의 글로벌 기업에 근무하는 한인 청장년층이 많아지는 이유를 더 자세히 알아보겠다.

1. 글로벌 기업의 전문직 한인 연구의 배경

싱가포르 정부가 오래전부터 국가 발전 전략의 핵심으로 글로벌 기업의 아시아·태평양 지역 본부를 적극적으로 유치함에 따라 주요 글로벌 기업의 대부분이 아시아 지역 본부 소재지로 싱가포르를 선택했다. 근래에는 글로벌 기업의 본사를 아예 서구에서 싱가포르로 이전하도록 독려하는 정책을 적극적으로 시행하면서 글로벌 기업 내에서 싱가포르의 위상도 함께 높아지고 있다.

이에 따라 싱가포르의 글로벌 기업에서 일하는 중년층과 청년층 한인은 오늘날의 시점에서 수적으로 한국 기업 주재원보다 더 많을 것으로 추정된다. 싱가포르 소재 한국 기업이나 종사자 수는 간접적 지표로 확인할 수 있지만, 글로벌 기업에 종사하는 한인 규모는 구체적으로 알 수 있는 방법이 거의 없다.

분명한 것은 1990년대에 HP와 같은 글로벌 전자제조기업, 2000년대에 글로벌 금융기업, 2010년대에 바이오 및 IT 관련 글로벌 기업에 종사하는 한인 수가 가시적으로 늘어났다는 것이다. 이는 한인회나 한인 관련 종교기관에 참석하는 글로벌 기업 종사 전문직과 그 가족의 증가를 통해 간접적 방식으로 확인할 수 있다.

그럼에도 글로벌 기업에서 근무하는 한인에 대한 학술적 연구는 세계적 수준에서 매우 드물다. 다른 한편으로, 글로벌 기업에서 일하는 한인들의 삶의 측면도 잘 알려져 있지 않다. 싱가포르에 거주하는 한인들 중 많은 이들이 글로벌 기업에 종사하는 한인들의 존재를 알고 있다. 하지만, 이들은 한인사회에서 자신들의 존재감을 드러내기보다는 조용하게 개인적인 삶을 사는 방식, 다시 말해 프라이버시를 중시하고 개인과 가족 단위의 삶을 중시하는 라이프스타일을 추구한다.

이 장에서는 20세기부터 역점을 두어온 금융업과 21세기 들어 중점적으로 육성해온 IT 관련 업종, 바이오 및 의약학 관련 업종 등 지식집약적 업종의 글로벌 기업에서 일하는 20대에서 50대 사이의 청년층과 중장년층 한인 전문직 이주자의 일과 삶을 살펴본다. 다양한 연령대의 연구참여자, 특히 남성과 여성 모두의 관점에서 이들의 경험을 알아본다.

앞 장에서 한국 대기업 주재원 출신 사업가와 자영업자의 경우 싱가포르 사회에서 "조용하고도 치열한 삶"을 살고 있다는 인식이 있음을 살펴보았다. 글로벌 기업에 근무하는 한인들 역시 치열한 직장인의 삶을 살고 있음은 공통적으로 드러났다.

하지만 한 가지 중요한 차이를 발견할 수 있다. 그것은 바로 싱가포르 글로벌 기업 근무의 가장 핵심적인 특징으로 전문직의 경우 고용안정성이 전혀 없다는 점이다.

> 잡 시큐리티(*job security*, 고용안정성)가 없죠. 잡 시큐리티라는 말 자체가 웃기기는 한데, 싱가폴에서는 잡 시큐리티가 없어요. 어떤 직종을 하든지 간에 없어요. … 가끔 '내가 싱가폴에서 오래 살았구나' 생각하는 이유가 한국에서〔는〕 '회사에서 〔나를〕 돌봐줘야 한다'〔는 정서가 존재하죠〕. 싱가포르는 노동시장 자체가 굉장히 플렉시블해요(*flexible*, 유연하다). 그렇기 때문에 "네 궁둥이는 네가 가려야지 누구한테 의지하는 거는 아니다"예요. 이렇게 잘나가더라도, 시장이 안 좋으면 윗〔사람〕부터 바로 자르고, 비싼 사람 자르고, 퍼포먼

스 안 되면 잘라 버리고, 그런 게 되게 많아요(40대, 여성, 글로벌 금융회사 10년 이상 근무 후 현재는 개인사업, F씨).

F씨는 서울의 명문대학을 졸업한 후 한국에서 대기업과 외국계 은행에서 일하다가 20대 후반에 싱가포르에 건너와 글로벌 금융회사에서 10여 년간 일한 경험이 있는 한인 여성이다. 그녀는 고용안정성이란 말 자체가 싱가포르에서는 '우스운' 이야기라고 한다. 또한 고용안정성에 대한 이런 시각을 이제 당연시하는 본인을 바라볼 때 '내가 싱가포르에서 오래 살았구나'라고 생각한다고 말한다.

사실 많은 글로벌 기업이 싱가포르에 아시아·태평양을 총괄하는 지역 본부를 세우고, 심지어 미국과 유럽의 본사를 싱가포르로 이전하는 이유 중 하나가 싱가포르의 기업친화적 제도 때문이다. 기업 관련 조세가 선진국 중에서 가장 낮은 수준일 뿐만 아니라 특히 중간 이상 임금근로자에게 적용되는 고용안정성이 없는 노동시장 제도가 큰 역할을 한다. 이러한 제도적 여건하에 글로벌 기업에서 일하는 것이란 한국 내의 한국 대기업이나 싱가포르 내의 한국 기업에서 주재원으로 일하는 것과는 질적 차이가 있다.

2. 한인 전문직 종사자의 이주 계기와 동기

한국에서 이런 업무〔채권 트레이딩〕를 할 기회가 없습니다. … 〔글로벌 금융사에서〕 한국은 작은 지사이기 때문에 주로 영업 위주 활동만 하고 트레이딩은 정말 한국 관련된 스페시픽(*specific*, 특정)한 트레이딩 아니면 거의 이런 업무를 할 수 없습니다. 해외에 큰 사무소, 싱가폴이나 홍콩 같은 큰 사무소에서만 이런 일을 할 수 있는 기회가 있거든요. 저도 이런 일을 하고 싶었기 때문에 무조건 해외로 나가고 싶었던 마음이 컸던 거죠(30대 초반, 남성, 글로벌 금융회사 전문직, C씨).

남편도 그렇고 저도 그렇고 특목고를 나왔다 보니까 주변에 미국에서 생활했던 친구들 레퍼런스(*reference*, 참고)를 보았는데, 친구들이 그런 얘기를 많이 하더라고요. 아무리 뛰어나도 〔아시아인이라는〕 소수로서 살아가는 게 생각보다 외롭고 힘들다고요.

그렇다면 어쨌든 영어를 쓰면서 아시아 국가에서 제일 잘나가는 나라는 어디일까, 고민하다가 싱가폴, 홍콩을 〔생각했죠〕. 남편이 중국어를 하거든요. 싱가폴, 홍콩이 유리한 부분이 있지 않을까 생각해서 고민하다가 다시 좁히게 〔되었어요〕. 홍콩이 최근에 중국에 많이 오픈되다 보니까 사실상 중국이라는 얘기를 많이 들어서 그런 것도 있고, 싱가폴이 미래를 길게 놓고 봤을 때 훨씬 생활하기도 좋고, 구직할 때도 훨씬 수월하지 않을까 … . 사실 많이 분석하고 왔어요(30대 초반, 여성, 글로벌 바이오의약학기업, J씨).

글로벌 투자은행에서 트레이더로 일하는 30대 초반의 한인 남성 C씨는 싱가포르의 금융가에서도 가장 잘나가는 전문직 종사자 중 한 명이다. 심층 인터뷰를 위해 싱가포르 금융가에서 멀지 않은 식당에서 저녁 식사를 할 때나 이후 더 조용한 인터뷰 장소를 찾아 옮길 때, 인터뷰 중간과 마무리할 때, 잠깐씩 틈이 날 때마다 C씨는 스마트폰으로 전해지는 주요 뉴스와 트레이딩 관련 알람을 계속해서 확인했다. 업무는 이미 마친 시간이었는데 말이다.

C씨는 싱가포르 시장에서 트레이딩을 한다. 하지만 런던 시장의 시작과 종료, 싱가포르 시장의 시작과 종료, 뉴욕 시장의 시작과 종료는 각각 하루의 3분의 1인 8시간이 서로 이어지는 연결된 시장이다. 당일 급작스럽게 발생하는 글로벌 어느 한 곳에서의 사건은 거의 실시간으로 시장에 영향을 미친다.

그래서 업무 시간의 시작 전 몇 시간, 업무 시간 종료 후 몇 시간 동안 깨어 있어야 한다. 금융 시장과 크고 작은 관계가 있는 중요한 사건이 일어나면 팔 것인가, 살 것인가, 팔거나 살 것이면 얼마만큼의 분량을 얼마에 사고팔 것인가 하는 문제를 직관적이고도 즉각적으로 판단하는 것이 트레이더 일의 핵심이기 때문이다.

C씨는 한국에서 명문대학을 나왔고, 중고등학교 때 해외로 발령받은 부모님을 따라 해외에 가서 학교를 다녀 영어도 유창하다. 뿐만 아니라 한국 학부 재학 기간 중 톱클래스의 글로벌 투자은행 서울 지점과 홍콩 지사에서 인턴으로 근무한 경력이 있다. 대학 재학 시절에는 미국 명문 대학 비즈니스스쿨 중 한 곳에서 교환학생으로 공부한 적도 있다.

싱가포르의 글로벌 투자은행에서 현재 하는 일을 알게 된 것은 미국 명문대학에서 교환학생으로 공부할 때였다. 미국인 교수의 수업을 듣고 상담을 통해 이 분야 일에 관심을 갖기 시작했다. 또 이 교수의 적극적 추천으로 글로벌 금융사에서 상당한 급여를 받는 제대로 된 인턴 경험을 하면서 한국에서 접할 수 없던 실제 업무를 경험하는 기회를 가졌다.

C씨와 비슷한 이력과 경력을 갖춘 청년층 한인은 2000년대 후반 이후부터 조금씩 늘기 시작해 2010년대 말에는 대부분의 글로벌 금융회사마다 몇 명 이상씩 찾아볼 수 있게 되었다. 물론 글로벌 금융회사에 근무하는 모든 한인이 글로벌 투자은행이나 글로벌 금융사에서 트레이딩과 같은 최상위 엘리트 트랙에게 주어지는 핵심적 업무를 하는 것은 아니다. 글로벌 금융사에서도 회계, 법률 등 행정적 지원 업무를 하는 직원 규모가 훨씬 더 크고, 이 영역에서 일하는 한인 직원의 수도 많다.

글로벌 기업에서 일하는 20대와 30대 초반의 한인 전문직 종사자와 30대 후반 이상의 중장년층 한인 전문직 종사자를 규모와 세대별 평균치로 비교하면, 이들은 영어 능력과 글로벌 문화자본 수준에서 세대별로 구분된다는 특징이 있다. 2000년대 초반과 중반에도 글로벌 기업에 근무하는 한국인 전문직 종사자가 없었던 것은 아니다. 하지만 당시에는 글로벌 기업에 근무하는 한인 전문직은 대부분 이공계열을 전공한 엔지니어 출신의 전문직 종사자가 다수를 차지했다. 관리나 경영, 혹은 금융이나 투자 관련 전문직은 그 수가 많지 않았다.

또 다른 두드러진 차이 중 하나는 한인 여성 전문직의 수와 규모이다. 2000년대 중후반에는 글로벌 기업에 근무하는 한인 전문직 종사자의 대다수는 남성이었고, 여성 전문직 종사자는 매우 드물었다(Kim, 2009). 그러나 2010년대 들어 글로벌 기업의 거의 모든 영역에서 한인 여성 수가 한인 남성에 버금가거나 업종 및 업무 영역에 따라 한인 남성보다 훨씬 더 많은 곳이 관찰되었다. 따라서 2000년대 혹은 이전 시점과 질적으로 다른 연구 질문, 즉 젠더에 대한 특별한 관심이 필요하다.

그렇다면, 글로벌 기업에 근무하는 한인의 경험은 전반적으로 어떠할까? 또한 2010년대 들어 급부상한 한인 여성 전문직 종사자의 이주 동기와 계기는 무엇일까? 남성과 여성 간의 차이는 어떠한 것이 있을까? 이어지는 절에서는 이러한 주제를 중심으로 글로벌 기업에 근무하는 한인들의 일과 삶의 경험을 살펴보겠다.

3. 글로벌 기업의 글로벌 규칙: 골드만삭스 룰과 이직문화

글로벌 기업에서 일하는 여러 한인들의 경험을 전체적으로 살펴보면 어떠할까? 고용안정성, 고용가능성, 그리고 글로벌 기업에서 일하고 궁극적으로 최상층까지 승진하여 회사에서 성공하기 위해 필요한 자질은 무엇일까? 이에 대해 여기서는 한인 전문직의 내러티브를 중심으로 알아보겠다.

먼저, 고용안정성과 관련하여 요약하면, 특히 금융권 회사의 경우 대표적 글로벌 금융사의 정책인 골드만삭스 룰(Goldman Sachs' Rule)이 지배한다. 이 규칙은 골드만삭스뿐만 아니라 같은 업종의 금융기업에서 고용과 관련한 지배적 모델이다. 나아가 다른 업종의 글로벌 기업 중에서도 많은 수가 채택하는 게임의 법칙과 같은 글로벌 규칙 중 하나다. 골드만삭스 룰에 대해 C씨는 다음과 같이 말한다.

예를 들어, 내가 〔업무 실적 면에서〕 엄청 잘하다가도 2년 정도 실적이 안 좋으면 아웃될 수 있는 리스트에 올라갈 수 〔있어요〕. 골드만삭스 같은 경우 최고의 은행이라고 하지 않습니까? 투자은행 중에서 거기는 그 사람의 스토리[1]와 상관없이 매년 하위 10%를 잘라요. 그 사람이 그동안 얼마만큼 잘했든 상관없이 매년 하위 10%를. 그런 시스템들이 골드만삭스만큼 다른 〔글로벌 투자〕 은행들이 빡세지 않겠지만 비슷한 모델을 가지고 운용하거든요. 낙오되지 않으려면 열심히 노력해야 〔하죠〕(30대 초반, 남성, 글로벌 금융회사 전문직, C씨).

30대 초반 나이에 이미 억대 이상의 연봉을 받는 C씨는 현재 골드만삭스에서 근무하지는 않지만, 골드만삭스와 비슷한 수준의 글로벌 금융회사에서 일하는 잘나가는 한인 청년이다.

금융권에서 일하는 경우가 아니더라도 골드만삭스 룰과 유사한 고용관행은 다른 업종의 글로벌 기업에서도 어렵지 않게 찾을 수 있다. 앞에서 언급했던 "고용안정성이라는 개념 자체가 존재하지 않는 노동시장"(40대 중반, 여성, F씨)과 같은 제도적 환경은 싱가포르에서 근무하는 사람 대다수가 끊임없이 이직을 염두에 두고 직장생활을 하도록 한다.

한 회사 안에서 근무 성과를 고려하여 승진하거나 연봉을 인상하는 경우가 없는 것은 아니다. 하지만, 같은 회사에서 이를 이루고 싶더라도, 평가 시즌을 앞두고 다른 회사에 지원해 더 나은 오퍼를 받은 후, 이를 재직 중인 회사에서 승진이나 연봉협상의 근거로 사용하기도 한다. 이는 능력의 객관적 평가 지표를 외부에서 가져옴으로써 현재 재직

1 개인의 사정이나 그 개인의 그전 기간의 업무 실적과 성과를 이른다.

하는 회사에 본인의 '능력'을 보여 주며 '능력자'임을 증명하는 것으로 비쳐진다.

글로벌 기업 전문직이 고용안정성이 매우 낮다고 단언할 수 있는 이유 중 하나는 글로벌 기업 간 최고위 레벨에서 이루어지는 인수합병과 그에 따른 구조조정의 영향 때문이다. 대형사끼리 혹은 대형사가 중소형사를 흡수 합병하는 경우, 한쪽 기업의 특정 업무 영역이나 사업 영역의 부분 및 전체가 그간 성과와 상관없이 하루아침에 없어지는 방식의 구조조정이 쉽고 흔하게 일어난다.

> ○○○〔원래 회사 이름〕이었는데, 지금은 합병돼서 〔없어졌죠〕. … 저는 그 회사에 들어간 이유 중 하나가 큰 회사에서는 폴리틱(*politics*, 사내 정치)이 너무 싫었는데 거기는 회사가 작으니까 〔그런 게 없을 것 같았기 때문이에요〕. 〔그 때〕 싱가폴 지사는 20명이 안 됐으니까 작고 좋았어요. 그래도 어쨌든 〔글로벌〕 회사이고 출장도 많고 〔여러 면에서 좋았죠〕. 9월에 들어갔는데, 2월인가에 합병 뉴스가 나왔으니까 〔제가 입사하기 전부터〕 이미 합병이 진행 중이었겠죠. 2월, 3월에 합병 뉴스가 나오고, 그해 5월에 ○○〔회사 이름〕으로 오피스까지 이동시키고. 바로 브랜드 다 없애고, ○○〔회사이름〕로 바뀌어 버렸어요(20대, 여성, 글로벌 회사 근무 경력, K씨).

K씨의 회사는 더 큰, 해당 업종에서 글로벌 1위 회사에 인수되었고, K씨의 업무는 그대로 연장되었다. K씨의 경우는 어쩌면 더 나은 결과를 낳은 것으로 간주할 수 있다. 반대로 직장이 하루아침에 없어져서 주위의 많은 동료들을 다음 날부터 더 이상 볼 수 없게 되는 경험을 하

는 글로벌 기업 전문직도 상당히 많다.

40대 남성 I씨는 IT 관련 톱 글로벌 기업 1위사와 2위사가 서로 합병하는 과정에서 구조조정을 경험했다. I씨에 따르면, 본인이 10여 년간 계속 재직했던 회사가 "다른 회사를 먹기만 먹었지, 먹혀 보기는 처음"이었다. 2015년에 일어난 그 합병은 2019년 현재까지도 IT 업계에서 규모 면에서 '최고의 빅딜'로 여겨진다. 한편 I씨는 글로벌 기업에서 본인의 전문성을 인정받고, 업무를 잘 수행해왔지만, 하루아침에 '명퇴'를 경험한다. 이는 커리어에서 글로벌 기업에 근무하는 여느 다른 한인들처럼 적극적으로 이직과 전직을 지속하는 중요한 계기가 되었다.

> 그때 한 직장에 오래 다녀서 〔이직은 생각도 안 했죠〕. 회사가 합병되면서 구조조정에 들어가서 명퇴같이 그렇게 좀 받고 나왔는데, 그다음부터 한번 나오기 시작하니까 버릇이 돼서 이직이 좀 쉬워지더라고요. 그전까지는 이직에 두려움을 많이 〔느꼈죠〕. 지금 나와서 하나, 둘, 세 번째 회사, 〔오늘이 싱가포르에 와서 세 번째 회사에〕 입사한 지 3일째입니다(40대, 남성, 글로벌 기업 전문직, I씨).

글로벌 기업의 취업과 이직은 특히 싱가포르 맥락에서는 매우 흔한 일이다. 고용안정성의 결여와 상대적으로 잦은 글로벌 기업 간 인수합병이 이직을 유도하는 추동 요인 중 하나다. 또한 채용 과정의 상대적 용이성과 공정성은 이직을 잦게 하는 윤활유와 같은 역할을 한다. 채용 과정에서 한국 사회에 암묵적으로 존재하는 나이에 근거한 차별을 상대적으로 찾기 어렵다는 점에서 공정성이 있다. 채용을 알선하며 전 세계적으로 활발하게 활동하는 헤드헌팅 회사의 존재는 용이성을 구성한다.

싱가포르의 채용 관행은 30대나 40대가 되면 이직이나 구직이 어려워지는 한국 상황과 차이가 있다. 이러한 점은 본인 고유의 전문성을 갖추고 글로벌 기업에서 오래 근무한 전문직 종사자들이 고용안정성이 낮은 글로벌 기업을 번갈아가면서 근무하는 방식으로 현직에서 꽤 오랫동안 근무할 수 있는 기반이 된다. 30대 초반에 싱가포르의 글로벌 기업에 취업하여 40대 후반인 현재에도 컨설턴트로 일하는 I씨가 그 예이다.

보통 회사 다니는 사람들은 그런 게 없고요. 여기는 이력서를 낼 때도 생년월일 난이 없어요. 그 사람 경력 보고 대충 감을 잡는 거죠. 한국은 있더라고요. 이력서 포맷이. 그래서 〔나이 차별이〕 없고, 물론 여기도 〔IT 업계는〕 좀 젊은 사람이 많은 건 사실인데, 그나마 늙은 사람들이 많이 있는 위치가 아까 말한 기술 엔지니어들, 오랫동안 다니는 사람들이 많죠(40대 후반, 남성, 글로벌 기업 근무, I씨).

뿐만 아니라, 싱가포르의 승진과 급여 인상 관행에는 한 회사의 경력과 성과로만 이루어지기보다 한 회사에서의 경력과 성과를 타 회사로의 이직을 통해 인정받는 방식의 문화가 존재한다. 이러한 글로벌 기업문화를 보다 적극적으로 수용하는 태도는 특히 청년층에서 더 쉽게 관찰할 수 있다. 30대 초반 여성으로 한국의 대기업 의약학회사에서 근무하다가 싱가포르의 관련 업계 글로벌 기업으로 이직한 J씨가 보기에도 그렇다. J씨에 따르면, 한국과 싱가포르의 이직문화는 매우 다르다.

아무래도 한국에 비해서 이직이 되게 잦은 것 같아요. 싱가폴뿐만 아니라 일본이랑 한국 사회를 제외하고는 제가 봤을 때 주변에서 이직하는 경우를 많이

〔봤어요〕. 미국에서 해외 취업한 친구들 보면 스타트업 갔다, 글로벌 대기업 갔다, 왔다 갔다 한 친구도 많이 〔봤죠〕. 저도 기회가 되면, 더 좋은 기회가 오고 좋은 자리가 있으면 당연히 이직할 수도 〔있겠죠〕. 사실은 제가 결혼을 해서도 있지만 혼자 있을 때에 비해서는 좀 더 가정도 생각하게 〔됐어요〕(30대 초반, 여성, 글로벌 기업, J씨).

싱가포르의 글로벌 기업에서 일하는 것은 좋은 일자리에 취업하기 어려운 한국 사회의 청년들에게는 부러운 경험일지도 모른다. 하지만, 영어를 사용하는 업무의 어려움, 새로운 환경에서 문화적 차이를 고려하는 어려움, 고용불안정 속에서 일하는 어려움 등이 존재한다. 이 밖에도 성과지상주의 속에서 일을 잘하는 사람만이 생존할 수 있는 분위기와 환경이기 때문에 싱가포르 기업문화를 경험하면 일과 삶에 대한 회의를 느끼기도 한다.

20대 후반의 K씨는 20대 초반에 싱가포르에서 학부를 졸업한 후 세 군데의 글로벌 기업에서 일한 나름 잘나가는 직장인이었다. 그러나 글로벌 기업의 강도 높은 성과지상주의 속에서 일하는 것에 회의를 가지면서 퇴근 후 본인이 보람을 느끼는 봉사활동을 통해 삶의 의미를 찾았고, 이후 박사과정 공부를 결심했다. K씨에 따르면, 글로벌 기업에서 일하는 것이란 소모적이고 인생의 의미를 찾기 어렵다.

그런 게 너무 슬픈 거예요. 내 인생 한 번밖에 못 사는데, 내 몸 다 상해 가면서 이미 돈 많은 사람들 배불리는 일 말고 내가 남들에게 도움이 되는 일을 하고 싶다, 그 고민을 오래 했어요. ○○○〔회사 이름〕 입사 때부터.

그래서 시작한 것이 봉사활동이었거든요. 봉사활동을 하면서, 프로젝트가 1년에 2번씩 있었는데 그 프로젝트들을 도와주면서 삶의 의미를 고수하는 거예요. 내가 배운 스킬을 야근까지 하면서 일주일에 3~4번씩은 쏟아부어야 하거든요. 애들 미팅[2]도 가야 하고, 비영리단체는 한 학기 맞춰서 하니까 보통 한 사이클이 10주 정도이고 10주 동안 3~4번을 만나는데 엄청 시간이 많이 드는 거예요. 그래도 어영부영 어떻게 잘했어요. 잘했는데, 자꾸 삶의 목적이 그게 더 주가 되고, 회사가 부가 되는 이상한 현상이 생겼어요.

진짜 어떻게 하지, 고민을 한참 하다가 원래 하고 싶던 공부를 〔시작하고 싶더라고요〕. 그게 심리학이에요. 3~4년 고민하면서 내가 아직 승진을 제대로 못 해서, 아직 어치브먼트(*achievement*, 성취)를 느끼지 못 해서, 이런 생각을 하는 거야, 그런 가설을 세우고 그걸 해본 거죠. 진급을 높이 했는데도 아니었어요. 솔직히 제 나이에 돈을 잘 번 것 같아요. 그래도 삶의 빈 느낌이 안 채워지는 거예요. 그런 것들을 다 내려놓고 나는 공부를 다시 해야겠다, 공부를 시작한 거예요(20대, 여성, 글로벌 기업 근무 경력, K씨).[3]

2 봉사활동 대상인 중고등학생 대상으로 진행했다.

3 K씨의 이 인터뷰는 2017년 최초의 만남이 아니라 2019년 세 번째 만남에서 이루어졌다.

4. 글로벌 기업 내 전문가의 기본적 필요 자질

글로벌 기업에 최초 취업 혹은 이직하고, 승승장구하기 위해 필요한 주요 자질은 어떠할까? 이 절에서는 한국에서 대기업을 경험한 후 싱가포르의 글로벌 기업에서 근무한 남녀 사례, 한국의 글로벌 기업에서 싱가포르의 글로벌 기업으로 전직한 사례, 마지막으로 싱가포르와 해외 학부를 졸업한 후 첫 직장으로 싱가포르의 글로벌 기업에서 근무한 사례를 통해 글로벌 기업의 전문가가 필요한 자질을 살펴본다. 아울러, 글로벌 기업 여러 곳에서 총 20년 이상 근무하고 현재는 주요 글로벌 회사 임원급으로 일하는 중장년층의 경험을 통해 글로벌 기업 최상층으로 성장하기 위한 핵심적 역량은 무엇인지 알아본다.

먼저, 한국에서 대학을 졸업하고 한국 대기업이나 글로벌 기업 한국 지사에서 근무한 경력자의 경험을 살펴보자. 한국의 대기업이나 글로벌 기업에서 일하다 30대 무렵에 싱가포르의 글로벌 기업으로 전직하는 경우는 쉽게 찾아볼 수 있다. 만일 한국 기업에서 오랫동안 근무했고 중고등학교와 학부를 한국에서 다닌 경우라면, 본인의 전문성에 근거하여 글로벌 기업에 취업 혹은 전직하는 것은 가능하지만, 영어가 유창하지 않을 때는 언어의 장벽은 풀어야 할 숙제로 늘 남게 된다. 현재 글로벌 바이오 기업에서 근무하는 B씨의 남편이 바로 그런 경우다.

> 저희 남편도 한국에서만 살다가 나와서 … 약간 언어적 장벽에 부딪히더라고요. 왜냐하면 다국적기업이기 때문에, 회사도 영국이 본사라서 위에 있는 사람들이 영국 사람이 많고 이러니까 언어적 장벽 때문에 자기 실력을 많이 발휘를 못 하

더라고요. 그래서 … 잡(*job*)이 이렇게 열렸을 때 어플라이(*apply*, 지원)하는데 회사 내에서는 … 기회는 많지만 잘 안 뽑히는 것 같은 느낌, 그런 게 있는 거 같아요. 저희 남편은 한 회사에 쭉 다녀서 외부에 있는 회사에 어플라이해 보거나 그런 적은 없었는데 비슷한 직종에 다른 분을 보니까 이직을 자유롭게 잘하시더라고요. 여기 내에서는 그런 거 같아요(40대, 여성, 글로벌 기업 주재원 아내, B씨).

한국에서 대학을 졸업하고 한 업계의 최고 대기업에서 승승장구하다가 글로벌 기업 한국 지사로 전직한 후 싱가포르에 소재한 같은 업계 글로벌 기업의 아시아·태평양 지역 본부에서 근무하는 30대 후반의 여성 L씨도 본인 스스로 싱가포르의 글로벌 기업에서 일하는 것의 어려움을 경험했다. 싱가포르의 글로벌 기업에서 근무하기 시작한 첫 1, 2년간은 특히 더 큰 어려움으로 상당한 스트레스 속에서 위축되는 경험을 했다.

사실은 제 개인적인 커리어 욕심 때문에 여기 오게 〔되었고 일이〕 일차적 목표였어요. 부차적으로는 저희 아이의 교육을 위해서도 싱가폴이 나쁘지 않은 데스티네이션(*destination*, 목적지)이라고 생각했고.

근데 일적으로 와서 겪어 보니 일단 제가 너무 영어가 안 됐고요. 〔한국에 있을 때〕 저는 잘하고 있다고 생각했는데 와서 부딪쳐 보니 아니더라고요 … . 자격지심 같은 게 있어서 1년은 입을 닫고 살았어요. 다른 사람한테 내가 말하면 '재 영어 왜 저래' 이럴 것 같은 생각에 사무실에서도 거의 한국 직원들하고만 얘기하고요. 이메일로 물론 업무를 하죠. 하지만 거의 치챗(*chit-chat*, 수다 떨기) 한다고 하잖아요. 채팅을 동료들과 안 했어요. 제가 말이 안 나와서. 그런 데서 한계를 느끼면서 계속 자괴감이 들더라고요.

그러다 보니까 내가 일해도, 외국에서는 그렇잖아요. 내가 일하면 먼저 손 들고 얘기하고. 정말 얘가 일을 많이 했냐, 적게 했냐, 잘했냐, 못했냐보다 얼마나 어필하느냐가 사실 외국의 눈 파란 사람들한테는 중요한 포인트인데 그걸 못하니까 당연히 퍼포먼스가 잘 나올 수 없고요. 업무 자체가 〔한국 내에서 근무했던 글로벌 회사〕에서 그런 식으로 주목받는 일을 하다가 여기 와서 ○○○하는 오퍼레이션(*operation*) 관련된 서포트였거든요. 너무 다른 쪽이었던 거예요 (30대 후반, 여성, 글로벌 기업, L씨).

30대, 40대 한인 남성과 여성의 글로벌 기업 근무 경험 내러티브에서 살펴볼 수 있듯이, 업무하기에 불편함이 없는 수준의 영어 능력은 싱가포르의 글로벌 기업에서 근무하는 데 필수적인 기본 자질이다.

그러나 글로벌 기업에서 일상적 업무를 수행하면서 나아가 성장하기 위한 영어 능력은 일상 영어를 유창하게 하는 것과는 구분된다. 의사소통 중에 문화적 맥락과 논리적 표현을 상대방에게 쉽게 이해시키고 동의를 구할 수 있는 언어 능력이 필요하다. 싱가포르와 일본을 포함한 여러 나라에서 본사 국가가 다양하고 업종도 다른 여러 글로벌 기업에서 20년 이상 근무하면서 현재 고위 임원직까지 이른 M씨는 이렇게 말한다.

〔언어 능력이〕 당연히 포함돼 있어요. 그런데 꼭 언어라고 하기보다는 제가 볼 때는 언어의 스킬, 랭귀지 스킬이 아니고, 이건 언어, 표현, 영어로 얘기하면 아티큘레이션(*articulation*, 명료한 의사전달) 하는 실력이 있어야 되는 거예요. 말을 잘해야 되는 거죠. 누구나 얘기하면 쉽게 알아들을 수 있게(50대, 남성, 글로벌 금융기업 임원급, M씨).

5. 글로벌 기업에서 일하고, 성장하기

한인 전문직 남성과 여성들은 글로벌 기업에서 일하고 성장하기에 대해 각각 어떠한 경험을 하고 있을까?

글로벌 기업 내에서 임원급 이상의 (최) 상층으로 올라가는 것은 한국 기업 안에서 임원급이 되는 것만큼 혹은 그 이상으로 어렵다. 싱가포르 한인들 중에 많지는 않지만 이를 이루어낸 일부 한인들도 있다.

50대 초반으로, 미국계 기업 임원급으로 일한 경험도 있고, 현재는 싱가포르 내 글로벌 금융회사에서 임원급으로 일하는 M씨가 그 예다. I씨도 임원급은 아니지만, 글로벌 기업에서 20년 이상 근무하면서 전문가로서 상당한 위치에 올라갔다. 이들의 공통점은 학부 과정을 미국에서 수학하거나 해외에 주재한 부모님을 동반하여 해외에서 중고등학교 시절을 보내면서 유창한 영어 실력을 이미 확보한 상태라는 점을 들 수 있다. 미국 유학을 통해 언어자본을 체화한 것이다(김종영, 2015).

I씨와 M씨는 글로벌 기업 최상층에 올라가기 위해 필요한 기본적 자질에 대해 다음과 같이 말한다.

> 일단 똑똑해야 돼요. 똑똑하고, 두 번째는 자기를 이끌어 줄 위의 외국 보스가, 그 보스의 입맛에 딱 맞을 정도로 처세술이 좋아야 되고, 약간 폴리티컬(*political*, 정치적) 마인드도 있어야 되고. 그게 안 따라 줘서 실패한 사람을 많이 봤거든요. 정말 일은 잘하는데 정치적인 걸 못 해서. 그리고 영어는 기본으로 〔해야죠〕. 제가 볼 때 영어는 농담하는 영어랑 일하는 영어는 다르더라고요(40대 후반, 남성, 글로벌 기업 근무, I씨).

보통 제너럴 매니저(*general manager*, 임원급)4라든지 직급에 올라가면 아시아에서는 거의 몇 명 없는 톱급에 올라가는 건데, 그다음 단계에 올라가기 위해서는 그냥 가만히 있으면 도태돼서 없어지는 거예요. 아시아 리전(*region*, 지역)에서 글로벌로 갈 수 있는 발판을 만들어야 되기 때문에 그때는 정치적으로, 처음 시작하는 사람들한테는 글로벌 기업에서 성공하려면 일단 자기관리를 잘하라〔고 해요〕. 지식, 일도 못하고 그러면 문제가 되지만 그건 기본적으로 하고, 자기의 표현, 의견을 충분히 표현할 수 있는 〔자질과 능력을 갖추는 것이 중요하죠〕(50대, 남성, 글로벌 금융기업 임원, M씨).

I씨와 M씨 모두 글로벌 기업에서 기본 이상의 상층으로 성장하기 위한 자질로, 사내 정치를 포함한 네트워크 관리, 자기관리, 그리고 명확한 자기표현을 지적했다.

이러한 자질은 크게 두 가지로 구분할 수 있다. 첫째, 해외에서 중고등 과정이나 대학 과정을 이수하면서 장기간에 걸쳐 서서히 언어습득과 문화습득이 이루어지는 1차적 글로벌 경험이다.

둘째, 이후 시기에 글로벌 기업에서 상당 기간 종사하며 다양한 문화권의 동료 및 기업 고객과의 교류를 통해 축적한 2차적 글로벌 문화자본이다. 부르디외(Bourdieu, 1986)와 그의 이론을 글로벌 맥락에서 발

---

4 글로벌 기업의 본사와 지사, 그리고 업종에 따라 명함에 들어가는 직책에는 (예를 들어, 글로벌 금융투자 회사에서는 개인 VIP 혹은 기업 고객을 직접 상대하는 경우) 직위 부풀림이 있다. 한 국가의 지사장과 한 대륙 이상 지역 본부의 장이 모두 대표(*director*)라고 해서 본사 기준에서 같은 급은 아닌 경우가 많다. 아울러, 업종별 그리고 국가별로 같은 영어 명칭의 의미가 다른 경우도 있는 것 같다. 싱가포르에 진출한 한국 대기업에서 지사장은 그 규모가 큰 기업일수록 높아서 대개 부사장급인 경우가 꽤 있지만, 규모가 작은 지사에서는 부장급이 지사장을 맡는 경우도 많다는 것이 유사한 예시일 것이다.

전시켜온 여러 학자들(e.g. Abelmann et al., 2014; Erel, 2010; Waters, 2005; 2012; 2015)이 지적하듯, '해외 명문대학' 학위뿐 아니라, 글로벌 문화자본 내용은 출신 국가, 민족, 언어, 종교 등 다양한 배경의 글로벌 인력과의 대화 소재 등 콘텐츠와 에티켓, 센스를 포함한 국제적 행동 양식과 감각을 포함한다. 이에 대해 I씨는 이렇게 말한다.

> 국제적 감각, 한국 안에서만 살면 〔생기기/만들기 어렵죠〕. 저의 해외 경험이라고 하면 학생 때 겪었던 것밖에 없지만, 직장인으로서 살다 보니까 다른 나라 사람들과 나갔을 때 그 사람들과 일을 떠나서 눈에 안 보이는 센스 같은 게 있지 않습니까? 이 나라 사람은 뭘 좋아하고, 어떤 대화를 하고, 에티켓 같은 게 다르고. 말을 툭툭 던질 때 〔내가 대화를 주도할〕 어젠다가 생긴다는 거죠(40대 후반, 남성, 글로벌 기업 근무, I씨).

글로벌 문화자본 중에서 싱가포르 맥락에서 좀 더 잘 통하는 싱가포르 특정 지식(*Singapore specific knowledge / knowhow*)과 행위 양식도 존재한다. 싱가포르의 공립학교 교육과정이나 시장 수준의 일상적 교류에서 흔히 경험하는 싱가포르식 영어, 싱글리시(*Singlish*)도 글로벌 기업의 업무에 미치는 영향이 적다. 30대 여성 J씨의 이야기를 들어 보자.

> 여기는 메인 영어이기 때문에 일할 때는 불편한 게 거의 없어요. 아무래도 싱가폴 싱글리시라는 것도 있으니까요. 글로벌 기업에서 일했던 분들이 워낙 많다 보니까 싱글리시가 그렇게 많지 않아요. 여기서도 다른 나라 벤더(*vendor*, 공급업체)들이랑 일하다 보니까 인도 친구들이랑 일하면 당연히 안 통하고, 이

런 건 당연히 있죠. 그런데 다른 곳보다는 싱글리시가 덜한 것 같고요.

그리고 어쨌든 … 싱가폴 생활을 하다 보니까 다양한 인종이 있고 영어도 억양이 다르다 보니까 그거에 적응하는 데 시간이 걸린 것 같아요. 싱글리시는 안 들리는 건 안 들리는데, 일할 때 엄청 불편하다, 그런 건 없는 것 같아요. 같이 영어를 쓰고, 아무래도 사적인 대화를 할 때, 여기는 중국 베이스, 말레이시아 베이스인 친구들이 있다 보니까 본인들 나라 언어를 쓸 때가 있어요. 그건 잡담할 때나 쓰지, 일적으로는 쓰지 않기 때문에 〔괜찮아요〕(30대 초반, 여성, 글로벌 기업, J씨).

싱가포르에서 더욱 중요하게 발휘할 수 있는 다른 주요 자본은 글로벌 사회자본이라고 할 수 있다. 싱가포르 소재 글로벌 기업을 비롯하여 대부분의 싱가포르 기업에서는 싱가포르의 명문대학을 졸업한 한인을 포함하여 싱가포르에서 교육받은 인재를 많이 채용한다.

중고등학교 과정을 미국에서 보낸 후 싱가포르의 국립대학 중 한 곳을 졸업하고, 대학 졸업도 하기 전에 싱가포르의 글로벌 기업에 취업한 20대 한인 여성 K씨의 경우가 시사적이다. K씨는 본인의 같은 학과 싱가포르인 동급생과 매우 친밀한 관계를 유지하고, 아울러 같은 동아리 활동을 통해 매 학년 방학 때마다 주요 기업 인턴을 같이 지원하는 등 탄탄한 사회자본을 갖추었다. K씨에 따르면 사회자본, 즉 네트워크는 취업과 전직 및 이직에서 매우 중요한 요소이다. K씨는 본인과 가까운 싱가포르인 친구들의 취업과 이직 경험에 대해 다음과 같이 말한다.[5]

---

5 싱가포르에서는 이직과 전직을 할 때 그간 경험한 업무와 업종을 서로 가로지르며 회사를 옮기는 경우가 매우 흔하다.

처음 입사했을 때 몰랐는데요. 〔싱가포르〕는 네트워크로 다 해먹어요. 〔한국〕은 솔직히 어떨지 모르는데요. 〔한국에〕서 제대로 일을 안 해봤으니까. 어디를 가나 마찬가지일 것 같다고 생각이 들지만요. 〔싱가포르에서〕 사니까, 일하는 입장에서 보면 너무너무 중요해요. 새로 직장을 옮길 때도 거의 다 인맥으로, 〔취업〕 공고 뜨기도 전에 다 움직이고요. 뭔가 새로운 일을 할 때도 그 분야와 관련된 〔일의〕 정보를 받으려면 그 안의 회사에 있는 사람이 너무 중요해요. 왜냐하면 그런 정보들이 인터넷에 다 뜨지 않더라고요. 그리고 뭔가 약간 새로운 〔일〕, 남편이 비영리단체 세울 때도 … 누군가의 도움이 필요한데, 다 네트워킹으로 하니까요(20대, 여성, 글로벌 기업 근무 경력, K씨).

지금까지 살펴본 바로는 글로벌 문화자본과 글로벌 사회자본은 글로벌 기업에서 취업하고 이직하는 데 중요하다.

그렇다면, 한국 기업에서 근무한 경험이 있는 한인의 입장에서 싱가포르의 글로벌 기업에서 일하는 것은 어떤 차이가 있는지 좀 더 자세히 알아보겠다. 다음으로 글로벌 기업 한국 지사에서 근무한 후 글로벌 기업 싱가포르 지역 본부에서 근무한 경험은 어떠한지 살펴보겠다.

먼저, 의약학 분야의 한국 최대 대기업에서 근무한 후 같은 업종의 글로벌 회사로 이직한 30대 초반 J씨의 경험은 한국식 기업의 대표적 모델 중 한 회사의 기업문화와 글로벌 기업문화의 디테일한 차이를 잘 드러낸다.

한국보다 심플한 것 같아요. 일만 잘하면. 한국에서는 지금은 이른바 말하는 줄이라는 것도 있고 … 잘나가는 저분의 말을 따라야 하나, 정치적인 것들이 있는데, 그런 것이 없는 게 심플하다고 생각해요. 내 일만 잘하고 내가 성과만 내면 되요. 다음에, 한국은 페이밴드(*pay-band*, 직급별 호봉상한제)라는 게 정해져 있어서, 대기업들이 대부분 〔채택하는데 싱가포르는 그런 게 없어요〕.

한국은 근태라든가 이런 게 엄청 철저하잖아요. 출퇴근 시간 조금이라도 늦으면 〔안 되고요〕. 여기는 그런 게 없어요. 지금 점심시간도 플렉시블하게 운영하는데, 두 시간 정도 나와 있으면 제가 한 시간 더 일하고 가도 아무도 뭐라고 하지 않아요. 그건 제가 봤을 때 스타트업 문화인 것 같아요. 근태를 타이트하게 관리할 수 있는 시스템이 없을뿐더러 그렇게 하지도 않고요. 성과만 있으면, 일만 잘하면 된다는 게 이 회사의 문화인 것 같고요.

〔스타트업 문화가 있다〕 보니까 R&R(*Role and Responsibilities*, 역할과 책임)이 분명하지 않아요. 이 일이 누구 건지 몰라요. 스테이크홀더(*Stakeholder*, 이해관계자)가 누구인지 모르는 거예요. 저는 힘들었던 게 한국 대기업에서는 항상 프로세스 정의, R&R 정의, 내 일이 뭔지, 내 일을 어떻게 하면 되는지, 이렇게 생각을 항상 정리했어요. 여기서는 프로세스와 R&R이 정확하지 않은 상태에서 일하려다 보니까 그런 거에 있어서 지금 문화가 저랑 약간 이질적이라고 느끼죠(30대 초반, 여성, 글로벌 의약학기업, J씨).

글로벌 기업의 한국 지사에서 근무하다가 사내 전직 프로그램을 통해 싱가포르 내 글로벌 기업으로 옮겨와 일하는 한인들도 있다. M씨는 글로벌 기업 한국 지사에서 근무한 후 사내 전직 프로그램을 통해 글로벌 기업 싱가포르 지역 본부에서 3년간 근무했다. 한국에서 임원이었고 싱가포르에서는 임원이라는 직함 대신 이에 준하는 업무 리더로서 일했다. 3년간의 글로벌 기업 싱가포르 본부의 사내 전직 프로그램을 소속 한국 지사에서 처음으로 경험한 경우이다. 그 경험 이후 한국 여성 직원들이 더 적극적으로 이런 프로그램을 활용하도록 열성적으로 지원까지 했다. 싱가포르에서의 경험에 대해 M씨는 이렇게 말한다.

> 옛날보다는 옵션이 많이 보인다는 것. 예를 들면, 여기서 싱가폴 처음 나가는 것조차 너무 어려운 〔일이었죠〕. 다른 마켓으로 가는 게 너무 힘든 일이었고, 처음에 나갈 때 너무 힘들기도 했고, 잘 모르기도 했고, 처음에는 한국에서 안 보내 주면 못 가는 건 줄 〔알았어요〕. … 와서 보니까 상당히 이동이 〔쉬운〕 조직〔이었어요〕. 그래서 후배들한테도 나갈 수 있으면 나가라고 하거든요(40대 중반, 여성, 글로벌 기업 임원, M씨).

6. 글로벌 기업의 한인 여성: 젠더, 한국 사회와 싱가포르 사회의 연결 고리

2010년대 들어 글로벌 기업에 근무하는 한인 여성이 큰 규모로 증가했다고 언급한 바 있다. 바로 앞 절에서 언급한 M씨처럼 글로벌 기업 내 전직 프로그램과 직접 지원 등의 통로를 활용하여 많은 수의 한인 여성들이 글로벌 기업에서 일하고 있다. 그렇다면 왜 싱가포르에 많은 한인 여성들이 진출하게 되었을까? 한인 여성 전문직 종사자의 이주 동기와 계기는 무엇일까? 남성과 여성 간 차이는 어떤 것이 있을까? 이 절은 이런 질문들에 답하기 위해 여성의 경험에 초점을 맞추어 분석한다.

2010년대 후반의 싱가포르에서 글로벌 기업에서 일하는 한인 여성들을 찾는 것은 어렵지 않다. 2000년대 중반 저자가 글로벌 기업에 근무하는 한인 여성을 찾기 위해 여러 경로를 통해서 수소문했을 때 이들을 찾기가 매우 어려웠던 것과 대조적이다. 근래에는 일부 직종의 경우, 글로벌 기업에서 일하는 한인 여성이 한인 남성보다 더 많은 것 같다는 생각이 들 정도로 그 수가 늘어나고 있다.

글로벌 기업에 근무하는 한인 여성이 증가한 이유를 이해하려면 먼저 싱가포르와 한국 사회 모두를 이해해야 한다. 한국에서는 부모님의 해외 주재원 파견 시 동행하여 해외에서 학업을 수행한 경험이 있는 청년층이 증가했다. 2000년대 들어 한국 사회에 불었던 조기유학과 해외연수 열풍으로 한국인 청년 세대의 영어 능력과 해외 경험이 신장되어 글로벌 문화자본을 갖춘 한인 청년층이 두터워진 영향도 있다(김지훈, 2013; Abelmann et al., 2014; Kim, 2010; Kim & Okazaki, 2014; Kim & Okazaki, 2017; Lo et al., 2015; Okazaki & Kim, 2018).

싱가포르 노동시장은 여성친화적 제도를 갖춘 것으로 인식된다. 글로벌 기업에서 고위직까지 오른 여성을 통해 싱가포르 노동시장의 유리천장에 대한 경험과 인식을 엿볼 수 있다. 많은 수의 글로벌 기업 종사 여성들은 언어 장벽과 문화 장벽을 뚫을 수 있는 자질을 갖춘 여성이라면 유리천장으로 인한 어려움이 상대적으로 덜하다는 점에 공감했다. 유리천장에 대해 글로벌 기업에 근무 중인 30대 초반 여성 J씨는 이렇게 말했다.

〔우리 회사 직원의〕 반은 여성인 것 같아요. 저희 팀 디렉터가 여성분이고. 그런 건 있는 것 같아요. COO(*Chief Operating Officer*, 최고운영책임자)랑 CFO(*Chief Financial Officer*, 최고재무책임자)랑 CTO(*Chief Technology Officer*, 최고기술책임자) 이렇게 있나? 〔회사가〕 그렇게 크지 않다 보니까 CEO(*Chief Executive*

Officer, 최고경영자)는 당연히 남성분이고, CFO가 여성분이었나? 1 대 2 비율인 것 같아요. 탑 매니지먼트 여성이. 비율상으로 그렇게 많지 않다 보니까 1 대 2 정도, 30% 임원은 여성분이고, 나머지는 남성분이라고 보시면 될 것 같아요 (30대 초반, 여성, 글로벌 의약학기업, J씨).

글로벌 기업에 근무하는 30대 한인 여성 중에는 한국에서 명문대학을 졸업하고, 한국 기업에서 일한 경험이 있는 N씨와 L씨와 같은 사례가 적지 않다. N씨와 L씨의 경험은 대조적인데, 각각 더 자세히 살펴보자.

N씨의 경우, 한국의 대기업과 전문 직종으로 7년 정도 일한 경험이 있다. 뿐만 아니라 유년기와 청소년기에 주재원인 아버지를 따라 해외 여러 나라의 국제학교에서 공부하고 원한다면 해외 대학에 갈 수도 있었겠지만, 한국의 명문대학을 졸업했다. 사실, 태어나서 대학 진학 전까지 한국에서 산 기간보다 외국에서 산 기간이 훨씬 길었다. 그래도 본인 스스로 한국인으로서의 정체성이 컸기 때문에 한국 대학에서 공부하고 졸업 후 한국 기업에서 일했다.

그러나 N씨는 본인의 경험에 비추어, 해외에서 오랫동안 지내며 한국 사회를 동경하다가 한국으로 돌아가려는 주변 친구나 지인을 적극적으로 말린다. 그 이유는 다음과 같다.

저랑 제 친구랑 항상 한국 가려고 하는 분들, "한국에서 일해 본 적이 없어서 한국에 가 보고 싶다"고 하시는 분들은 항상 말리고 있어요. "다시 생각 해" 〔하면서〕. 그런데 그 사람들이 다 그렇게 얘기하거든요. "나는 그런 거 괜찮다, 안다, 〔한국 회사에서는〕 상하관계가 있고 군대식 문화인 거 괜찮다" 하는

데 저도 그렇게 생각했어요. 그게 아니더라고요. "직장 들어가면 니가 생각하는 그 문화가 그 문화가 아니다" [말해 주죠]. 대부분 다 나왔어요. 저도 그렇고, 제 친구도 그렇고, 다른 오빠도 그렇고요. "한국에서 다시 일하고 싶지 않다"고 해요(30대 초반, 여성, 글로벌 IT 회사 근무, N씨).

그랬던 N씨는 현재 싱가포르의 글로벌 기업에서 일하면서 한국과 대조적인 경험을 하고 있다.

여성으로 근무하기는 [편해요]. 저희 [부서에] 팀장이 두 분이 계시는데, 둘 다 여성분이고, 결혼하고 애가 있는 상황이어서 다들 일찍 출근하고 일찍 퇴근하는 문화가 확실하게 자리가 잡혀 있어서. 저희 팀 같은 경우는 남자가 오히려 귀한 팀이기 때문에 여자로 근무하면서 불편함을 느꼈다거나 불이익을 당한다고 느낀 건 없었던 것 같아요(30대 초반, 여성, 글로벌 IT 회사 근무, N씨)

N씨는 해외에서 오랫동안 살았던 한인으로서 한국 사회를 동경하고 한국 사회에서 살고 싶었지만, 한국 내 여러 기업에서 경험한 일문화는 생각했던 것과 달랐다고 지적한다.

한국 기업이 위계적이고, 군대식이며, 아울러 여성을 더욱 힘들게 하는 여성에게 비친화적이라는 인식이 매우 광범위하게 퍼져 있다. 한국에서 회사생활을 해본 적이 없으나 학업을 상당 기간 해본 20대 여성 K씨도 가까운 한국 친구를 통해 간접 경험하여 마찬가지로 생각한다. K씨는 중고등학교 기간 중 일부를 서구에서 보냈다. 당시 한국 대학을 갈지 외국 대학을 갈지 고민하다가 싱가포르 대학을 선택한 중요한 이유가 한국의 기업문화에 대한 인식 때문이었다.

> 한국은 보여지는 걸 중시하고, 〔직급에 따른 위계질서도〕 너무 심하고, 그런 게 너무 싫어서요. 그런 걸 감당하지 못할 거라는 거죠. … 〔한국에서 지금은〕 7포라고 하는데, 그때는 3포, 이런 얘기 나올 때였거든요. 뭘 포기하고 사는 게 너무 억울하고, 나는 한국을 원치 않는다, 외국으로 가겠다, 〔그래서〕 일본, 홍콩, 싱가포르 〔소재의 회사〕에 지원한 거예요(20대, 여성, 글로벌 기업 근무 경력, K씨).

K씨는 한국의 중고등학교도 일정 기간 다녔기 때문에 그때부터 알고 지내면서 친밀한 관계를 유지하는 친구들이 많다. 이들이 대학을 나온 후 직장생활을 함에 따라 이들과 직장 경험을 서로 나누며 한국 직장생활에 대한 간접적인 경험을 갖고 있다. 20대 후반의 한인 여성들이 한국 사회에서 경험하는 바와 본인이 직접 경험한 싱가포르의 직장생활은 이른바 '워라밸'(*work-and-life balance*, 일과 삶의 균형)의 측면에서 매우 대조적이다. K씨는 본인이 근무하던 글로벌 회계법인의 한국 지사와 싱가포르 지사의 경험에 대해 이렇게 말한다.

> 너무 웃겼던 건 그나마 한국 소재의 〔글로벌 회계법인〕이 외국계 회사라 〔그나마〕 오픈돼 있다고 하는 거예요. 이게 오픈이면 도대체 오픈 안 된 데는 어떻다는 건가? 충격받았죠. 친구가, 〔한국 재벌 대기업〕 같이 한국 기업 다니는 친구들 보면 확실히 야근 문화[6]도 너무 많고요. 저는 술을 못 마셔서 야근 문화

6 회식 문화를 의미하는 듯하다.

너무 싫어하거든요. 억지로 술 마시는 것도 싫고.

싱가폴은 팀 미팅 하자면 점심이에요. 저녁에 안 하거든요. 그런 것들이 확실히 일하기에는, 일하는 부분에 있어서는 싱가폴이 좋은 것 같아요. 워라밸을 중요하게 생각하는 사람이면. 그리고 자기가 일한 만큼 받아요. 만약에 야근이 너무 많은 직종이면 대신 돈은 많이 받아요. 나는 야근은 줄이고 삶을 즐기고 싶다면 덜 하면 돼요. … 근데 한국은 그게 비례하지 않는 것 같더라고요(20대, 여성, 글로벌 기업 근무 경력, K씨)

N씨는 한국 기업에서 여성과 가족에게 비친화적인 기업문화를 직접 경험한 것이 싱가포르로의 이주를 추동했고, K씨는 본인의 가까운 친구의 경험을 통해 이를 간접 경험했다.

이와 달리, L씨는 성인이 될 때까지 해외에서 살아 본 경험이 없었지만, 싱가포르에 대한 막연한 동경과 외국 생활에 대한 선망을 바탕으로 싱가포르의 글로벌 기업으로 진출했다. L씨는 해당 업종 최고의 한국 대기업에서 쌓은 성과를 바탕으로 동일 업종의 글로벌 기업 한국 지사 설립 요원으로 활약하다 동일 업종의 글로벌 1위 기업 싱가포르 지사로 이직했다. 싱가포르 회사로 이직한 계기에 대해 L씨는 다음과 같이 말한다.

결혼하기 전부터 막연하게 싱가폴을 좋아했던 것 같아요. 그래서 그냥 여행으로도 많이 왔고, 미혼 때도. 그래서 취업을 몇 번 알아봤었는데, 그게 생각처럼 잘되지는 않았거든요. 결혼하고 첫째 아이를 낳고 키우다가 저희 남편 지인분이 싱가폴 회사에서 근무하시다가 잡 오퍼를 주셔서 그때 아예 계기를 만들어서 남편이 먼저 싱가폴로, 사실 ○○○○년 말에 저희 남편은 먼저 옮겼던 것 같아요 ….

그때는 막연하게, 싱가폴 오면 도심지를 보면 되게 멋있잖아요. 20대 여자가 혼자 여행 오기도 편하고 깔끔하고 예쁘고 하니까 뭔가 환상 같은 것도 있었던 것 같아요. 실제로 저는 외국에서 살아 본 적이 없었고, 한국에서만 컸고 공부했는데, 항상 외국 회사에서 근무해 보고 싶고, 외국에서 나가서 뭔가 경험해 보고 싶은 마음은 계속 〔있었죠〕. 선망 같은 게 있었어요(30대 후반, 여성, 한국의 대기업, 싱가포르의 글로벌 기업 근무, L씨).

싱가포르에서는 일과 가정의 균형을 맞추는 '워라밸'을 중시하는 분위기가 물론 기본적으로 중요하지만, 모든 업계에서 그런 것은 아니다. 음주 문화나 위계적 문화가 적다는 것은 비교적 많은 기업과 직종에 기본적으로 적용된다.

하지만 트레이더처럼 성과로 모든 것이 결정되는 금융 업계 전문직과 같은 고소득 직군의 경우 업무 자체의 부담이 상당히 크다. 30대 남성인 C씨의 이야기를 들어 보자.

여기 처음 와서 혼자 지냈거든요. 결혼도 안 한 상태였는데 일은 처음에 재미있고 좋았는데 관계가 없다는 거 자체가 힘들었어요. 왜냐하면 제가 처음 2010년도에 왔을 때만 해도 … 제 또래가 많이 없었어요. 갑자기 많아진 게 2012년도부터 외환 쪽 분들이 많이 들어오시면서 그렇게 된 거거든요. 그래서 많이 외로웠던 거, 그거 외에는 업무가 너무 〔본인〕 업무 중심적으로 〔자기 일만 하고〕, 퇴근도 너무 늦게 하니까 그런 게 〔힘들었죠〕. 나라에 대한 낭만을 느끼고 깊게 생각해 볼 여유는 없었던 것 같거든요(30대 초반, 남성, C씨).

그렇다면 일과 가정의 균형을 맞추는 워라밸을 중시하는 싱가포르의 사회와 기업 분위기와 제도적 환경은 글로벌 기업에 근무하는 한인 여성 입장에서 어떻게 경험될까? 여성 본인의 커리어, 자녀 교육 면에서 이 점은 이주 맥락에서 어떻게 실천될까? 이를 세대별로 좀 더 자세히 살펴보자. 자녀가 초등학교와 유치원에 다니는 30대 후반의 여성 L씨의 입장에서 싱가포르에서의 일과 가족 경험을 살펴보자.

> 어떻게 보면 그건 내가 의도하지는 않았지만 여기는 우리 말고 없잖아요. 〔그래서 가족과만 보내는 시간이 길죠〕. 그리고 한국에 비하면 회사에서 야근도 적고. 저희 남편[7]은 아직도 야근을 해요. 하지만 한국에 비하면 수준이 덜하겠죠. 항상 같이 모여 있잖아요. 그러다 보니까 같이 함께할 수 있는 시간이 길고, 주말에 액티비티를 많이 하다 보면 이런 게 가족이 함께하는 거구나, 아이한테 좋다고 생각해요. 하지만 개인적인 삶은 부족하게 되는 것 같아요. 어른의 입장에서. 제 개인적인 〔관점에서〕 봤을 때는 가끔 친구 만나서 수다도 떨고 싶고. 〔싱가포르에도〕 친구 있죠. 하지만 다르잖아요. 그런 건 답답해요(30대 후반, 여성, 글로벌 기업, L씨).

그렇다면 글로벌 기업에 근무하는 한인 여성이 많아진 이유는 무엇일까? 앞서 언급한 일 중심, 가족에 비친화적인 한국 기업문화, 위계적 기업문화를 경험한 후 이리한 점에서 더 나은 직장으로서 글로벌 기업을 선택한다는 점 외에도 살펴볼 수 있는 다른 이유들이 존재한다.

---

7 한국계 대기업 싱가포르 지사에 근무한다.

첫째, 한국의 대기업 중에서 이미 글로벌 활동을 주로 하는 회사 혹은 업무 담당자는 한국에서 일상적 업무 경험을 하는 중에 해외 외국인과 함께 일을 많이 함으로써 해외 업무에 자신감을 갖게 된다. 30대 초반으로 글로벌 의약학기업에 근무하는 J씨의 한국 대기업 근무 경험은 이를 보여 준다.

저 같은 경우는 ○○〔한국 대기업 회사 이름〕에서 일할 때도 마찬가지이지만, 이전 직장부터 말씀드리면 ○○는 기본적으로 한국 시장이 목표가 아니라 유럽이랑 미국 시장, FDA과 EU에서 승인을 받아서 그쪽에서 판매하는 게 최종 목표이기 때문에 … 외국 병원, 그리고 외국 벤더들이랑 일을 많이 〔했어요〕. 〔그러다 보니〕 애초에 ○○에서 일할 때도 100% 영어〔를 사용한 건〕 아니지만 이메일 커뮤니케이션은 영어로 〔했죠〕. 왜냐하면 다큐멘테이션(*documentation*, 문서기록)을 남겨야 하다 보니까. 내부적으로 〔일할〕 때도 영문으로 이메일 왔다 갔다 할 때도 많았고, 외국 벤더들이랑 일하다 보니까 영어로 이메일을 쓰는 게 기본적이었고, 텔레컨퍼런스(*teleconference*, 원격회의) 같은 걸 자주 했는데, 그런 거를 거의 다 외국어로 진행했습니다.

업무는 그랬고, 제가 데이터 매니지먼트(*data management*, 데이터 관리) 쪽이다 보니까 임상 데이터를 각 병원에서 수집하면 그걸 모니터링하는 CRO (*Contract Research Organization*, 임상시험수탁기관)라는 회사들이 있는데, 여기도 글로벌 회사들이죠(30대 초반, 여성, 글로벌 의약학기업, J씨).

둘째, 한국 소재 글로벌 기업에서는 20대와 30대 직원은 영어 능력을 포함한 글로벌 문화자본을 이미 갖춘 인력을 중심으로 채용하고 있다.

한국 대기업을 들어가기 위해 이른바 '스펙'에 해당하는 영어 능력이나 글로벌 경험을 쌓기 위해 어학연수, 교환학생, 영어시험 등에 치중하는 것은 대학생의 '필요'뿐만 아니라, 세계적 수준에서 대학 순위를 매기는 2000년대 이후 글로벌 대학 랭킹과 서열화에 한국, 싱가포르, 일본 등 다수의 아시아 국가와 많은 서구 대학이 호응한 데서도 기인한다 (Collins et al., 2017; Gopinathan, 2007; Ishikawa, 2009; Marginson, 2006; Margison & van der Wende, 2007; Mok, 2011).

한국에서의 이러한 취업 준비와 채용 트렌드는 글로벌 기업 내에서 경력을 쌓으면서 글로벌 문화자본을 보다 더 축적하는 젊은 층을 양산한다고 할 수 있다. 그중 모든 사람들이 해외 진출을 결정하는 것은 아니지만, 글로벌 기업 내부의 전직 프로그램을 포함해 글로벌 기업 취업을 선택할 수 있는 기본 자질을 강화할 수 있다. 글로벌 기업 한국 지사에서 임원으로 재직하다가 싱가포르에서 3년간 일한 M씨의 이야기를 들어 보자.

> 요즘에 어린애들 중에서 멀티내셔널 기업에 지원하는 애들, 우리가 보고 뽑을 때 언어능력이 있는 애들을 우선적으로 뽑아요. 영어도 〔잘하고〕, 중국어〔도 잘하는 애들이요〕. 왜냐하면 본사와의 커뮤니케이션 능력이 물론 중요한데 영어를 해야 하는 업무가 되게 많아요. 우리 회사를 찾는 클라이언트들은 국내 프로젝트도 중요한데 보통 해외 관련 프로젝트를 할 때 ○○이 잘한다고 생각하기 때문에, 우리도 그런 애들을 뽑는 거예요. 기본적으로 해외 출장 가서 프로젝트를 해야 되는데, 클라이언트보다 영어를 못하면 안 되고, 모든 문서나 … 〔다른 업무는〕 다 영어를 〔잘〕해야 되고(40대 중반, 여성, 글로벌 기업 임원, M씨).

나가며: 글로벌 기업 전문직 한인의 일과 삶

이 장에서는 금융업, IT 관련 업종, 바이오 및 의약학 관련 업종 등 지식집약적 업종의 글로벌 기업에서 일하는 20대에서 50대 사이의 청년층과 중장년층 한인 전문직 이주자 남성과 여성이 바라보는 싱가포르 소재 글로벌 기업에서의 일과 삶에 대해 살펴보았다.

글로벌 기업에서 일하는 것은 한국에서 일한 경험이 있는 청장년층 한인이나 이를 가까운 친구나 친지의 경험을 통해 간접적으로 경험한 청년층 모두에게 경직된 한국 기업과 한국 사회의 일문화 및 기업문화에서 벗어나는 경험이었다.

그러나 일상적 업무와 관련하여 유창한 영어 구사 이상의 소통을 위해 갖추어야 할 것이 있다. 앞서 인용한 글로벌 기업 임원급 연구참여자들이 강조한 아티큘레이션을 잘하는 언어 자질을 겸비한 영어는 기본이고, 추가적으로 다른 외국어 능력이 있으면 더 좋다. 다문화와 글로벌 기업문화에 대한 이해를 기본으로 수반하는 글로벌 문화자본의 보유와 지속적인 축적을 요하는 자기계발과 성장의 과정도 필요하다.

싱가포르의 글로벌 기업에서 일하는 것이 일의 본질과 일상의 유지에 있어 긍정적인 면만 존재하는 것은 아니다. 고용안정성의 부재, 글로벌 기업 간 잦은 합병과 이에 따른 구조조정 리스크, 금융 업종에서 더욱 두드러진 성과 중심 평가와 항시적 해고가 가능한 골드만삭스 룰이 광범위하게 적용되는 글로벌 기업문화 등 안정성을 위협하는 일 경험 때문에 항시적으로 이직 가능성을 염두에 두는 직장생활로 요약된다.

한국에서만 교육받고, 한국에서만 직장 경험을 한 후 싱가포르로 이직한 경우라면 싱가포르와 글로벌 기업은 새로운 문화자본과 사회자본을 축적해야 생존 가능한 장이 된다. 한국에서 잘나가던 직장인이더라도 싱가포르에서는 새로 시작해야 할 것이 많은 글로벌 기업 새내기가 될 수 있다.

가족친화적 기업문화와 사회 환경을 갖춘 글로벌 도시 싱가포르는 특히 한인 여성이 더욱 선호하는 나라다. 이 부분에서 한국 사회는 앞으로 개선해야 할 여지가 많은 상황이다. 그래서 해외 유학 경험과 글로벌 기업 근무 경력을 갖춘 여성들은 아시아의 글로벌 도시와 글로벌 기업이 있는 싱가포르에서 일하는 것을 더욱 선호한다. 이에 대해 이 장은 다양한 연령층과 기업 근무 경력을 가진 한인 여성의 싱가포르 선택 이유와 글로벌 기업 근무 경험을 통해 살펴보았다.

글로벌 문화자본과 사회자본을 갖춘 한인 청년층이 한국 사회와 다른 국가에서 점점 늘어나고 있는 추세다. 이러한 점을 고려하면, 글로벌 기업으로의 이직, 싱가포르로의 이직은 앞으로도 꾸준히 지속될 추세이며, 향후 후속적 연구가 필요한 중요한 주제이다.

제4장

보이되 보이지 않는 한인

경계를 넘나드는 트랜스내셔널 한인

들어가며

이 글을 쓰는 현재 2017~2023년 시점에서는 싱가포르에서 한인 청년 세대를 만나는 일은 어렵지 않다. 싱가포르 주요 대학 캠퍼스, 싱가포르 쇼핑의 중심가 오차드로드, 심지어 주요 지하철역의 복합상가 푸드코트 등 싱가포르 주요 생활권 어디서나 한국어를 사용하는 10대, 20대 젊은이들을 스치며 지나갈 수 있다. 시점을 30년쯤 돌려 1980년대 초중반의 싱가포르로 간다면, 그 시대에는 한인이 많지 않았고, 그중에도 청년층은 더욱 적었다. 미성년의 10대 혹은 그 이하 세대에 한정하면, 1990년대까지는 해외 한국 기업에 근무하는 부모를 동반한 자녀에 한정되었다고 해도 과언이 아니다.

이 장에서는 1980년대 당시 미혼의 20대 청년층이 국제결혼으로 영주한 사례와 2020년 전후 시점에서 30~40대(1990~2000년대에 20~30대였고 그즈음에 연애와 결혼을 한 사람들)의 국제결혼 사례에 초점을 두고 이들의 삶의 경험에 대한 내러티브를 통해 이주의 계기와 동기, 경험 등을 1절과 2절에서 살펴본다. 1980년대에 청년이던 한인의 청년기와 노장년기에 접어든 세대의 경험과 2020년대에 비교적 젊은 층인 국제결혼 한인의 현재 삶을 비교하여 살펴본다. 비슷한 나이에 국제결혼을 했지만 시대적 상황이 다른, 그렇지만 장소가 같은 싱가포르라는 점을 고려하여 살펴보는 것은 이주 맥락과 시대 맥락, 한국과 한인의 위상 면에서 차이가 나는 이주와 삶의 경험 차이를 살펴볼 수 있다는 점에서 비교사회학적 함의가 크다.

독자들에게 먼저 일러둘 점은 이 장에서 다루는 사람들은 싱가포르에서 오래 살아온 주류 중에도 싱가포르 한인사회를 관심 있게 관찰한 사람들에게만 보이는, 싱가포르 한인사회에서 보이되 보이지 않는 듯한 위치와 관계를 유지한다는 점이다. 또 싱가포르 사회에서 더 적극적으로 민족 간 공동체 경계를 넘나드는 한인집단이다.

1. 연애 반, 걱정과 고민 반: 1980년대 한인 이주 여성의 일과 국제결혼

2023년 현재 싱가포르 주요 생활권 어디서나 한국어를 사용하는 10대, 20대 젊은이들을 만날 수 있다. 허기질 때 싱가포르 중심가나 전철역 인근 쇼핑몰에 들른다면 한식당을 찾기도 쉽고, 거기서 한국어를 들을 수 있다. 물론 한국 국적자인지, 싱가포르 국적자인지, 그 외 국적의 사람인지, 또 한국인이더라도 관광객인지 싱가포르에서 사는 사람인지 파악하려면 잠시 멈춰 눈여겨볼 필요가 있겠지만 말이다.

시점을 30년쯤 돌린다면 그때는 싱가포르에 한인이 많지 않았고, 그 중에도 20~30대에 독립적으로 나온 청년층은 더욱 적었다. 그때는 한식당도 두세 개 정도였고, 푸드코트에 입점한 한식 코너는 한 군데를 제외하고는 없었다. 한국의 가족과 전화하려면 매우 비싼 요금 때문에 서로 목소리를 더 오래 듣고 싶은 마음이 절절하더라도 "전화비 많이 나온다. 빨리 끊어"라는 부모님의 말을 들으며 통화를 마무리하던 시기였다는 것도 기억할 필요가 있다.

2000년대 이후에는 조기유학생의 증가로 부모를 동반하거나 혹은 하숙하는 10대 청소년이 먼저 큰 파도를 타고 눈에 띄게 증가했다(김지훈, 2007; 2010; 2013; 성정현 · 홍석준, 2013; Kim, 2010; Kim, 2012; 2015; Okazaki & Kim, 2018). 약간의 시차를 두고 싱가포르의 교육산업정책을 통해 초 · 중등 국제학교의 새로운 설립을 활성화하고, 외국인재 유치정책을 적극화함에 따라(김지훈, 2010; 황인원 외, 2012; Collins et al., 2017; Marginson, 2011; Ng, 2010; Olds, 2007; Sidhu, 2006) 어학연수나 싱가포르 소재 외국 대학 학위 프로그램에서 공부하는 20대 청년이 눈에 띄게 증가했다. 2010년대 들어서는 청년 취업자, 취업을 염두에 둔 워킹홀리데이[1]나 인턴 과정을 보내는 청년층이 증가했다(노형종 외, 2012). 이들에 대한 연구는 저자의 연구를 포함하여 많은 기술이 있으므로, 이 장에서는 생략하기로 한다(이승은, 2014).

싱가포르 한인사회에서 주재원 혹은 주재원 출신 한인을 주류로 본다면, 존재하지만 그 존재감을 드러내지 않는 세부 한인집단은 대표적 예로 중간숙련직(*semi-skilled*) 한인 이주자와 국제결혼을 한 한인집단을 들 수 있다. 중간숙련직 이주자 출신 한인은 대표적으로 1970년대와 1980년대에 싱가포르의 봉제공장과 전자공장에서 일했던 당시 20대 초반의 미혼 여성과 2010년대 중반부터 많이 유입되기 시작한 호텔과 서비스 업종에서 종사하는 청년층 이주노동자 남성과 여성이 이에 해당한다.[2]

먼저, 과거의 청년층을 먼저 살펴보자. 이들은 1970년대에 건너와 싱가포르 소재 봉제회사에 근무했던 여성 근로자와 1980년대 중반 싱가포르 소재 다국적기업 전기·전자회사의 생산직으로 근무했던 여성 근로자들이다. 싱가포르 봉제공장과 전자공장에서 일했던 한인 여성들

---

1 캐나다, 호주 등의 국가에서 다수의 한국인 청년들이 워킹홀리데이 프로그램을 이용해 영어 공부와 일을 병행하는 경우가 많다. 싱가포르의 경우 공식적 워킹홀리데이 프로그램이 존재하지만, 체류 기간이나 취업 시 보수 수준을 고려할 때 싱가포르 정부가 허가하는 공식적 프로그램(워킹홀리데이 비자)을 활용하는 경우는 거의 없는 것으로 보인다. 한편 청년층 한인 개인 스스로 워킹홀리데이로 간주하면서 다른 비자를 취득하여 싱가포르에서 1년쯤 일하면서 영어 공부를 위해 학원을 다니는 '개인적 수준'으로 일과 공부를 함께 하는 경우는 쉽게 찾아볼 수 있다.

2 2010년 중반부터 코로나19 시기까지의 청년층 이주노동자의 경우 2021~2023년 동안 거의 대부분 계약연장이 되지 않아, 귀국하거나 전직하게 된다. 이들 청년층에 대한 연구가 수행될 필요가 있다. 이 저서에서는 다루지 않기로 한다.

은 싱가포르 한인사회는 물론이고 한인 이주 연구 전반에서 여러 가지 점에서 흥미롭다.

첫째, 한인 여성 이주노동자의 이주는 한국 학계와 한국 사회에서는 독일로 건너간 간호사를 제외하고는 여성이주나 노동이주 영역 전체에서 다루지지 않았을 뿐만 아니라 그 존재 자체가 잘 알려지지 않았다.[3]

둘째, 과거와 현재의 비주재원 청년층의 경우, 싱가포르 한인사회의 주류와 비주류 구성 방식을 잘 보여 줄 뿐만 아니라, 한인사회 구성원의 다양성의 역사가 한인사회 규모가 커진 1990년대 중반 이후보다 훨씬 더 전으로 거슬러 올라가야 함을 제시한다.

셋째, 두 여성 이주자 집단은 현지 싱가포르인과의 결혼으로 현지화를 이룬 첫 번째와 두 번째 세대로서 자녀 세대의 정체성과 싱가포르 내 한인사회 재생산에서도 한국의 이른바 '다문화 가족'과 관련한 연구의 함의와 가치가 크다(안지영 · 김지훈, 2014; Kim & Okazaki, 2022).

이 절에서는 1980년대에 여성 이주노동자로 이주하여 국제결혼을 한 H씨의 사례를 중심으로 1980년대와 1990년대 여성 이주노동자의 일 경험과 국제결혼 선택 과정을 살펴본다. H씨만 집중적으로 다루는 데는 이유가 있다. 앞으로 독자들에게 보여 줄 H씨의 라이프스토리에서 드러나듯이, H씨와 같은 이주 이력과 사회경제적 배경의 사람들은 본인들의 이주와 정착 경험을 드러내기를 피하기 때문이다. H씨 외에도 같

3 심층면접 참여자와의 인터뷰를 통해 1980년대 초중반 한국 여성지에 일본과 싱가포르를 포함한 국가에 여성 근로자의 모집과 현지에서의 생활을 다룬 르포 형식의 기사들이 존재함을 알게 되었다. 연구참여자 다수를 통해 들은 바대로, 중앙 언론지에서 다루어진 해외 여성 근로자의 삶은 이들의 해외 진출이나 한국 귀국에 큰 영향을 미친 것으로 보인다.

은 이주 이력을 가진 다른 몇 분을 만나 인터뷰했지만, 그분들의 의사를 존중하여, 이 책에서는 그 내용을 다루지 않기로 했다.4

H씨는 20대 초반에 비슷한 나이 또래인 한국인 미혼 여성 18명과 한 팀으로 1980년대 중반에 싱가포르에 처음 건너왔다. 일본계 유명 전자 회사 M사의 (하청회사) 공장에서 근무하기 위해서였다. 한참 지나 알게 된 H씨의 채용 방식은 지금은 그 이름 자체가 사라진 정부 산하 기관과 유사한 명칭을 사용하던 민간운영 이민알선 기관인 해외개발공사를 통한 간접채용 방식, 즉 당시 서독으로 한인 광부와 간호사들이 건너간 것과 동일한 방식이었다.5 같은 직종, 같은 회사로 싱가포르에 온 첫 기수는 전년도에 이주했다.

H씨와 같은 기수 직원들은 회사가 제공해 준 기숙사에서 거주했다. H씨가 소속된 회사의 기숙사는 방이 여러 개인 큰 규모의 단독주택(방갈로 하우스)이었다. 그곳에서 H씨와 동료들은 식사, 빨래, 청소 등을 공동으로 나누어 하면서 하우스메이트(*housemate*)이지만 자매처럼 살았다.

> 우리가 두 번째 〔기수인데〕 같은 회사로 이미 와 있어서 굉장히 폭발적으로 좋았어요. 한국 사람들 열심히 하잖아요. 일도 잘하잖아요. 그 당시 아가씨들이 열심히 일도 잘하고 빠릿빠릿하잖아요. 〔일을〕 빨리 하잖아요. 그런 거를 싱가폴에서 굉장히 좋아했어요.

---

4 싱가포르와 미국 LA의 국제결혼 한인 여성 사례를 다루는 최신 연구(Kim & Treas, 2023, 발표 예정)는 다양한 이주 동기, 사회경제적 배경, 국제결혼과 가족으로서의 삶을 자녀 키우기(*mothering*)의 경험을 중심으로 다룬다. 이후 발간될 논문을 참고하길 바란다.

5 국가기록원 온라인 자료 중 '해외인력수출' 항목 참고(http://www.archives.go.kr/ next/search, 검색일: 2018. 3. 15).

그 당시 일본 회사들이 빨리 제품을 생산해야 하는데, 〔당시 노동력을 얻을 수 있는 곳은〕 말레이시아, 싱가폴인데 사람이 없는 거예요. 그러니까 이거를 어디서 구해 와야 되는데 한국 아가씨들이 와서 한두 회사에서 인기가 좋고 "잘한다, 잘한다" 그러니까 다른 〔회사에서도 한국에서〕 대거 선발한 거죠. 그래서 그룹으로 몇 명, 몇 명 이렇게 해서 2, 3년에 걸쳐서 오다 보니까 몇백 명이 된 거죠.

M사〔일본계 다국적 전자기업〕가 회사〔자회사, 공장, 혹은 하청회사〕가 몇 개 돼요. T 회사〔미국계 다국적 전자기업〕도 회사가 몇 개 될 거예요. 그런 큰 회사에서 밑에 또 나눠지기 때문에, 개별적으로 어떤 회사인지 몰라요. 우리 같은 경우에는 18명이 와서 〔하청업체인 S사〕인데, 방갈로 집에서 동네 마을버스 타면 돌아서 회사에서 내렸어요. 집에서 그거 타고 다녔어요. 그때는 〔차비가〕 25센트, 아침에 항상 동전을 챙겨 넣었어요. 36 Jalan ○○○ ○○○○라 해서 그 주소가 지금도 기억나요. 워낙 오래 살아서(50대, 여성, H씨).

당시 한인 여성 이주자들은 생활에 필수적인 '생존(*survival*) 영어'나 업무 관련 영어 등 최소한의 외국어 교육을 한국에서 받고 곧바로 현지 공장에 가서 근로자로 작업에 투입되었다. 따라서 완전히 처음 해외에서 거주하면서 일하는 사람이라면 누구나 겪을 수 있는 어려운 경험을 했다는 것이 놀랍지 않다. 한국에서 고등학교를 졸업한 후 10대 후반이나 20대 초반에 해외에서 취업한 청년층으로서 싱가포르에서는 거의 대부분 처음 일자리를 구한 경우가 다수였기 때문에, 언어의 어려움과 외로움이 매우 컸다. 이에 관한 H씨의 이야기를 들어 보자.

말이 안 통하는 게 제일 답답하죠. 그다음에 가족들이 그립잖아요. 그래서 가족에게 2주일에 한 번 정도 국제전화 거는 게 유일한 낙이었어요. 일주일에 한 번 걸면 국제전화 요금이 너무 비싸니까요. 24번 버스 타고 공항까지 가서 걸었어요. 집에 〔있는〕 전화로 국제전화 못 하니까. 기숙사 전화는 회사 전화하고 급한 전화는 할 수 있는데 국제전화〔가〕 안 되는 거예요.

공항까지 가면 공중전화 박스가 있어요. 그래서 내가 신청을 해요. 〔전화 교환수로 근무하는〕 여자분한테. "H, 박스 포"(Box 4)[6] 그러면 박스 포에서 기다리고 있으면 벨이 울려요. 띠리띠리 하면 저쪽에 교환해 주니까 연결이 되는 거예요. 〔엄마가〕 "여보세요" 하면 "엄마, 나여" 〔하죠〕. 통화되면 카운터에서 불러요. 〔그럼 국제전화료〕 얼마 내고 버스 타고 돌아오고. 그렇게 국제전화를 했어요(50대, 여성, H씨).

저자는 2022년 미국에서 한국으로 국제전화를 할 일이 있었다. 그때 미국의 선불 요금제에서는 국제전화가 불가능하다는 걸 알았다. 한국에서도 주요 통신사에서 '컬렉트 콜' 제도가 없어졌음도 알게 되었다. 2023년 현재, 아이폰의 페이스타임(FaceTime)이나 안드로이드폰에서 비슷하게 무료로 전화할 수 있다. 국제전화의 의미가 2000년대 중반까지 비용을 지불하던 시절과는 완전히 다른 세상에 우리는 살고 있다. 그렇지만, 기업의 대표 번호로 전화해야 하는 경우, 국제통화 기능이 없으면 매우 불편하다. 바뀐 세상에서 바뀌지 않은 방식을 고수하면 과거 비싼 요금으로 국제전화를 해야 하는 것과 유사한 어려움이 존재한다.

---

6 Box 4는 전화 부스를 의미한다.

다시 H씨 얘기 돌아가자. H씨뿐만 아니라 같은 팀으로 싱가포르에 건너와 여러 해 동안 숙식을 같이하면서 서로 속속들이 잘 아는 친한 언니, 동생이 된 18명 중에서 절반 정도는 2년 계약의 싱가포르 근무를 몇 차례 연장한 후 싱가포르에서 싱가포르인과의 결혼을 선택한다. 왜 그런 선택이 이루어졌는지는 개인 수준 이상의 한인 공동체와 한국 사회의 사회적 맥락을 비교 고찰할 필요가 있다.

먼저, 젠더화된 당시 싱가포르와 한국 사회를 살펴볼 필요가 있다. 비슷한 학력이나 기술 수준을 가진 한인 남성, 즉 건설 이주노동자 역시 1980년대 초중반에 연간 2,000~3,000명씩 싱가포르에 진출한 바 있다. 하지만 이 남성 노동자들은 대부분 계약 기간 종료 후 한국으로 귀국했다.

당시에는 주재원이나 고학력 전문직이 아닌 경우 싱가포르에 계속 거주하는 것은 직장 일이 아니라면 싱가포르인과의 결혼을 통해서만 가능했다. 외국인 남성의 경우, 싱가포르인 여성과 결혼하더라도 1990년대 후반까지는 싱가포르인과의 결혼을 근거로 PR이나 시민권이 주어지지 않았다. 한국 사회도 부계 중심의 국적 제도를 2000년대 초반까지 유지한 바 있다. 따라서 현장근로자나 기술자와 같은 저숙련 혹은 중간숙련직 남성 노동자들은 싱가포르인과 결혼하더라도 싱가포르에 영주할 수 없었고, 이를 통해 싱가포르에 정착할 수 있는 경우도 거의 없었다고 볼 수 있다. 제도적으로 정착 가능성과 기회의 문이 닫혀 있었기 때문이다.

그렇다면, 한인 여성 이주자들은 왜 싱가포르에 남아 결혼하고 정착했는가? 실제로 1980년대에 전자공장에서 일하기 위해 싱가포르에 건너온 H씨의 사례와 H씨의 동료 한인 여성들의 경험은 1980년대 맥락의 한국 미혼여성 이주자의 사회적 인식, 국제 이주노동 경험을 통한 문화자본과 경제자본의 획득, 이들 미혼여성의 사회관계망을 통한 초국적 정보 교환이 복합적으로 작용하여 싱가포르에 남기로 선택한 결과임을 보여 준다. 달리 말해, 사랑하는 싱가포르인을 만났기 때문에 한국으로 돌아가지 않고 싱가포르에 남기로 결정한 점도 있지만, 동시에 장래 배우자가 될 사람을 만나 연애하는 중 싱가포르에 남기로 결정한 것이기도 하다. 관련 사례를 좀 더 구체적으로 들여다보자.

H씨는 근로 계약을 두 번 연장하여 총 6년간 일본계 회사에 근무한 후 현재의 싱가포르인 배우자와 결혼하여 PR을 받고 지금까지 거주하고 있다. H씨가 말하는 싱가포르에서 배우자를 만난 계기, 그리고 한국으로 귀국하지 않고 싱가포르에 남기로 결정한 중요한 이유는 무엇일까?

이를 알아보기 전에 먼저 이들이 어떻게 만났는지 살펴보자. H씨와 주변 한인들의 경우 대부분 "지금 결혼한 케이스들이 거의 다 그런데, 영어 배우려고 싱가포르 남자를 만났는데 동갑이에요. 우리는 친구로 사귀면서도 결혼은 전혀 생각하지 않았어요. 왜냐하면 외국 사람이기 때문에. 나는 〔결혼은〕 한국 가서 한다는 거에 박혀 있었는데"라고 말한다.

하지만 몇 년간 싱가포르 근무를 마치고 귀국한 전직 팀원들이 간간히 보내오는 소식은 이들이 궁극적으로 싱가포르에 남는 쪽으로 생각을 바꾸는 중요한 계기가 된다. 그 계기에 대해 H씨는 다음과 같이 말한다.

> 회사에서 〔2년 근무 계약을 두 번 연장해서 총〕 6년 마치니까 …. 나도 고민했죠. 일을 안 하면 〔한국에〕 가야 되고 그렇잖아요. 비자가.[7] 아니면 결혼해서

7 WP라서 허가받은 기업에서 허가받은 기간 동안만 노동과 거주가 가능하다.

살아야 되고. 그런데 결혼 전에 6년 전에 있을 때 이미 2년 마치고 간 사람도 있고, 3년 마치고 간 사람, 4년 마치고 간 사람 있는데, 우리 회사는 아니고 다른 회사 〔소속인데〕 여기 와서 만나고 주말에 친구가 〔된 사람들이죠〕. 〔이 친구들이 한국 가서 결혼한 후〕 이혼을 했다는 거예요. 편지에. 결혼한다고 그때는 편지만 주고받고 하니까 결혼사진도 받고 이랬는데 이혼을 했다고.

지금은 그래도 〔이혼이〕 좀 보편화되어 있는데 88년도에 이혼했다니까 진짜 놀랐어요. 3년, 4년 되었는데, "이 부부 이혼했대", "이 부부 이혼했대", "나 아는 친구도 이혼했대" … . 먼저 〔한국〕 간 친구 〔여러 명〕이 이혼을 하고 그래서 엄청 놀랐어요. "이혼한 문제가 뭐냐? 그 정도로 못 살 정도로 문제가 뭐냐?" 그랬더니 남편이 결혼할 때는 해외에서 들어오고 돈도 많이 벌었고 이러니까 다 결혼 초창기에 잘했어요. 그랬는데 싸우면 남편이 "야, 니가 거기 가서 무슨 짓을 했는지 내가 안 봤는데 알게 뭐야" 그런다는 거예요.

그때 양공주로 미국으로 가고 〔하던 시절이라〕, 〔그런 경우가 아닌 정규의 일을 하러〕 여자가 나갈 확률이 거의 없잖아요. 한국에서 여기 몇백 명 와 봐야 거의 아는 사람 몇 사람 없어요. 그러니까 "니가 거기 가서 뭐 했는지 알게 뭐야" 그렇게 싸운다는 거예요, 남편하고. 그리고 시부모님은 뭐 하면 "우리 며느리는 외국물을 먹어서 저렇다"는 거예요. 그 당시 외국 갔다 온 사람이 거의 없으니까 외국물 먹어서 저렇다고 시어른들이 그러니까 … . 그렇게 해서 헤어져서, 우리가 〔싱가포르에〕 있는데 〔한국으로 갔던 친구들은〕 이혼했다고 편지가 오는 거예요. 친구로 사귀었는데 고민이 그때 되는 거예요. 〔싱가포르의 일 관련 계약을 마치면, 한국으로〕 가야 될지 그 사람하고 다시 생각을 해봐야겠죠(50대, 여성, H씨).

요즈음 한국에서 국제결혼을 하는 것은 매우 흔한 일이고, 이혼 역시 마찬가지이다. 하지만 1980년대에는 한국 사회의 맥락이 달랐다. 여성 단신의 해외 근무가 매우 드물었던 시절 해외에서 생활했다는 것 자체를 문제시하는 남편이나 해외 생활을 통해 새로운 문화를 받아들이는 사고방식을 "외국물을 먹어서" 그렇다고 비난하는 시어머니와의 문화적 그리고 가족 갈등만을 말하는 것이 아니다.

이 여성들이 귀국한 1980년대 중후반 한국 사회 맥락에서 싱가포르에서 몇 년간 직장생활을 하면서 획득한 영어 능력은 그 자체로 문화자본이자 경제자본으로 전환 가능한(*convertible*) '자본'이었다(Bourdieu, 1986; 김종영, 2015). 이는 이혼을 결심하고 실행하거나 독신(혹은 비혼)을 결정하는 시점에서 그것을 가능하게 하는 가장 중요한 요인 중 하나였다. 여성의 경제 시장 참여와 경제적 능력이 신장된 것과 맥을 같이 한다.

당시 한국 사회에 영어 능력이 있는 한국인이 희소한 상황에서 1986년 서울 아시안게임, 1988년 서울 올림픽을 비롯한 주요 국제행사 개최와 본격적 세계화로 영어 열풍이 불기 시작했다. 그러자 싱가포르에서 획득한 영어 능력은 한국 사회에서 발휘하면 꽤 괜찮은 소득을 올릴 수 있는 전환 가능한 문화자본이 된다. H씨는 이에 대해 다음과 같은 이야기를 이어 나간다.

> 그런데 이 여자분들이 생활 능력이 없으면 이러든 저러든 살아요. 그런데 영어가 좀 잘돼요. 여기서 들어간 사람들이. 88 올림픽에 IOC VIP급도 통역도 하고 이랬어요, 서툴지만. 한국에서는 일류대학교까지 나와도 읽고 쓰는 거

는 잘하는데 이게〔말하고 듣는 것이〕 안 되어 가지고 못 하는 거예요. 그런데 어쨌든 서툴지만 알아듣고 통역을 조금 하니까, 〔이분들을〕 다 붙여 가지고. 여기서 〔일한 후 한국〕 들어간 사람들 88 올림픽 때 돈 번 사람들 많아요. 완전 고위급들 통역해 줘 가지고. "누구는 88 올림픽 위원회 들어가서 일한대." 이 정도밖에 〔영어를〕 못하는데도 이게 되는 거예요. 놀랬어요.

… 영어가 되니까 학원이든 어디 가서 과외를 하든 간에 돈벌이가 되는 거예요. 그러니 쉽게 이혼을 하는 거예요 여기서 간 여자분들이. "내가 왜 이러고 살아. 영어 교사 하는데." 그 당시에는 영어가 되기 때문에 웬만한 데 가서 일할 수 있는 거예요. 〔정식〕 교사 이런 거는 못하지만. 그러니까 개인 〔강사〕가 되고, 부잣집에 가서. 영어로 〔경제활동이 되는 거죠〕. 굳이 그런 말 들으면서 결혼하고 안 사는 거죠. … 자기들 생활력이 있으니까(50대, 여성, H씨).

이혼과 가족을 연구하는 사회학자들은 서구에서 이혼이 현재처럼 보편화된 이유로 사회적 시선의 변화를 꼽는다. 이전 시기에는 이혼을 '낙인'처럼 바라보다가 주변에서 이혼한 경우를 쉽게 찾을 수 있게 되면서 사람들의 편견 어린 관점도 바뀐 것이다. 1980년대 중반과 1990년대 초반에 싱가포르에 살았던 한인 여성들도 같은 직장 동료로, 혹은 친구로, 자매처럼 가깝게 지냈던 사람들의 이혼, 이혼 후 영어 능력을 활용한 경제활동을 알게 되면서 생각이 바뀌기 시작했다.[8]

H씨도 한국으로 귀국할 것인지, 말 것인지 진지한 고민에 빠졌다. 그리고 오랜 시간 숙고 끝에 고향에 있는 부모님의 허락을 얻어 사귀던

---

8 한국의 이혼에 대해서는 Lee(2020), 이주 여성의 연애, 결혼과 이혼에 대해서는 Constable(2014) 참고.

싱가포르인 남자친구와 결혼하기로 결정한다. H씨는 본인의 결혼과 관련한 경험에 대해 다음과 같이 말한다.

내가 〔한국으로 돌아〕가서 과연 잘 살 수 있을까? 우리 시골 마을은 그렇잖아요. 말이 ○○시(市)지 누구 집에 숟가락, 젓가락 〔몇 개 있는지〕 다 알고. 내가 외국 갔다는 거 다 알고 있는데. 와서 결혼했는데 사니 못 사니 이혼한다 그러면 엄마, 아버지한테 제가 막내딸로서 얼마나 불효를 해요. 그래서 그때부터 우리 〔싱가포르에〕 남아 있는 사람들이 고민을 많이 했어요. 이렇게 "이혼했대" "누구누구 알잖아" "내 친구" 몰라도 "어디어디 회사에 있다가 들어갔는데 이혼을 했는데 이런 문제가 있대" 하니까 심각한 거예요. 그래서 우리끼리도 얘기하고 그랬는데. 거의 몇 년, 1년, 2년 〔싱가포르인과〕 사귄 사람들이 그냥 쉽게 여기서 남아 있겠다고 결정해 버리더라고요.

그래서 저도 엄마, 아버지한테 얘기를 했어요. 그랬더니 "사진 찍어서 보내라" 그래서 사진관에 가서 사진을 찍어서 보냈어요. 지금 우리 남편을. 그리고 사주 본다고 뭘 달래요. 그거는 제가 안 보냈어요. 왜 그러냐면 그게 나쁘면 평생 고민할 거 아니에요. 엄마, 아버지가. 그래서 "엄마, 외국 사람은 사주팔자 안 나온대"〔라고 말하고〕. 그래서 〔남편이 저와〕 동갑인 것만 알고 생일하고 이름도 아버지, 어머니가 몰랐어요. 부모님이 "그래, 니가 택한 결혼이니까 부모 원망은 말아라" 하면서 허락해 줬어요. 그런데 저희 큰오빠가 〔지금은〕 돌아가셨는데, 〔그때〕 가끔 술에 취하시면 "막내 동생 하나 없다" 그랬어요. 엄마, 아버지가 허락해 줘 가지고 "국적에도 없는 사람, 이놈의 매제인지 뭔지, 말도 안 통하지, 오지도 않지" 그랬어요(50대, 여성, H씨).

싱가포르의 한인 공동체 수준에서는 국제결혼을 하여 싱가포르에 계속 거주하게 된 한인 이주 여성들은 한인사회 규모가 그리 크지 않았던 1990년대에 한인 중 드물게 PR을 소지한 집단이 된다. 주목할 점은 당시 적지 않은 미혼의 한인 이주노동 여성들이 싱가포르 진출 후 싱가포르인들과 결혼하여 살아왔음에도, 단체를 결성하거나 한인사회에 모습을 드러내지 않고 '조용히' 서로 끼리끼리 교류하는 형태로 지내왔다는 점이다.

이들의 모임 결성 여부와 한인사회 참여 여부에 대해 물었을 때, H씨는 본인이나 본인과 비슷한 배경을 가진 사람들이 모임이 없는 이유에 대해 다음과 같이 말했다.

> 굳이 〔그런 단체나 모임을〕 만들 필요도 없었고, 다들 일하고, 일 안 해도 집에 있고, 이러니까 별로 모임이라는 거를 만들지 않았어요.
>
> 그냥 처음 온 〔이유를〕 얘기를 잘 안 하죠. 그리고 거의 가정주부로 전업주부로 계시니까, 나이도 좀 많고. 굳이 그렇게 물을 필요가 없고, 묻지도 않고. 우리는 가끔 만나는 사람들은 다 알죠, 서로. 왜냐하면 지금 싱가폴이 너무 잘사니까. 그 당시에 공장으로 왔다는 〔그 자체를 별로 밝히고 싶지 않은 거예요〕. 여기 사는 분들도 알고 싶어 하지도 않고. 그렇게 왔다고 하면 무시하니까 안 알리고 싶은 거죠. 집에 계신 분들은 막내 동생〔가장 어린 후배〕도 집에서 살림하는데 한국 사람 만날 일이 없는 거예요. 어쩌다 통화하면 자기가 신기하대요. 한국말로 하면(50대, 여성, H씨).

저자는 싱가포르의 국제결혼 한인 여성들의 모임으로 '기림회'라는 단체가 존재한다는 것을 1999년부터 알고 있었다. 그렇지만 50대 중반의 여성 H씨를 만나고, 기림회 회원분도 인터뷰하고, 아울러 70대의 원로들을 만나서 더 자세히 물은 후에야 H씨를 포함한 다른 분들은 '기림회'와 같은 모임을 갖지 않는다는 것을 파악했다. 국제결혼을 한 한인 여성들의 모임인 것은 맞지만, 회원 대부분이 본인이 전문직이거나 서양인 배우자들로 부유한 경제 상황에 있는 국제결혼 여성들의 모임이었다.

1970년대에 싱가포르 봉제공장에 일하러 온 한인 여성들과 1980년대 싱가포르 전자공장에 일하러 온 한인 여성들 중 싱가포르인과 결혼하여 계속 살고 있는 분들에 대해 물었을 때 70대 남성 G씨는 다음과 같이 말했다.

> 지금도 그렇지만 그 당시는 국제결혼 한다는 게 자랑스러운 일이 아니었으니까, 〔내놓고〕 얘기하기 꺼려했기 때문에 … . 공부를 많이 했거나 해외에 공부하기 위해 나가서 외국 사람을 만나 결혼한 사람들은 무슨 기〔림〕회인가 뭔가 해서 그런 모임을 만들었는데, 거기에도 끼기가 좀 쉽지 않은 걸로 나는 알고 있어요. 그 사람들은 어디에 들어가서 그냥 묻혀서 살기 때문에 알 수가 없어요. 어디 길 가다가 한국말 해서 물어보면, 이렇게 해서 나온 분인데, 그분들이 자기가 〔내놓고〕 "나는 이랬다" 얘기를 안 하니까(70대, 남성, 기업체 사장, G씨).

1970년대와 1980년대에 싱가포르로 온 이주 여성으로 정착한 한인들의 상당수는 몇 번의 계약 연장을 거쳐 4~6년 이상 싱가포르에 체류한 후 싱가포르인과 결혼하여 싱가포르에 계속 거주하는 경우가 꽤 많다. 정확한 수를 파악하기는 어렵지만, 1980년대 중반 이전에 싱가포르에 건너온 '오래된 한인'의 다수는 이들의 존재를 알고 있었다.

주류에 속한 노년층 한국인 남성의 입장에서는 1970년대 후반과 1980년대 중반에 이주노동을 위해 싱가포르에 온 미혼 한인 여성들이 싱가포르에서 현지인들과 결혼하여 정착할 수 있었던 이유에 대해 주로 다음과 같이 말한다.

> 한국 여자들이 예쁘잖아요. 그다음에 재주가 있잖아요. 여기의 남자들이 〔보기에는〕 재주도 있고, 능력도 있고, 인물도 좋고, 자기네들이 바라던 바이지 (70대, 남성, D씨와 G씨).

사실, 미혼이든 기혼이든 한인들 사이에서 싱가포르인 남성과 한인 여성에 대해 가십을 나누는 것은 흔한 일이다. 한인 여성들의 외모나 성실함과 근면함에 대한 호의적 평가는 한국인이든 싱가포르인이든 쉽게 들을 수 있다.

지금까지 살펴보았듯이, 1980년대 중반 이후 오랜 기간 동안 한인 이주 여성은 싱가포르 사회에서 합법적 영주권자로서 존재해왔다. 하지만 당시 주류 한인들이 고학력자 및 대기업 주재원 중심으로 구성된 '순환이주 주재원 사회'로 특징지어졌던 시기에 '비가시적 존재'로 살아왔음을 알 수 있었다. 그렇다면 약 10~20살쯤 나이가 어린 근래에 싱가포르에 온 한인 국제결혼 가정은 어떠한 맥락에서 살고 있는지 다음 절에서 살펴보자.

2. 경계를 넘나드는 이주 경험자의 연애와 결혼: 2000년대 이후 한인 여성의 국제결혼

글로벌 도시로서 국가발전 전략을 추진해온 싱가포르에는 (국적으로 보아) 한국인 혹은 (민족집단으로 보아) 한인과 싱가포르인 커플뿐만 아니라, 비싱가포르인 외국인과 결혼한 한인 여성 혹은 한인 남성이 꾸준히 존재해왔다. 그 규모는 2000년대 들어 청년층 한인과 조기유학생이 대규모로 유입된 이후 이들이 계속 거주하고 결혼적령기층에 진입함에 따라 더욱더 늘어나는 추세이다. 싱가포르의 국제결혼 가정은 한인 여성・싱가포르인 남성 커플 외에도 한인 남성・싱가포르인 여성 커플, 그리고 싱가포르인이 아닌 제3국 출신 외국인과 결혼한 한국인 남성과 여성도 적지 않다.9

이 절에서는 2000년대 전후 시기를 중심으로 앞 절에 비해 10~20살 정도 젊은 국제결혼 한인 여성들을 살펴본다. 2000년대 이후 사례는 1990년대 후반부터 가속화된 전문직 이주, 유학과 이민을 통해 싱가포르 혹은 제3국에서 현재의 배우자를 만나 연애하고 결혼한 유형이 대표적이다. 일부는 한국에서 일하는 싱가포르인 혹은 서양인 배우자를 만나 연애 끝에 결혼하고, 싱가포르에서 살고 있는 경우도 있다. 이전 시기와 비교해 볼 때 이러한 차이는, 한국과 싱가포르의 세계화 정책과 이민정책의 변화를 반영한다. 상대적으로 젊은 세대의 경우 이주 동기와 이주 경

---

9 싱가포르의 국제결혼 가족(한국의 '다문화 가족'에 해당하는 사례)에 대한 연구는 사실 매우 많다(e.g. Lam et al., 2002; Yeoh et al., 2013a; Yeoh et al., 2013b). 그렇지만, 대부분의 연구에서 한인은 주요 연구 대상에 포함되지 않았다. 이 주제를 연구하는 싱가포르인 학자에게 문의하니, 다른 민족집단(출신 국가)에 비해 그 상대적 수가 적어 주요 연구 대상 집단으로 채택하지 않았다고 한다.

로는 다양하지만, 상대적으로 나이 든 세대와 이주 동기, 국제결혼 선호 이유에서 공통점도 존재한다. 이를 본문에서 더 자세히 살펴본다.

현재 나이 기준 20대와 40대 중반 사이의 한인 여성들은 1990년대 후반 이후 한국 사회의 세계화에 따라 조기유학, 글로벌 기업 취업, 해외여행 등 글로벌 경험을 어리거나 젊은 시절부터 해오면서 현재 배우자를 만났다는 점에서 이전 세대와 구분된다. 20대에서 40대 중반까지 한인 여성의 유형은, 2000년대 조기유학 세대 출신과 결혼 전까지 해외 경험이 전혀 없는 완전 '토종' 한국 출신으로 나눌 수 있다. 먼저, 청소년 혹은 청년기에 조기유학이나 해외 체류와 같은 글로벌 경험이 있는 세대의 사례를 통해 요즈음 20대와 30대에서도 어렵지 않게 찾아볼 수 있는 유형을 살펴보자.

20~30대 여성에게 있어 연애를 통한 국제결혼은 전체적으로 보아 본인의 커리어나 자기계발을 위한 해외 생활 과정에서 자연스러운 만남을 통해 배우자를 알게 되고, 그 배우자의 품성을 포함한 개인에 대한 애정에 기반한 결혼이다. 뿐만 아니라, 개인적 이주 여정에서 의도하지 않은 결과라는 공통점이 있었다(Jones, 2012: 15). 이 절을 쓰기 위해 저자가 만난 모든 연구참여자들은 현재의 남편을 직장생활 중에, 혹은 지인의 소개로 만났으며, 개인 간의 애정에 기반하여 결혼을 결심하게 되었다고 말했다.

국제결혼을 중요하게 고려하는 구조적이고 문화적인 이유가 여럿 존재한다. 그중에서도 여전히 여성에게 비친화적이고 가부장적 요소가 존재하는 한국 사회와 상대적으로 좀 더 여성친화적인 싱가포르 사회는 자연스러운 만남 이후에 연애 기간 동안 '결혼할 결심'을 하는 데 도움이 되는 중요한 사회적 맥락과 구조가 된다. 조기유학과 학부 및 대학원 유학을 경험한 두 사례를 중심으로 젊은 층의 연애와 국제결혼이 어떻게 이루어지는지를 살펴보며 한국 사회와 싱가포르 사회의 문화, 그리고 이를 해석하는 한인 여성의 시각을 더 자세히 알아보자.

태국 국제학교의 중고등학교 과정을 마친 후, 전 과정을 영어로 수업하는 방콕의 한 명문대학을 졸업한 O씨는 학부 졸업 후 잠시 현지의 한국 기업에서 일하면서 모은 돈으로 영국 런던대의 칼리지 중 한 곳의 국제경영학 석사과정을 이수했다. 그 후 세계 최대 글로벌 호텔 체인회사 중 한 곳의 전문직으로 채용되어 도쿄에서 일했다. 이어 싱가포르 지사에서 일하면서 본인의 커리어에 집중하면서 지내던 중 다른 글로벌 기업에서 일하던 현재의 남편을 만나게 되었다.

저는 그때 남자친구가 〔갖고〕 싶다, 남자 친구 소개받아야지 〔하는〕 관심이 없었거든요. 일에만 몰두하고 … 주말에 할 것도 없는데. 〔회사의 높은 분이 식사나 하자고 해서〕 아무 생각 없이 갔다가 결혼까지 하게 되는 만남을 가지게 됐죠. … 삶에 그런 부분이 있는 거 같아요. 뭔가 제가 치밀하게 계획하고 그러지 않았는데. 그런 부분을 통해서 삶이 역전보다는 방향이 다르게 갔던 그런 경우가, 제가 지나서 돌아보니까 그런 경우가 한 두세 번 있던 거 같아요. 제 계획상에는 없던 일들이죠(30대, 여성, O씨).

또 다른 사례를 살펴보면, 첫 인터뷰를 했을 때 여전히 20대였던 여성이다. 미국에서 고등학교를 졸업하고, 싱가포르의 국립대 중 한 곳에서 공부한 K씨는 미국 유학 시절과 싱가포르 유학 시절 함께 공부하던 동급생 중에서 인기가 많은 편이었다. 미국에서 백인 친구를 사귄 경험, 한인 1.5세와 2세를 사귄 경험은 물론이고 싱가포르에서 싱가포르인 동급생과 사귄 경험, 소개팅을 통해 한인을 만난 경험도 있었다.

한국에서 태어나 중학교까지 다닌 K씨는 한국어와 영어를 둘 다 잘 구사한다. 고등학교 이후를 영어권 국가에서 보낸 그녀는 한인을 여러 명 진지하게 만나 보았지만 '못 만나겠다'고 생각했다. 특히 본인처럼 해외에서 공부하고 살아 본 경험이 있는 한국인을 만난 이유 중 하나는 "문화적으로 많이 맞을 거라고 생각했"기 때문이다. 그녀가 실제로 느낀 것은 그 반대였다. 본인의 "사고가 〔다른〕 한국인들이랑 많이 달라졌다는 걸 걔네들 만나면서 많이 느꼈"다. K씨는 그 경험에 대해 이렇게 말한다.

> 저는 한국 사람 못 만나겠더라고요. 너무 가부장적이에요. 외국에 나가거나 아니면 태어났음에도 불구하고. 〔외국에서〕 태어난 〔남성은〕 더한가 보다 〔생각했죠〕. 부모님이 1세대 〔이민자〕시잖아요. 그러면 1.5나 2세대들은 엄청 가부장적이에요. 그 사고에 완전, 〔부모님들이〕 1960~70년대 〔한국을〕 떠나실 때 사고로 애들을 교육하셔서 그런지 모르겠는데, 너무너무 가부장적이에요. 연애하면서 너무 힘들었어요. 자기 기준, 자기가 센터예요.
>
> 아메리칸-코리안이랑 헤어지고 싱가폴에서 한국인도 데이팅만 해봤어요. 근데 아닌 거예요. 3명, 회사 때문에 온 사람이 둘, 대학 때 온 사람이 하나, 이랬는데 … . 얘기를 하면 아직도 그런 사고가 되게 많더라고요.
>
> 싱가포리안(*Singaporean*)을 만나면서 공주 대접받는다고 해야 하나, 그런 느낌을 되게 많이 받았고요(20대, 여성, K씨).

싱가포르인 남편과의 결혼생활은 한국에서의 한국인 간 결혼생활과 다르다. 20대 후반 여성으로서 초등학교, 중학교 기간을 함께 공부했던 친구들의 소식을 접하는 K씨는 한국에 있는 친구들로부터 "대학 나와 일하고, 월세 걱정, 전세 걱정하면서 결혼도 못 하고 포기하고 살아야 하는 생활을 하고" 있다고 듣는다.

물가가 서울보다 (때로는 런던이나 뉴욕보다 더) 비싼 싱가포르에서는 공공주택 정책을 통해 연애와 결혼이 다른 경험이 되도록 한다. 결혼한 부부에게 생애 최초 1회에 한해 거의 반값에 공공주택을 공급하고 구입 시 바로 필요한 10% 정도 비용도 한국의 국민연금과 비슷한 의무적립식 저축연금인 CPF 적립 금액으로 대체할 수 있게 한다. 사실 이는 도시국가로서 주거 문제는 국가가 적극적으로 해결책을 제공하며 국민적 지지를 얻는 주택정책과 긴밀히 연관되어 있다(Chua, 1995). 영미 자본주의의 본산인 영국과 미국보다 훨씬 더 '자본주의적'으로 보이는 싱가포르의 중요한 예외 중 하나이다.

> 연애를 하기에는 〔싱가포르는〕 비싸고, 결혼을 하기에는 다르더라고요. 집 〔사는 걸 정부에서〕 보조를 잘해 준다는 점에서 … . 네, 그게 진짜 어마어마한 도움이 되더라고요. 한국에서 친구들이 〔결혼〕하느라고 전세 받느라 끙끙대고, 막 그러는 거 보면 아직도 … . 진짜 싱가폴은 주택과 관련된 정책은 너무 잘해 놔서. 〔아파트 구입 시 초기 필수 비용은〕 CPF로 웬만큼 커버가 되고 그러다 보니까 결혼을 하기에는 아주 〔좋죠〕(20대, 여성, K씨).

지금까지 두 명의 사례를 통해 살펴본 글로벌 경험을 갖춘 한인 여성의 이주와 결혼 경험은 선행 연구들과는 큰 차이가 있다. 그간 이주 연구의 주요 연구 대상인 개발도상국 출신 여성 이주노동자가 경제적으로 더 윤택한 삶을 꾸리기 위한 동기가 주가 되고, 다른 삶의 영역 역시 부가적으로 고려되는 "더 나은 삶을 위한 이주 전략"으로 이주노동 혹은 결혼이주를 선택하는 결혼이주자나 여성 배우자로 그려진 것과 상이하다(e.g. Constable, 2004). 뿐만 아니라, 서구에서 주로 연구해온 중산층 혹은 전문직 부부 가족의 이주 경험 연구(Cooke, 2007; Fechter, 2007; Hardill, 2004; Olwig & Sorensen, 2002; Scott, 2006; Stalford, 2005)와도 마찬가지로 차이가 있다.

국제결혼을 한 한인 여성들이 생애단계를 거치며 트랜스내셔널 가족의 구성원으로서 겪는 결혼과 출산, 자녀 양육 등의 가족 경험은 국제결혼 여성의 정체성에도 영향을 준다. 한국-싱가포르 국제결혼 부부는 양쪽의 원가족뿐만 아니라, 다양한 배경을 가진 다른 국제결혼 가정 및 싱가포르 내 한인 가정들과 교류한다. 이때, 연구참여자들은 일상생활에서 글로벌 위계 및 가부장제의 교차가 만들어내는 다양한 위치들 사이에서 자기 가족의 위치를 성찰한다. 이에 대해 좀 더 자세히 살펴보자.

국제결혼을 통해 한인 여성 본인뿐만 아니라 남편, 자녀, 그리고 부부의 원가족들도 트랜스내셔널 가족 경험을 한다. 외국인 남편을 배려하여 "한국어를 못 하면 생활하기에 쉽지 않은"(O씨) 한국에서 살아가는 선택지를 제외하기도 한다. 그러나 싱가포르 사회 및 교민 사회에 남편과 함께 참여하는 과정에서, 언어적·문화적 어려움을 경험한다. K씨는 싱가포르 내 한인사회가 "자기네들끼리만의" 시간이 많으며, 그 때문에 문화적 혹은 정서적으로 안 맞고 불편한 사람들을 배제한다고 본다.

한인사회는요 … . 소속감을 느끼기에 좋고 정서적인 편안함을 느끼는 게 일부 있어서 좋긴 하지만요. 많은 부분 너무 자기네들끼리만의 시간이 많아요. 남들 오픈해서 받아주는 느낌은 별로 없어요. 〔교회 소모임도〕 한국인들끼리만 하고 … . 깊게 생각해 보면 그런 사람들이 왔을 때 문화적 정서가 안 맞고 불편하니까 그 사람들을 빼는 것 같다는 느낌을 배제할 수 없는 거죠. 그런 부분에 있어서는 아직 오픈된 마인드를 가지고 있는 건 아니구나, 그런 걸 보면서 좀 아니라고 느끼죠(20대, 여성, K씨).

O씨는 싱가포르인 남편과 한인사회에 참여하는 과정에서 느끼는 언어적 어려움과 문화적 이질감을 줄이기 위한 전략으로, 한인 교회에서 '코리안-코리안'(*Korean-Korean*)[10]은 아닌 사람들의 모임에 참여한다. 그들과 교류하며 받는 도움과 동질감에 기반한 편안함에 대해 다음과 같이 이야기한다.

외국에 있으면서 … 한인 교회 다니고 그러지는 않았는데, 지금은 한인 교회 다니고 있어요. 한인 교회 안에서도 제가 속한 공동체는 외국 남편이 있는 그런 공동체이고 … . 대부분 외국 경험이 있으신 분들이라서 어떻게 보면 코리안-코리안은 아니신 분들이기 때문에 각자 삶이 다르다 보니 특별한 동질감보다는 의지가 많이 되죠. 아이들 이런 도움을 받는다든지 … . 같이 모여도 저희가 온전히 한국 사람만 있다 보면 한국말을 하는데 그런 게 아니라 남편들은 로컬 분이거나 외국 사람이니까 남편분에게도 널 비인하고 … . 온전한 한

10 1.5세대 혹은 2세대 한인의 경우 1세대 한인 중에서도 해외에 살면서도 한국 중심의 사고를 하는 사람들을 코리안-코리안이라고 표현하는데, 부정적 의미가 곁들여진 '완전 토종' 한인을 의미한다.

국 커플들 만난다든지 그러면 신랑한테 미안할 수도 있고 불편할 수도 있는데. 계속 제가 신경 써서 영어로 말한다든지 그 상황을 영어로 설명할 필요가 없으니까 그런 게 편하기는 하죠(30대, 여성, O씨).

한편, 싱가포르 한인사회는 계급적 분절화가 진행되고 있다(김지훈, 2019). 앞 장에서도 다루었던 이와 관련한 F씨의 관찰은 주목할 만하다. 20여 년간 싱가포르에 살면서, F씨는 싱가포르 한인은 최소한 세 집단으로 나뉘어 교류가 최소화되고 각각 섞이지 않는 분절된 사회로 돌아간다고 이야기했던 것을 다시 한번 떠올릴 필요가 있다. 최상층은 "그들만의 리그", 중상층 전문직은 "프라이버시가 강해 섞이는 것을 싫어"하는 그룹, 중하층은 WP로 일하면서 "바쁘고 힘들어서 교류할 생각" 조차 하기 힘든 그룹 등 세 집단으로 나눈 바 있다.

세 계층이든 네 그룹(한인회에 적극 참여하는 그룹 포함)이든, 싱가포르 한인사회는 그 규모가 커지고 계층화가 동시에 이루어져서, 서로 간의 교류가 최소화된 상황에서 집단별로 분절되어 있다는 관찰은 주목할 필요가 있다. 저자가 보기에 F씨가 관찰한 계급적으로 구분되는 세 계층 외에도 직업과 라이프스타일, 이주배경 등 보다 다양한 요소를 고려하면, 더 많은 세부 집단이 분절적으로 구분된다. F씨가 언급한 "그들만의 리그"라고 표현한 성공한 한인 기업가 그룹, 해외 유학과 일 경험을 쌓은 글로벌 기업 전문직 그룹 외에도, 이 연구가 다루는 국제결혼 한인 그룹이 구분되는데, 이 국제결혼 여성들 안에서도 또다시 구분과 분절이 이루어진다.

그렇다면, '구별짓기'(*distinction*)11가 어떻게 이루어지는지 더 자세히 살펴보자. 프라이버시를 중시하는 중산층 중심으로 싱가포르 한인 사회가 형성되고 확장된 이유는 싱가포르 이민제도가 고학력 중산층 전문직 외에는 국제결혼을 통한 이주 정도로 이주경로와 제도가 제한적이었기 때문이기도 하다(김지훈, 2006; 김지훈, 2019). 우선 계급적으로 최상단에 있는 성공한 한인은 싱가포르에 있는 최상류 싱가포르인 엘리트층 혹은 〈크레이지 리치 아시안〉(*Crazy Rich Asians*) 이란 소설과 영화에서 '크레이지 리치' 혹은 그 아래 '리치'라고 부르는 상류층(혹은 중상층) 그룹과 비슷하다. 금융가에서 오랫동안 전문직으로 일한 후 재무컨설팅을 하면서 여러 계층의 재정적 상황을 자세히 관찰해온 F씨는 이렇게 말한다.

> 〔탑티어는〕 일단은 자기 사업이 있어야 할 거 같아요. 집은 … 한 채는 거주용으로 있고 한 채는 〔별장과 같은〕 과시용으로 있어야 할 거 같고 … . 자녀들은 미국에서 교육시키고 … 〔차는〕 벤츠 E 클래스 이상 … . 제가 생각할 때는 텐밀리언(*ten million SGD*)도 어디 가서 〔괜찮다고〕 내놓기 힘들지 않을까. 최소 그 정도 되어야 … . 텐 밀리언이 100억 원 정도 되는 거죠.[12] 싱가폴은 그런 사람이 너무 많기 때문에(40대, 여성, F씨).

싱가포르의 비국제결혼 한인과 구분되는 경험은 싱가포르 이주 전까

---

11 부르디외 교수의 저작명이자 학술 개념이다.

12 2021년 중반부터 2023년 현재까지 저자는 LA 지역 한인에 대한 연구를 수행해왔다. LA에서 '부자'는 어느 정도 재산이 있는 사람이냐고 한인회와 현지 한인들에게 문의했을 때, 마찬가지로 순자산이 최소 1,000만 미국 달러라는 의견을 들은 바 있다.

지는 '토종' 한국 출신이지만, 본인과 배우자의 출신 대학, 직업 등 여러 면에서 어느 하나 기울어질 것 없는 F씨 외에도, 미국과 싱가포르에서 유학한 더 젊은 세대이며 본인의 한국 배경으로 보아 여느 비국제결혼 한인과 공통점이 많은 K씨도 마찬가지로 느낀다. 다시 말해, 연구참여자들은 싱가포르에서 국제결혼 가정으로 살아가면서 다른 국제결혼 한인 가정, 비국제결혼 한인 가정, 그리고 싱가포르인 가정들과 일상생활에서 민족·문화에 따른 위계, 계급적 위치의 위계 등 국제결혼 여성이자 가족으로서 여러 위계의 교차가 만들어내는 다양한 위치들 사이에서 본인과 자기 가족의 위치, 정체성, 소속감을 성찰한다.

앞서 설명한 경험은 계급, 민족, '국제결혼'이라는 '가족 구성 방식'을 각각 떼어내서 이해할 수 없다는 상호교차성(*intersectionality*) 이론이 싱가포르에서 사는 국제결혼 한인 여성의 삶에 어떻게 그리고 어느 정도의 강도로 적용되는지, 싱가포르 한인을 비롯한 다른 국가의 국제결혼 한인 연구에서 꼭 필요한 이론이자 시각임을 잘 드러낸다. 1990년대 말 싱가포르 내 글로벌 기업에서 금융 전문직으로 일한 후 싱가포르인 남편을 만나 결혼하여 정착한 F씨는 한국의 명문대학 출신일 뿐만 아니라 남편 역시 싱가포르 최고의 대학을 나와 전문직으로 일한다. 한국과 싱가포르 양국의 엘리트 출신 부부도 고학력 주재원 출신이 많은 싱가포르 한인사회에서 위축되는 경험을 한다. 자녀를 토요한글학교를 보냈을 때 남편의 경험에 대해 들어 보자.

> 우리 남편이 한번 우리 애가 어렸을 때 한국 학교를 데리고 간 적이 있었어요. … 편견일 수도 있는데 우리 남편이 어디 가서 기죽는 스타일이 아니거든요 그

런데 그런 말을 했어요. 왠지 여기 오면 옷도 좀 〔차려〕 입어야 할 거 같고, 차도 아우디로 바꿔 줘야 할 거 같고, 그런 느낌이 든다고 얘기하더라고요(40대, 여성, F씨).

연구참여자들은 싱가포르에 거주하는 국제결혼 가정 및 한인 부부 가정뿐만 아니라, 한국에 거주하는 비국제결혼 한인 가정과 한국 내 국제결혼 가정(다문화 가정)과 자신의 가정을 교차 비교하며 자신과 가족의 위치를 성찰한다. 연구참여자들은 적극적 주체로서 한국 출신 이주자이자 국제결혼 당사자로서 한국 다문화 담론이 가지는 선입견과 차별을 비판적으로 바라보았다. 동시에, 이를 근거로 싱가포르의 다문화 정책과 이민자 정책에 대한 자신의 경험을 평가했다.

호주에서 어학연수를 하다가 배우자를 만나 결혼하여 싱가포르로 이주한 40대 여성 P씨는 자신과 한국의 결혼이주 여성이 배우자를 만나는 과정에서 차이가 있다고 생각한다. 이는 곧 동등한 사회적 위치에서 연애에 기반한 국제결혼과 그렇지 않은 한국 내 다수의 다문화 가족의 결혼이 다름을 뜻한다. 한국 다문화 가정은 '한국 국적의 남성'과 '개발도상국 출신 여성'이 국제결혼 중개업체를 통해 '중매결혼'하여 이루어진다. 개발도상국에서 선진국으로 향하는 글로벌 상승혼(*global hypergamy*)으로서의 국제결혼(Constable, 2004; Jones & Shen, 2008)의 예에 해당한다. 이러한 차이에 대해 P씨는 다음과 같이 본인의 시각을 말한다.

싱가포르 '다문화'하고 한국의 '다문화'가 약간 〔비교가〕 안 되는 게 … 저 같은 경우는 〔둘 다에게 제3국인 영어권 국가에〕 어학연수 가서 만났고, 〔싱가포르의 다른 한인 국제결혼들은 대부분〕 직장에서 만났다거나, 이런 분들이 많아서 … . 다들 영어가 되고 불이익을 받는 경우는 전혀 없어요. 애들도 '다문화'라고 해서 학교에서 놀림을 받는 경우가 없어요. 한국에서는 처음부터 〔언어, 국적, 경제적 계급 등 여러 면에서〕 불리한 입장에서 시작하기 때문에 영 다르죠(40대, 여성, P씨).

청소년기 후반에 교육을 목적으로 가족 전체가 뉴질랜드로 이주하여 뉴질랜드에서 영주권자로 대학에 다닌 Q씨는 대학 내 아시아 학생 모임에서 현재의 배우자를 만났다. 현재 40대 중반인 그녀는 싱가포르를 포함한 다양한 국가에서 이주자로 살아온 경험을 바탕으로, 한국 다문화 가정에서 겪는 어려움이 어머니의 사회경제적 지위나 자녀의 언어습득의 난관에서만 비롯된 것이 아니라, 한국 사회의 다문화 가족에 대한 편견에서 비롯된 것이라고 보았다.

한국에서도 동남아 〔사람이〕랑 결혼했을 때 '다문화'라는 말을 쓰고, 사실 서양 사람들하고 결혼한 사람들한테는 '다문화'라는 말을 쓰지 않아요. 이미 거기서부터 선입견이 들어가 있는 거죠. 못사는 나라에서 온 사람들과 그렇지 않은 사람들에 대해서(40대, 여성, Q씨).

나가며: 1980년대와 2000년 대 이후 한인 여성의 연애 경험과 결혼할 결심

누구에게나 "인생에서 가장 아름답고 행복한 시간"은 있다. 저자가 이 장에서 다룬 국제결혼 한인 여성들 중 한 사람을 싱가포르에서 만나 인터뷰하면서, 인터뷰 질문서에 있는 '연애'와 '결혼' 과정을 질문했다. 저자가 우연히 '리즈 시절'이라는 단어를 사용하자, 그녀는 "나의 화양연화(花樣年華) 요?"라고 되물었다.

그다음 날 싱가포르인 교수 두 명과 함께 식사하면서 연구에 관한 이야기를 마친 후, 디저트를 먹을 때, 저자는 2022년에 본 영화 중 최고의 영화로 박찬욱 감독의 〈헤어질 결심〉을 언급했다. 대사와 장면 하나하나가 아주 사회학적이고, 예술적이라고. 영화 초반 배우 탕웨이가 일하는 요양원의 간판이 스치듯 지나갔는데 그 간판 이름까지도 놀라웠다고. 특히 중국 출신으로 한국어를 어느 정도 구사하는 국제결혼 여성의 경우, 가장 쉽게 찾을 수 있는 일자리 중 하나가 바로 탕웨이의 극중 직업이라는 디테일까지 놀라웠다고.

그러자 싱가포르인 교수는 최근 학회 참석을 위한 출장 중에 비행기 안에서 〈헤어질 결심〉을 두 번 이상 봤다며 내 이야기에 공감했다. 영어와 중국어 모두를 유창하게 하는 그 교수는 두 번째 볼 때는 장면 하나하나를 정확히 이해하기 위해 멈춤 버튼과 되돌리기 버튼을 쓰면서 봤다고 했다. 우리는 한참 동안 그 영화에 대한 이야기를 나누었다. 그리고 그는 자신의 인생 영화 두 편을 메모지에 써 주면서 저자에게 추천했다. 그중 하나가 〈In the Mood for Love〉였다.[13]

1절에서는 1980년대에 '해외 취업'이 되어 생애 처음으로 여권을 신청하고, 처음 비행기를 타서 싱가포르의 첫 직장에 도착했던 당시 20대 초반의 한인 여성의 일, 연애, 결혼, 그리고 본인과 자녀의 정체성에 대해 살펴보았다. 우리가 1장과 2장에서 자세히 살펴보았듯이 당시 한국에서는 중산층 이상 '선택된 사람'이 주재원이 되었고, 싱가포르 한인 사회는 그 주재원들이 주류를 이루는 한인 공동체였다.

이 책에서는 단 한 명의 사례만 선택하여 기술했다. 하지만 그녀와 같은 또래의 다른 많은 한인 여성들이 싱가포르 한인 공동체에서 그리고 싱가포르와 한국 사회에서 어떻게 일하고, 연애하고, 한국인이 아닌 배우자와 '결혼할 결심'을 내리는지 보여 주었다. 그들은 젊은 시절에 싱가포르에서 '보이되 보이지 않는' 수준의 존재감을 가졌다. 한국 사회는 그보다 10여 년 먼저 독일로 간 광부와 간호사는 기억하지만, 이어지는 시기 다른 나라에 일하러 간 한인들은 기억하지 않는 듯하다.

싱가포르 한인사에서 짧은 반 문단으로 언급된 분들을 찾기 위해, 저자는 사실 2년간 한인회에 부탁을 거듭한 끝에 섭외에 성공했다. 그렇게 만난 H씨는 자신의 이야기를 매우 자세히 해 주었고, 그 시절의 자료를 가져와 저자에게 보여 주기도 했다. 그때 저자는 H씨와 비슷한 이주 경로로 온 사람들을 더 만나 이들의 이야기를 꼭 한글로 쓰겠다고 결심했다. H씨는 '과장 없이 담백한' 본인의 세세한 프라이버시까지 이야기해 주었다. 이제 독자들은 싱가포르에서, 일본이나 다른 나라에서 이 시기

---

13 왕가위 감독, 징만옥 · 양조위 주연의 영화 〈화양연화〉(花樣年華)(2000년)의 영어 제목이다.

에 많은 한인이 비슷한 근무 환경에서 일했음을 알 수 있게 되었다.

2절에서는 추천을 받았음에도 이 책을 마무리하느라 아직 보지 못한 영화 제목이기도 한 '화양연화'를 이야기한 여성을 포함하여 20대 후반부터 40대까지 한인 여성들의 경험을 살펴보았다. 우연인지, 이 절에서 언급한 모든 한인들은 싱가포르가 첫 해외 국가가 아니었다.[14] 여러 영어권 국가를 최소한 한 곳에서 최소한 1년 이상 살아 본 경험이 있는 '글로벌 이주' 경험이 있는 한인이었다. 한국의 모든 이가 그렇지는 않더라도 이제 싱가포르에 일하러 온 거의 대다수의 한인은 이주의 경험을 갖고 있다.

이주 이력이 있는 한인 여성의 경우 그들의 연애와 결혼 결정이 어떻게 이루어졌는지, 한인이 아닌 배우자를 둔 한인 여성의 경우 한인 공동체와 싱가포르 사회에서 어떠한 관계 맺기를 하고 있는지, 한국 사회와 싱가포르 사회를 어떻게 바라보는지 심층 면접을 통해 살펴보았다. 아울러 정체성의 경우 본인이 (혈통적으로) '한국 사람'이라는 것에는 의심의 여지가 없었다. 하지만 자녀 세대는 (집단 수준에서) 다양한 스펙트럼과 (개인 수준에서) 복합적이고 중층적인 민족 정체성(*ethnic identity*)을 가진 경우가 많음을 알 수 있었다.

1절과 2절 모두에서 다룬 한인 여성의 경우, 한국 사회의 다문화 가정에 대한 연구 프레임이나 서구 시각의 국제결혼 연구, 페미니즘 시각의 글로벌 상승혼의 이론적 구조 설명이나 이들을 다루는 '전형적인' 연

---

14 이 책에서 다루지 않았지만, 1980년대에 싱가포르에 온 한인 여성 중 본인이 전문직이거나 전문직 배우자와 동반해서 온 중산층은 2000년대 이후 국제결혼 한인 여성과 유사하게 글로벌 경험을 갖춘 경우가 많았다.

구대상자의 사회인구학적 배경과도 다르다(Constable, 2004; Jones & Shen, 2008). 사실 한-싱 커플과 같은 국제결혼은 서로 대등한 수준에서 가능하다. 개인 수준뿐만이 아니라, 출신 국가 수준도 서로 엇비슷해야 가능하다.

4장에서 다룬 연구와 가장 가까운 선행 연구는 싱가포르에서 중국계 말레이시아 국적이지만 싱가포르 PR을 가진 전문직으로서 싱가포르인과 결혼한 사례 연구일 것이다(Lam et al, 2002). 이 장의 결과는 싱가포르의 국제결혼 한인 여성의 경우 이주 연구(*migration studies*)에 더욱 중요한 (상호)교차성을 고려하는 시각이 이들 삶을 이해하고 분석하는 데 매우 중요함을 보여 준다(Erel, 2010).

지금까지 살펴본 국제결혼 한인 여성의 삶은 결혼생활에 대한 후속 연구가 필요하고, 중요하다는 간략한 언급을 하겠다.[15] 이 책에서는 국제결혼 한인 여성의 연애와 결혼 과정, 그리고 본인과 자녀 정체성에 대한 내러티브를 듣고 분석하는 선에서 마무리했다.[16]

싱가포르의 한인 국제결혼 가족들은 매우 특별하다. 한인 공동체에

---

15 아주 부분적으로 관련된 주제 - 결혼생활 중 자녀 양육 및 어머니 노릇에 대한 연구 - 는 저자가 포함된 후속 연구(Kim & Treas, 2023b)를 참고할 것. 다른 학자의 후속 연구가 필요하고 중요하다.

16 결혼생활 중 대부분의 부부는 갈등과 위기를 겪는다. 그 결과가 냉랭한 관계, 별거, 혹은 이혼으로 이어질 수도 있다. 한국 다문화 가정의 외국 출신 배우자의 이혼과 이혼 이후 삶에 대한 연구가 늘어나고 있다. 이는 결혼이 있었기 때문이기도 하지만, 한국 다문화 가정은 다른 집단에 비해 가족 삶의 현실이 상대적으로 어려운 가족 환경에 있기 때문이기도 하다(안지영 · 김지훈, 2014; Kim & Okazaki, 2022). 그래서 갈등의 여지가 많은 현실적 결혼생활이 엄연히 존재하고, (한인-한인으로 구성된 한국 내 부부 집단과 비교할 때 상대적으로) 이혼하는 비율이 더 높다. 하지만 문헌을 확인하면서 한국의 한인-한인 부부에 대한 질적 연구나 사회학적 분석이 그간 매우 희소했다는 점에 놀랐다(e.g. Lee, 2020). 결혼생활 중에 배우자와 '헤어질 결심'을 하는 것은 세상 어느 부부에게나 일어날 수 있는 혹은 고려해 볼 수 있는 일이라는 점에서 후속 연구가 필요하다.

도, 한국 사회에도, 그리고 싱가포르 사회에도. 이들의 삶이 늘 '화양연화'와 같기를, '헤어질 결심'을 하지 않기를. 저자는 연구를 위한 인터뷰 섭외가 가장 어려웠던 한인 소집단인 이들의 미래 삶이 정말 그러하길 바란다.

제5장

글로벌 한인사회의 재생산과 글로벌 시민권의 한계

들어가며

한인사회 재생산[1]은 두 축을 통해 이뤄진다. 한 축에서는 2세대 이상 후속 세대 규모의 유지 내지 확대를 통해, 또 다른 한 축에서는 노년이 되는 이민자의 지속적 거주를 통해 재생산된다.

2010년대 후반에서 2020년대 초반 시점으로 한정해 보면, 싱가포르 한인사회 규모의 유지와 확대는 청년층과 중년층 한인의 지속적 이민 유입을 통해 유지된다는 특징이 있다.[2] 지속적 이민 유입을 통해 사회 고령화(*population ageing*)를 늦추는 대표적 사례는 미국이다. 물론, 그 효과는 그리 길지 않다. 이민 온 외국 출신도 한두 세대쯤 지나면 다른 정주민 수준으로 회귀하기 때문이다.

이 장에서는 글로벌 한인 이민사회화의 한 축인 2세대 한인, 즉 싱가포르 한인 1세대의 자녀 세대 중 싱가포르에 머물거나 살고 있는 한인 2세대의 정체성에 주목하며 글로벌 한인사회의 재생산과 글로벌 시민권의 문제를 살펴본다.

---

1 현지 국가에 정착한 첫 세대가 자녀 세대를 낳으며 한인사회가 공동체 수준에서 연속성을 갖게 되는 것을 뜻한다.

2 글로벌 도시인 싱가포르의 주택 가격은 서울 아파트 가격을 훨씬 상회하며 런던 도심 1, 2구역이나 뉴욕 멘헤튼 아파트 가격에 버금가거나 그 이상이다. 싱가포르에서 PR이나 시민권을 받은 한인이 싱가포르에서 주택을 소유하지 못하면 노년기에 안정적 삶을 유지하기 어렵다. 월세도 상당히 높은 수준이므로 더욱 그렇다. 한편, 싱가포르 소재 글로벌 기업에 다른 국가에서 태어나거나 자란 한인 1.5세대와 2세대가 장단기간 (재)이주하는 경우가 21세기 들어 실제로 많이 관찰된다. 한 국가(사회)의 인구 규모를 구성하는 인구학적 3대축은 출생, 사망, 이민인데, 싱가포르 한인사회는 이민을 통한 한인 유입이 지속적으로 이루어진다. 이 점이 다른 국가의 한인사회에서는 흔치 않는 특별한 사례로 싱가포르 한인사회의 주요 특징이다.

1. 싱가포르 한인의 글로벌 정체성: 1세대와 2세대의 경험과 쟁점

싱가포르에서 30년 이상 오래 거주한 1세대 한인들과 그들의 자녀로 태어난 2세대 한인들의 싱가포르에서의 삶과 정체성 인식은 어떨까?[3]

이 질문의 핵심은 단지 한인 2세대의 정체성 문제로만 귀결되지 않는다. 이는 현재 1세대 한인 부모의 본인 스스로에 대한 한인 혹은 글로벌 정체성,[4] 그리고 싱가포르, 한국 혹은 제3의 다른 나라에서 살지 알지 못하는 (혹은 이미 제 3의 국가에서 사는) 자녀를 둔 노장년층 한인이 미래에 본인의 노년을 어디서 어떻게 보낼 것인지의 문제와 맞닿아 있다. 동시에 싱가포르 한인사회 공동체 수준에서의 재생산 문제와도 직결된다.

또한, 노년층과 청년층의 규모가 미미한 상태에서 중년층과 미성년 자녀로 이루어진 주재원 가정의 지속적 대체를 통해 이루어진 과거의 순환이주 주재원 사회가 현재와 미래에도 지속될 것인가의 질문과도 연

---

3 부모가 싱가포르에 이주한 2세대를 기준으로 삼을지 싱가포르에서 태어난 2세대를 기준으로 삼을지에 따라, 3세대가 싱가포르에 거주해온 사례도 점차 증가하고 있다. 2018년 시점으로 많으면 30대 후반, 40대 초반이며(2023년 기점으로 40대가 주축이 된다), 이들의 자녀는 대부분 청소년기 이하(혹은 2023년을 기점으로 청소년기 후반 혹은 20대 초반)로 추정된다. 아울러 아동에서 중년 세대까지 싱가포르 혹은 외국에서 청소년기를 보낸 1.5세대 한인도 다수 존재한다.

4 저자는 한국(한인)사회에서 한인 정체성 및 민족성(*ethnicity*)과 글로벌 '경험' 및 '문화자본'이 동시에 강조되는 걸 고려하여 '글로벌 정체성'을 다음과 같이 정의한다. 글로벌 정체성은 "글로벌 '경험', (열린) '마인드'와 '시각'을 통해 빚어지고, 체화되고 축적되어 향후 다른 자본으로 교환 가능한 문화자본"이다. '정체성', '문화자본', '코스모폴리타니즘' 관련 쟁점을 고려했다(Cote, 1996: 417~420; Hall, 2002: 26~27; Kim, Jongyoung, 2011; Kim, Jaeeun, 2019; Lareau, 2022: 112~113; Vertovec & Cohen, 2002). 연구참여자 본인과 자녀의 정체성에 대한 진술을 저자가 귀납적으로 도출한 것이기도 하다. 저자는 글로벌 경험과 글로벌 문화자본을 추구할 때, 의도치 않은 결과(*unintended consequences*), 즉 기대나 예상과 달리 과정 중 혼동을 경험하거나 혼종적 결과가 나올 수 있음을 주목한다.

결된다. 다시 말해, 싱가포르의 1세대, 2세대 한인 정체성, 나아가 시민권의 의미는 싱가포르 한인사회가 앞으로 재생산될 것인가, 그리고 그렇다면 어떻게 재생산될 것인가의 질문과도 같다.

싱가포르 한인들의 정체성과 관련하여 직관적으로 생각하면, PR과 시민권을 취득하지 않은 상태에서 한국 대기업 주재원으로 현직에 있는 경우는 해외 거주에 따른 한인 정체성 이슈가 적을 것이고, 싱가포르 PR과 시민권을 보유한 정착형 이주자(*settler-oriented migrant*)와 그 자녀의 경우 한인 정체성이 약화되었을 것으로 유추할 수 있다. 그러나 실제는 이 같은 직관적 유추와 사뭇 다르며, 이것이 이 장에서 다룰 주요 내용이다.

먼저 간략히 소개하면, 2세대 한인 정체성의 유지는 복합적이고 다면적인 양상을 띤다. 혈연에 기반한 한인 정체성이 분명한 한국인 부모의 자녀라도 사회문화적 정체성에서 혼종적인(*hybrid*) 경우가 많다. 또 한인 혹은 싱가포르인으로서 정체성을 수립하더라도 이것이 자녀의 생애단계에서 변화하는 경우[5]도 쉽게 관찰할 수 있다(Kim & Treas, 2023a).

본격적으로 1세대와 2세대 한인의 정체성을 다루기 전에 싱가포르 한인사회의 인구사회적 구조를 기억할 필요가 있다. 1980년대 이전부터 싱가포르에 계속 거주한 70대 이상의 한인은 2018년 현재 수십 명에서 100명을 넘지 않는 규모에 불과하다. 이는 1980년대 이전에 싱가포르로 건너온 한인 수가 절대적으로 적기 때문만이 아니다.

앞서 1장의 싱가포르 한인 통계에서 살펴보았듯이, 1980년대에는 주재원 근무를 위해 온 한인과 계약 기간이 있는 이주노동자로 싱가포르

---

5 10대 후반부터 청년기 진입 초기에 변화하는 경우를 포함한다.

에 건너온 한인이 상당히 많았지만, 싱가포르에 건너온 후 싱가포르에서만 계속 영주하는 사람 수가 적었다. 또 노년 세대가 되면 20년 혹은 30년 가까이 싱가포르에 거주했더라도 늦어도 70대 초중반에 한국으로 영구 귀국하는 경향도 컸다. 60대에 이르면 싱가포르에 계속 영주하는 것이 많은 이들에게 쉽지 않은 선택이기 때문이다.

이에 따라 1장에서 언급했듯이 싱가포르 한인의 인구사회학적 구조는 노인은 적고, 청년에서 중장년층이 다수를 이루는 구조를 형성한다. 동시에 과거 시점보다는 좀 더 오랫동안 경제활동을 하는 세계적 추세가 싱가포르에서도 보인다.

흥미롭게도 싱가포르에는 결혼적령기의 젊은 한인 남녀가 매우 많음에도 한인 커플의 결혼식이 싱가포르에서 열리는 경우는 드물다. 싱가포르에서 가족 단위 한인 이민자 세대의 재생산이 적은 이유는 무엇일까? 이에 대한 심층면접이 이루어진 2018년까지는 2세대 싱가포르 한인들이 아직 결혼적령기에 본격적으로 진입하지는 않았다는 점, 아울러 한국 사회뿐만 아니라 싱가포르에도 만혼의 경향이 있는 점에도 부분적으로 기인한다. 이 때문에 2020년대 후반부터는 한인 2세대 커플의 결혼이 더 많이 이루어질 것으로 예상된다.

부분적으로는 결혼적령기 한인 2세대의 결혼이 싱가포르에 거주하는 한인 커플 간에 이루어지는 경우가 비교적 적은 편이기 때문이기도 하다. 싱가포르 한인 2세가 비슷한 나이의 싱가포르에 진출한 1세대 한인 혹은 비한인계 싱가포르인이나 다른 이주 배경의 외국인과 결혼하는 경우도 상당하다는 의미이다.

또한, 한국 사회의 인구구조는 20세기 중반 피라미드형에서 21세기 들어 종형 내지 다이아몬드형으로 변화했지만, 싱가포르 한인사회 인구구조는 이와 구분되는 다른 구조를 띤다는 점에도 부분적으로 기인하는 것으로 보인다. 싱가포르에 오기 전에 결혼하여 부부 혹은 가족 단위로 이주해 거주하는 경우가 다수이다. 미혼 청년층의 경우도 늘고 있지만 장기간 영주하기보다는 한국이나 제3국에 재이주하기도 한다. 싱가포르에서 만나 결혼하는 커플도 부모를 포함한 친지의 대부분이 한국에 거주하기 때문에 결혼식은 한국에서 치르는 경우가 많다는 이유도 있을 것이다.

이런 이민 인구구조적 특성상 아직까지는 싱가포르 1세대 한인들 사이에서 태어난 2세대가 싱가포르에서 3세대를 낳고 키우는 경우는 한인 인구가 싱가포르와 비슷한 서구권이나 다른 재외 한인사회 혹은 디아스포라형 한인사회에 비해 비교적 많지 않은 것으로 보인다. 싱가포르는 특정 소수민족집단에 대한 정확한 통계를 공개하지 않으므로 공식 통계를 인용하기 어렵지만, 오랜 거주 경험이 있는 관찰자로서 이렇게 말할 수 있다.

이와 같은 싱가포르 한인의 인구학적 구성은 서구 한인사회의 2세대와 3세대의 경우 한인 정체성을 가졌더라도, 동시에 본인이 시민권을 가진 현지 사회에도 상당한 소속감을 갖거나 현지 사회에 더 깊이 배태된 정체성을 가지는 것을 훨씬 더 관찰하기 쉽다는 점과 구분된다. 싱가포르 한인사회(혹은 동남아시아 한인사회) 유형은 청소년기 이후 한국 혹은 제3국으로의 유학, 일과 경험을 통한 글로벌 정체성을 가지는 한인 재생산 혹은 한인 정체성 재생산이 이루어지고 있을 가능성이 크다는 것을 보여 준다.

싱가포르에서 자란 2세대 한인들은 한국이나 싱가포르가 아닌 다양한 제3국에 자리 잡음으로써 1세대 부모들의 은퇴 계획에 영향을 미친다.[6] 이 같은 2세대 자녀들의 타국으로의 재이주는 단순히 교육이나 진로와 관련한 선택의 결과로만 볼 수는 없다는 것이 이 장에서 말하고자 하는 내용이다. 이는 한편으로는 2세대 한인들의 정체성과 시민권에 대한 치열한 고민의 결과이면서 동시에 생애단계에 걸쳐 2세대들의 정체성을 끊임없이 형성하고 변형하는 원인으로도 작동한다. 나아가 노인이 된 1세대 부모들의 은퇴 계획에도 영향을 미침으로써 싱가포르 한인사회 재생산의 독특한 양태를 형성한다.

따라서 이 절에서는 싱가포르 한인사회의 재생산 문제를 싱가포르에서 출생하거나 유년기 이후를 보낸 자녀 세대(1. 5세대, 1. 75세대, 2세대) (Rumbaut, 2007)의 정체성과 시민권의 문제를 중심으로 살펴보되, 1세대 청년 및 중장년 세대들의 정체성에 대한 다양한 경험과 생각을 통해 전반적 이민자의 정체성과 그에 대한 고민도 알아본다.

좀 더 구체적으로 소개하면, 한인회 1대 회장을 20여 년간 역임한 후 작고한 (정 회장) 집안을 제외하면,[7] 1980년대 초반 이후에 싱가포르에 이주한 이래 2020년대 현재까지 거주하는 한인들은 2018~2023년 현재 최소 60대 후반에서 70~80대에 이른다. 늦어도 70대 중반에 이르면 대개 한국으로 귀국하는 경우가 많다.

이 시기에 이주한 한인들은 한국에서 출생한 자녀를 동반한 경우가 많다. 또 이 시기에 싱가포르로 유입한 1세대 부모가 싱가포르에 계속 거주하면서 자녀 역시 싱가포르에서 거주하는 경우 자녀 세대의 나이

---

6 이에 관해서는 발표 예정인 논문(Kim & Treas, 2023a)을 참고할 것.

7 1950~1970년대에 싱가포르에 진출한 후 계속 영주하는 한인의 경우 일부는 한인회장 및 임원단을 역임했다. 이들 중 상당수는 한국으로 귀국하거나 작고했다.

가 2023년 시점으로 40대 초중반에 해당한다. 반면, 1세대가 싱가포르로 이주한 후 싱가포르에서 2세대를 출생한 경우 대부분 2세대인 자녀들의 연령대가 30대 전후로 10년 내외로 낮아지는 것으로 보인다.

부모 세대에 싱가포르로 이주한 한인 가족의 자녀 세대는 어떠한 정체성을 가지며 삶을 어떻게 영위할까? 먼저 1세대 한인 입장에서 본인 세대를 먼저 살펴보고, 다음으로 이들의 입장에서 자녀 세대인 2세대 한인 정체성과 글로벌 시민권의 문제를 살펴보겠다.

2. 1세대 중장년층의 이민자 정체성과 싱가포르의 의미

싱가포르에서 중장년층이 된 1세대 한인들의 경우 기본적으로 한인 정체성을 갖고 있지만, 5~10년 이상 거주하면서 PR을 취득하면 동시에 이민자로서의 정체성도 갖게 된다.

싱가포르 영주권자 중에서 시민권으로 전환하는 경우 자녀의 이중병역 부담 해소를 위한 도구적 관점을 가진 이들이 있다. 또 싱가포르에서 사업의 지속적 영위를 위해 비영주권자, 영주권자, 시민권자 간에 주택 취득세 차등, 학령기 자녀 학비의 차등 등의 외국인과 내국인을 구분하는 제도를 2000년대 후반부터 점차 시행해온 싱가포르 정부의 정책에 대한 대응으로 싱가포르 PR 취득과 시민권 취득을 조기에 결정하는 사례도 늘어나고 있다.

도구적 관점에서 시민권을 취득한다고 해도 여전히 그 내면이 한국에서 사는 것과 완전한 한국식 문화가 편한 한인으로 변함없이 남는 것도 아니다. 싱가포르 시민권으로의 전환은 감정적 시민권(*emotional citizenship*)의 단면인 한국인 정체성의 포기를 의미하는 것으로 스스로 받아들이기도 하기 때문에 실리와 감정이 얽혀 있는 복잡한 선택이다.

노년기에 접어든 A씨는 싱가포르 PR을 시민권으로 전환했다. 이는 직계가족 내에서 자녀와 아내가 반대를 무릅쓴 선택으로 한국 국적을 포기하면서 싱가포르 국적을 취득한 단면을 잘 보여 준다.

> 나는 왜 PR을 얻었냐. 나는 한국 회사를 떠나면서 여기 살겠다는 마음을 먹었어요. 두 번째는 작년에 내가 여기 시민권을 어플라이(*apply*)했어요. 우리 가족들과 고민을 많이 했어요. 심지어 우리 가족들이 나보다 반대하더라고요. 무슨 이유인지 모르겠어요. 우리 아이들도 반대하고 와이프도 반대했어요.
>
> 그런데 나는 우리는 우리의 삶에서, 내가 비록 한국인으로서 비즈니스를 하고 있지만, 이민자는 여기가 내 무덤이 되어야 한다는 각오로 해야 〔한다고 생각해요〕. 한국에 간다고 해서 꽃가마에 태워 주나요? 반기문 총장처럼 〔한국〕 가는 순간에 대통령 〔후보로〕 만들어 주나? 그렇지 않잖아요. 그래서 내가 잘하는 방법은 여기서 잘 살아 주는 게 큰 틀에서 봤을 때 이민자가 해야 할 일이라고 생각해요.
>
> 그런 차원에서 PR이라면 반반,[8] 패스포트(*passport*)는 저쪽이고 여기는 그것보다 이제 패스포트도 바꿔서 생각하자는 그런 생각을 첫 번째로 하고 있고요(60대, 남성, 기업가, A씨).

8 절반은 한인, 절반은 싱가포르인이라는 의미이다.

A씨는 흔히들 말하는 "뼈를 묻는다는 각오"로 싱가포르에서 이민자로서 잘 살아남기 위해 시민권 취득을 결정했지만, 자녀와 배우자의 반대 속에서 한 결정이었다.

A씨와 비슷한 기간을 싱가포르에서 보냈을 뿐 아니라 연배도 A씨와 비슷한 노년기에 접어든 R씨는 싱가포르에서 거의 25년간 교수로 일해왔지만 여전히 싱가포르 PR도 받지 않고 EP를 유지하고 있다. 물론 그 전에 싱가포르 PR이나 시민권을 고려하지 않은 것은 아니다. 하지만 결론적으로 몇 년 안에 한국으로 귀국하여 노년을 보낼 계획을 구체화한 상황이다. 싱가포르 대학은 교수에게 종신직 테뉴어(*tenure*)를 잘 주지 않는다는 점과 노후에 경제활동을 지속적으로 유지할 수 있는 여건을 따로 마련하기 어렵다는 점을 고려한 결정이다. 20년 이상 일하면서 본인의 성인 노동 가능 기간의 대부분을 보낸 곳이 싱가포르임에도 이러한 결정을 내렸다.

> 남아 가지고 〔다른 일을〕 할 수 있는 게 없다고. 그러면 남을 이유도 없고. 잘 나가는 회사가 있는데 왜 남아? 이민사회가 안 되지. 이민사회가 되려면 내가 시민권자여야 되는데 〔그렇지 않은 상황에서〕 EP가 없으면 직장 끝나면 바로 가는 거 아냐? PR도 5년 장기 비자란 말이야. 일이 없으면 그냥 가는 거라고. 시민권이 되어야 되는데 한국 시민권을 포기할 정도로 싱가폴이 매력이 있냐고. 불안하지. 여기서 살려면 일단 영어도 잘해야 되지만 중국말도 알아야지. 다르다고. 일단 … 주재원이 아니고 이민자로서 살아남아서 할 수 있는 게 많지가 않아요(60대, 남성, 교수, R씨).

A씨나 R씨와 대조적으로 싱가포르인과 결혼한 후 싱가포르 PR을 받은 지 20년 이상이 지난 H씨는 5년 단위로 PR을 계속 갱신만 하지 싱가포르 시민권은 획득하지 않고 있다. 싱가포르인 남편과 살면서, 또 여생을 싱가포르에서 살 계획을 가졌음에도 여전히 감정적 중요성이 있는 한국 시민권의 의미에 대해 다음과 같이 말한다.

저는 한국 국적을 버리고 싶지 않아요. 이 작은 도시국가에서 한국 국적을 버리면서까지 〔시민권을 받고 싶지 않아요〕. 〔저는 싱가포르 시민권을〕 일부러 안 받았어요. 〔한국인 중에서〕 부모가 시민권이 있으면 자녀가 좋은 학교 가고 그런 거 때문에 바꾼 경우가 있어요. 봤거든요. 저는 그것보다는 내 한국 국적을 버리면서까지 싱가폴에 그만큼 메리트(*merit*)가 있나? 제가 PR 갖고 있으면 선거만 못해요. 다른 건 크게 불편함이 없어요. 한국 〔방문하러 입국할〕 때 '내 나라'예요.
　굳이 한국 국적 버리면서 시민권을 받아서 뭐 해요? 일부는 그러는 거예요. '한국에 안 알리면 된다'는 거예요. 이중 국적 가지고 그렇게까지 시민권 받아서 뭘 할 거냐 싶어서. 그리고 남편과 저 같은 경우에는, 한국 사람이 〔부부가 모두〕 한국 국적이면서 PR이면 여기에 인컴(*income*)이 있어야 되고 어떤 디테일한 것이 있어야 PR 연장이 되는데, 저 같은 경우 이혼만 안 하면 남편이 〔싱가포르〕 시민권이 있고 〔저는〕 결혼으로 PR을 받은 케이스이기 때문에 저는 〔싱가포르 정부 입장에서는 싱가포르 시민권을〕 안 줄 이유가 없어요. 그런 문제는 〔PR이〕 자동 연장되니까 굳이 〔국적을〕 바꾼다는 생각은 안 해봤어요. 지금도요(50대, 여성, 국제결혼, H씨).

시민권을 대하는 감정의 단면을 중시하면서 동시에 한인 정체성을 굳게 유지하는 H씨와 달리 20대 국제결혼 여성인 K씨는 본인의 정체성에 대한 생각이 혼종적이다. K씨는 미국에서 몇 년간 조기유학을 하다가 싱가포르 대학을 졸업한 후 글로벌 기업에서 일하면서 같은 글로벌 회계회사 동료로서 알게 된 현재의 남편인 싱가포르인과 결혼했다. K씨는 본인의 정체성에 대해서 다음과 같이 말한다. 저자도 아래에서 그녀가 말하듯 K씨와 비슷한 정체성을 느끼는 글로벌 한인들이 정말 많이 늘어나고 있다고 본다.

〔어느 사람의 문화도 완벽히〕 이해를 할 수 없거든요. 그래서 저랑 비슷한 사람이 저처럼 미국에서 살다가 싱가폴에 와서 저처럼 일하던 사람들이면, 그러면 많이 비슷하다고 느끼는데요. 그전까지는 한국 사람들하고도 70% 정도, 싱가폴 애들하고도 70%, 서양 애들과도 70%, 이렇게 비슷한 점을 느꼈어요. 특히 대학 입학할 때쯤, 고등학교 졸업할 때쯤 엄청나게 자괴감을 느꼈었죠. 왜냐하면 저는 어디 사람인지 모르겠으니까. 이게 너무 왔다 갔다를 많이 해서 그런 것도 있고, 어렸을 때 〔오래 해외〕 나가서 그런 것도 있는데요. 점점 더 많은 사람들이 〔저처럼〕 그러겠죠? 이런 사람들이 느니까.

근데 저는 어느 나라 사람이냐 소속하기(*belonging*) 어려워요. "어디 사람이냐?" 물어보면 "한국인이야" 대답해요. 여권은 한국인이니까. 근데 말해 보면 "너는 한국인같이 생기지도 않고 한국인처럼 얘기도 안 해" 그런 얘기를 많이 들어요. 그러면 저는 "그래" 그러죠. "미국에 살았니?" 물어보는 사람이 너무 많고요. "살았어" 그러면 "그런 것 같아. 근데 넌 싱가폴 사네?" 이렇게 되는 거예요. "근데 남편은 싱가포리안이야" 그러면 "너는 도대체 뭐야?" 이런 질문〔을 받아요〕.

처음에는 너무 상처받았는데, 지금은 어쩔 수 없다고, 내가 선택한 길이니까. '그거에 대한 장점이 있듯이 단점은 이런 것들이 있구나' 〔생각해요〕. 그래서 제가 완벽하게 싱가포리안들이랑만 지낼 수 없기 때문에 그런 부족함은 교회에서 한국분들을 만나면서 채우죠. 왜냐하면 다른 데서는 볼일이 별로 없거든요. ○○○〔글로벌 기업 이름〕 다닐 때도 좋게 모여서 봤는데, 더 이상 그렇게 한국인을 만날 수 있는 기회는 많지 않으니까. 그런 면에서 어쩔 수 없이 그렇게 유지하게 되더라고요(20대, 여성, 국제결혼, K씨).

다른 한편으로 싱가포르에서 상당한 시간을 보낸 중장년층의 경우, 이 책의 2장과 3장에서 살펴본 바와 같이 싱가포르 사회는 일의 영역에서 치열하게 살아야 하는 곳이다. 게다가 사회복지 제도의 측면에서 싱가포르는 자유방임형에 가깝다. 따라서 이민자들은 노후에 복지적인 면에서 개인 부담이 크다는 점과, 물가와 주택 가격이 높아서 '돈이 많이 드는 〔살기〕 어려운 사회'라는 인식을 공유한다. 싱가포르 시민권자이면서 사업을 하는 E씨는 이렇게 말한다.

여기서 사는 것은 〔생각만큼〕 환상적이지 않습니다. 정말 치열하게 살아요. 여기서 사업하는 분들〔은 특히〕. 직장인들은 주재원들이라고 하죠. 주재원들은 선택받아서 오는 사람들이기 때문에 그게 그런 건 없지만, 여기서 자기 사업을 하는 사람들은 치열하게 산다고 보시면 돼요(50대, 한국 대기업 주재원 경험 후 사업, E씨).

글로벌 기업 전문직인 남편과 함께 싱가포르에 사는 B씨는, 4년 남짓한 싱가포르 생활 중에 보건제도와 빈부격차 문제를 마주하며 서구의 선진 복지국가와 다른 싱가포르의 단면을 이민자로서 느꼈다.

> 저희는 이방인이니까 삶이 되게 불편한 게 많은 것 같아요. 저희 주변에 있는 분들도 갑자기 아프거나 이러면 정말 생각지도 못하게 천문학적인 돈이 들어가요. 애 병원비나 이런 게 들어가기 때문에 '살기가 그렇게 되게 좋은 나라는 아니구나'라는 생각이 들고요. 또 빈부격차도 일단 되게 심한 것 같아요(40대, 여성, 글로벌 기업 주재원 아내, B씨).

글로벌 기업 전문직으로 근무하는 영주권자 한인 여성 L씨는 본인의 커리어에 대한 고려와 함께 싱가포르에서 자녀 교육도 시키고 싶은 마음에 남편과 함께 이주해왔다. 싱가포르 이주 결정과 현재의 삶에 대해 고민도 많지만 일, 생활, 자녀 교육의 근거지를 한 번 이동한 이상 점점 더 깊이 싱가포르 사회에 배태되는 자신을 깨닫는다.

> 저는 마음이 계속 바뀌고 있어요. 처음엔 '너무 잘 왔다', 중간쯤엔 '내가 너무 철이 없었구나', 다시 한국으로 가서 사는 게 〔좋겠다〕. 가족도 있고 나의 삶의 베이스가 한국에 있으니까…. 지금은 다시 긍정적으로 돌아가고 있는데, 모르겠어요.
>
> 하지만 단순히 아이 교육 때문에 나와서 사시려는 분들이 질문 주시는 경우가 많아요. 이렇게 나가서 살려고 하는데 싱가폴이 좋다고 한다. 트렌드라는 게 있잖아요. 그런 분들은 말리고 싶어요. 물론 돈이 엄청 많아서 와이프랑 아이들만 보내고 잘 지내시는 분들 많아요. 그런 경우도 있지만, 저와 비슷한 상황인데 와서 "아이를 유학을 시키고 어쩌고, 한국의 공기도 안 좋고", 약간

장기 플랜 없이 그렇게 오시려는 분들은 말리고 싶어요.

저희는 〔이제 약간〕 발을 점점 뺄 수 없는 상황이 돼 가는 거예요. 여기 묶여 있는 대출이 점점 많아지면서, 집도 엮여 있고, 차도 엮여 있죠. 〔여기가〕 삶의 터전이 점점 〔되고 있어요〕. 자의든 타의든(30대 후반, 여성, 글로벌 기업 근무, 영주권자, L씨).

싱가포르에서 20년 이상 거주했고, 싱가포르 PR 혹은 시민권을 이미 취득한 중장년층의 향후 노년 계획은 어떠할까? 여기서는 중년층을 중심으로 살펴보겠다. 아마도 서구 국가에서 시민권을 보유한 이민 세대와 이들의 큰 차이는 시민권을 받은 싱가포르에서 향후 남은 노년을 보내겠다는 확신 대신 유동적이거나 초국적인 노년기를 보내려고 계획하는 경우가 많다는 점일 것이다.

인터뷰 당시 40대 후반으로 몇 년 전 싱가포르 시민권을 취득한 S씨의 경우, 노년기를 동남아 지역에서 보내겠다는 계획은 확실하지만 그것이 반드시 싱가포르일 필요는 없다고 생각한다.

사실 여기 살고 있는 사람들은 많이 비슷해요. 왜냐하면 이게 어떻게 보면 '뭐도 먹어 본 놈이 먹는다'고 싱가폴이나 동남아에 살아 본 우리이기 때문에 은퇴는 여기에서 해야겠다는 생각들을 〔하고〕, 그리고 좀 디테일하게 계획 세우면서 할 수 있는 거지. 동남아 가끔 놀러온 사람들은 마냥 생각만 있지, 그거를 실천에 옮기려면 그 나이 되어 무서워서 못 옮기는 경우가 많죠. 지금 우리는 무서울 거는 없죠. 오히려 한국이 무섭지, 거기 가면은.

싱가폴에 집만 있으면 가능해요. 싱가폴은 집이 너무 비싸거든요. 사실 싱가폴에서는 집 빼면 애들 키우지 않으면, 그때는 애들 다 컸으니까, 먹는 거는 푸드코트 가면 돼요. 그런데 내가 골프 칠 거냐, 차를 누릴 거냐 이거에 따라 틀릴 수 있기 때문에 〔싱가포르에서 코즈웨이(*causeway*)[9] 다리 건너편에 있는 말레이시아의〕 JB[10]에 사는 게 낫지 않을까. JB에 있는 집을 팔고 태국에 가서 살아도 되고. 저는 태국을 되게 좋아하거든요. 싱가폴에서 굳이 살아야겠다는 생각은 전혀 없어요.

마음 같아서는 65세까지 〔일〕해야 될 거 같기는 한데, 그런데 이게 ○○○ 업종이 그렇게까지 못해요, 힘들어서 … . 그래서 진짜 맥스로 60세를 보고 있는 거예요. 맥스 60세 보고 그냥 한국에서 7, 8개월, 8개월 정도, 그리고 여기 싱가폴이 되었든 JB가 되었든 동남아에서 4, 5개월 살면서 지내고. 대신 싱가폴, 동남아에서 4, 5개월 있을 때는 친구들도 와서 내 집에 있으라 하면 되니까 놀러도 같이 오고 그런 거죠. 그때 되면 한 달에 싱가폴 돈으로 8,000달러이니까 한국 돈으로 650만 원 정도, 그 정도로는 한 달에 나오게끔 어떤 패키지〔노후의 소득 계획〕를 짜 놔야 돼요. 그게 목표죠(40대 후반, 남성, 글로벌 기업 출신 자영업, 싱가포르 시민권자, S씨).

또 다른 40대 후반의 싱가포르 시민권자 I씨는 글로벌 기업에서 근무한다. I씨는 과거와 같이 같은 국가 혹은 배경을 공유하는 것에 기반한 소속감과는 다른 종류의 소속감이 등장하고 있음을 보여 준다. 특히 글로벌 도시인 싱가포르에서, 글로벌 기업 전문직으로 종사하는 한인이 자신의 회사에서 일상적으로 하는 작은 '글로벌 팀원들로 구성된 조직

---

9 싱가포르와 말레이시아를 연결하는 도로를 의미한다.

10 조호바루(Johor Bahru)를 싱가포르에서는 흔히 JB로 줄여서 부른다.

에서의 경험'은 '소속감'의 차원과 본질에 대해 완전히 다른 생각을 하는 계기가 되었다. I씨의 비유에 따르면, "온라인 게임에 참여하며 한 팀이 되는 것"과도 비슷하다고 생각한다.

> 중요한 건 이제는 그게, 글로벌 사회가 돼서 옛날에 비해서는 소속감, 국가적인 소속감 이런 것들이 많이 와해된 것 같아요. 쉽게 직장 안에서도 한국인들, 옛날처럼 주재원으로 온 게 아니고 혼자 독립적으로 한국과 똑같은 조건으로 직장을 찾는 젊은 사람들도 많이 보이고. 이제는 정말 글로벌 사회, 국가라는 개념이 내가 사는 데 편리하기 위해서 있는 〔정도죠〕. 옛날처럼 '애국심을 호소하면서 뭘 하자' 그건 아주 옛날 얘기가 된 것 같고. 월드컵 같은 걸 하면 국가적인 게 나오긴 하지만 내가 먹고사는 데 있어 영향을 별로 안 〔미쳐요〕. 내 개인으로, 나라는 사람 개인 자체로 어디 가서 보여 주고, 그걸로 명함이 되는 거죠.
>
> 그게 점점 더 심해집니다. SNS라든지 인터넷이 발달하면서 국가와 관계없이 서로 관심 있는 사람들이 금방 모이잖아요. 버추얼(*virtual*)하게, 테크(*tech*)도 그렇고. 우리 애들 게임하는 것만 봐도 자기 팀 〔짤〕 때 "누구냐?" 〔물으면〕 모른대. "오만 나라에서 다 와서 같은 팀으로 게임하는 거야" 그런 개념이죠. 직장에서도 그런 걸 느끼고 있습니다. 직장에서 보면 섞여서. 제 뒤에 프랑스 사람, 물론 싱가포리안이 제일 많긴 하지만 유럽, 동남아 〔사람도 있죠〕(40대 후반, 남성, 글로벌 기업, 시민권자, I씨).

지금까지 살펴본 중장년층 1세대 한인 이민자의 경우, 일관된 방식의 소속감이나 현지 시민권 취득 경향이 아니라, 비슷한 연배더라도 싱가포르 PR이나 시민권에 대해 매우 다양한, 때로는 대조적인 태도를 갖고 있었다. 이들의 경험은 단순히 일반화할 수 있는 것은 아니라고 볼 수 있다. 오히려 일반화하기 어려운 수준의 다양성을 띤다는 것이 더 맞는 말인 듯하다.

싱가포르인과 국제결혼을 한 경우에도 한국에 대한 감정적 소속감을 더 중시하여 한국 국적을 유지하는 H씨와 이와 사뭇 다르게 '어디에 소속되었는지 스스로 질문하는' K씨의 사례가 대표적이다. 글로벌 기업에서 일상적으로 다국적·다인종 동료와 일하며 시민권을 취득한 I씨는 개인 혹은 가족 단위로 이주해온 글로벌 기업 전문직들의 성향과 변화하는 세계의 경향을 반영한 것이라 볼 수도 있다. 하지만 K씨와 비슷하게 글로벌화된 세상에서 하나의 소속감을 넘어서는 생각을 갖고 실천한다고 해석할 수도 있다. 싱가포르에서 본인의 노동 가능 연령기의 거의 전부를 보내더라도 PR도 갖지 않거나, 반대로 비슷한 상황에서 싱가포르 시민권을 취득했지만 노후 거주국으로 싱가포르가 아닌 다른 동남아 국가를 진지하게 생각하는 경우도 마찬가지다.

이러한 공통점은 세계화 시기 트랜스내셔널한 삶을 현재와 미래, 두 시점 모두에서 실천하거나 실천을 계획하는 싱가포르 이민 1세대 한인의 특성을 잘 보여 준다.

3. 싱가포르에서 자란 2세대 자녀 세대의 교육과 정체성: 부모 세대의 시각에서

이제 2세대 한인의 정체성에 대한 논의에 본격적으로 들어가 보자. 먼저 이민 2세대인 자녀들의 정체성에 대한 노장년층 주재원 출신 기업가의 시각과 경험을 살펴보겠다.

D씨(70대, 영주권자)는 건설 관련 개인 사업체를 운영한다. 자녀가 둘인데, 한 명은 미국에서, 다른 한 명은 서울에서 거주한다. D씨는 1980년대 초중반에 싱가포르로 건너와 30년 넘게 살고 있다. 싱가포르에 오기 전에 중동에서 4년간 근무한 경험이 있다. 미국에서 거주하는 첫째 아들(40대)은 스탠퍼드대에서 박사학위를 받고 전공을 살려 해당 분야에서 세계 1, 2위를 다투는 미국계 대기업 임원으로 일한다. 둘째 아들(40대)은 서울에서 대학을 졸업하고 일하며 살고 있다. D씨는 자녀와는 세대 차이를 느끼지만, 본인과 자녀 간 차이를 인정하고 존중하는 선택을 한다.

D씨의 두 자녀는 한 살 차이로, 두 명 모두 초등학교는 싱가포르에서 영국계 국제학교를 다녔다. 큰아들은 중고등학교까지 싱가포르에서 다닌 후 미국으로 유학을 떠났다. 초등학교 졸업 후 한국으로 귀국하기를 원해서 한국의 처남 집에 맡겼던 작은아들은 중고등학교를 한국에서 다닌 후 한국에서 자리를 잡았다.

D씨는 "하나는 한국에서, 하나는 외국에서" 자녀를 키웠다. 본인과 자녀들은 정서가 다르다고 생각했고, 이를 존중했다. 정서가 다른 이유는, 본인은 기본적으로 한국 정서, 즉 한국을 떠났던 1980년대 당시 정

서를 그대로 가졌는데 자녀 세대는 오픈 마인드이기 때문이라고 설명했다. D씨는 두 아들의 정체성과 한국어 구사력에 대해 다음과 말했다.

〔둘째 아들은〕 전혀 문제가 없죠. 처음에 서울 국내 교육에서는 초등학교 과정이, 한국 교육이 스킵(*skip*)된 거야. 여기서 영국계 〔국제학교를〕 다녔어요. 초등학교 과정을. 그러니까 초등학교 과정을 한국 교육 안 받고 〔한국의〕 중학교를 직접 들어간 케이스에요. … 지가 극복해서 중고등학교, 대학교까지 서울에서 졸업했어요. 내가 볼 때는 스트레스도 많이 받고 고생도 했겠지만 열심히 잘해 줬다고 생각해요. 중학교 때 한번 서울 들어가 담임교사하고 상담해 보니까 의아해하며 이해를 못 하더라고요. "왜 데리고 들어왔냐? 요즘 나가서 안 온다고 해서 난리인데 왜 들여보냈느냐?" 저 친구〔둘째 아들〕는 확고했어요. 자기가 한국에서 그런 면에서 잘해 준 거 같아요.

〔첫째 아들은〕 초등학교 1, 2학년을 서울에서 다니다가 나왔어요. 그리고 초등학교 〔과정을〕 여기서 졸업하고, 계속 영어 스쿨 다니다가 미국으로 간 케이스이지, 한국 정서가 결여된 친구죠. 미국에 계속 있으니까. 〔한국어는〕 잘해요. 걔는 그런 면에서는 지금 미국에 간 지도 벌써 15년, 꽤 오래되었고 여기서 교육과정도 영어로 받았어요. 그러면서도 한국말, 한국 발음을 정확히 합니다.

〔두 아이가 비슷한 상황이었는데 다른 이유는〕 … 그게 이유가 될지 모르겠지만, 〔첫째는〕 여기서 아메리칸 스쿨 다녔으니까 언어에 지장이 없고 미국 시스템의 영어에 익숙한 거 같아요. 학부 때도 서울에서 온 학생들, 친구들을 만나서 걔들 문제점, 학교 문제를 다 컨설팅하고 돌아다니면서 해결해 준 거 같아요. 그러면서 서울에서 온 유학생들하고 어울린 거 같아요. 그러니까 거기서 언어 문제는 그렇게 해결되었어요. … 걔들도 원했고 자기도 반가워서 계속

> 그렇게 어울리다 보니까 언어가 그대로 유지되었을 거예요. 그때 서울 정서를 많이 접했고 현재 한국 정서를 그나마 유지하는 원인이 되었다고 봅니다(70대, 영주권자, D씨).

두 명 이상의 자녀가 2개국 이상의 다른 국가에서 거주하는 경우는 주재원 경험이 있으면서 사업을 해온 장년층의 한인에게는 매우 흔하다. 주류층에 해당하는 한인 장년층은 자녀가 두 명 이상일 경우 그 자녀 모두가 싱가포르에만 거주하는 것이 오히려 더 드물게 여겨질 정도이다. 달리 말하면, 핵가족 단위에서 가족 구성원이 두 나라 혹은 세 나라에서 사는 경우가 많은 것은 싱가포르 한인사회의 중산층 이상에서 쉽게 볼 수 있는 특징이다.

노장년층의 자녀인 2세대 한인과 중장년층의 자녀인 2세대 한인 간에는 한인 정체성을 강조할 수 있는 싱가포르의 사회적 환경과 싱가포르 한인사회의 환경, 두 측면에서 주목할 만한 차이가 존재한다.

첫째, 2000년대 이후 싱가포르를 포함한 동남아시아 국가를 강타한 한류는 싱가포르 한인사회의 어린 자녀층이 한국과 한국인으로서 자부심을 갖는 계기가 되었다. 뿐만 아니라 싱가포르인들 역시 싱가포르 한인들에게 매우 호의적이고 긍정적인 인식을 갖는 계기가 되었다. 노장년층의 자녀인 2세대 한인은 한류의 영향 이전에 싱가포르에서 교육과정을 마친 세대로, 이들은 영어 사용과 국제학교 선호를 통해 이러한 차이가 존재하도록 했다.

둘째, 한류의 영향이 한국인으로서의 자부심과 한국인에 대한 긍정적 인식의 측면에서 좋은 영향을 미쳤지만, 이와 별도로 더 싱가포르적인 영향을 받는 맥락도 존재한다. 1990년대 후반부터 주재원 출신들의 싱가포르 영주화, 2000년대 들어 조기유학생 가족 한인들의 대규모 유입과 그중 일부의 싱가포르 정주화가 강화되었다. 이들 중 상당수는 당시 학비가 매우 저렴하지만, 학업 능력이 우수할 경우 양질의 수월성 교육을 받을 수 있는 싱가포르 공립 교육을 선택했다. 그로 인해 한국인으로서의 자부심과 별도로 싱가포르 학교에서 더 나은 학업성과를 도모하기 위해 한국인 친구들과 어울리는 것을 최소화하면서 싱가포르인 동급생 친구 네트워크를 중심으로 사회화하는 것을 선택한 경우가 많았다.

이에 따라 국제학교의 한인 자녀들은 학교에서 공식 언어로 영어를 사용하지만, 집에서나 또래집단, 한인 모임과 단체(종교 단체 등)에서는 주로 한국어를 사용했다. 비싱가포르 글로벌 교육과정, 영어 중심 교육을 받으며 청소년기에는 국제학교의 한국인 친구와 어울렸다. 가정 내에서는 한국어를 주로 구사하며 교회 등 종교기관의 한국인 친구와 교제하면서 한국인으로서의 정체성이 강화되었다. 다중적이고 다면적이며 동시에 복합적인 정체성 형성의 사회적 맥락 속에서 성장하는 것이다.

셋째, 한국인으로서의 정체성과 관련해, 싱가포르에 장기간 거주한 한인 청소년층 중에서 한국어 구사를 당연시하면서 할 줄 알아야 한다고 여기는 그룹과 그렇지 않은 그룹이 존재한다는 점은 주목할 만하다.

20년 이상 싱가포르에 거주하면서 두 자녀 모두가 초·중등 전 교육과정을 싱가포르에서 마친 I씨는 본인 자녀 주위 한국인 친구들에 대해 다음과 같이 말한다.

두 그룹이에요. 〔한국말로〕 하는 애도 있고, 영어로 하는 애도 있는데, 한국 애들끼리도 영어를 하는 애들은 왕따 비슷하게, 한국말 못하냐, 무시하는 〔듯해요〕(40대 후반, 남성, 글로벌 기업 근무, I씨).

세 번째 맥락 아래에서 한인, 글로벌, 혹은 싱가포르 정체성 형성의 기초 환경이 되는 국제학교와 싱가포르 공립학교 재학의 경험에 대해 좀 더 구체적으로 살펴보자.

두 자녀 모두를 국제학교에서 공부시킨 글로벌 기업 전문직 I씨는 본인 자녀가 한국인으로서의 정체성, 한국 문화의 선호, 한국어 구사에서 비교적 강한 한인 정체성을 가질 수 있었던 이유에 대해 이렇게 말한다.

둘째는 청소년, 사춘기라서 그런지 모르겠는데, 생각이 많이 바뀌었어요. 처음에 어릴 적만 해도 한국에 별로 관심도 없고, 그냥 우리가 한국, 한국, TV도 한국 프로그램 〔하더라도〕, 자기는 다른 거 보고, 그러던 애가 작년인가 재작년부터 갑자기 한국을 좋아하더라고요(40대 후반, 남성, 글로벌 기업 근무, I씨).

물론 같은 형제자매 중에서도 개인차가 존재하는데, 사실 그 이유를 정확히 설명하기 어렵다.

글로벌 기업에 근무하는 M씨는 첫째와 둘째 자녀는 국제학교에 보냈고, 나이 차이가 많이 나는 셋째는 초등학교 과정을 싱가포르의 한국국제학교[11]에 보냈다. 그는 세 자녀 간의 차이에 대해 다음과 같이 말한다.

---

11 한국 정부와 싱가포르한인회가 협력하여 한국 교과과정과 국제화 프로그램을 갖추었다. 싱가포르한국국제학교(2023). "학생 현황." http://www.skis.kr(검색일: 2023. 2. 1).

〔첫째는〕 미국, 서양 애들이 보는 걸 더 좋아하고 〔하다가〕, 오히려 자기 친구들이 K-팝, K-드라마를 더 많이 알고 "너도 아냐?" 그러면 자기는 별 관심 없다고. 한국 사람이란 정체성, 자기가 한국 사람이라는 건 인지하지만 그렇게 좋아하지 않는 것 같아요. 둘째 애부터는. 셋째는 여기 싱가폴에서 태어났으니까. 일본 갔다가 여기 다시 왔고, 돌아와서 한국 학교 보냈어요. 한국말을 배워야 될 것 같아서(50대, 남성, 글로벌 금융 전문직, M씨).

E씨는 한국 대기업 주재원으로 파견 근무하는 것으로 싱가포르 생활을 시작했지만, 앞서 2장에서 살펴보았듯이 자녀 학비가 전액 지원되지 않는 건설업에 종사했다. 현재 E씨는 본인의 사업을 하면서 싱가포르 영주권을 보유한 상태이다. 처음에는 두 자녀를 싱가포르 공립학교에 보냈다가 본인이 사업을 시작한 이후에는 둘째를 국제학교로 전학시켰다. E씨는 이러한 교육 여건 제공에 대해 다음과 같이 말한다.

큰애도 〔공부를〕 잘한 것 같고, 큰애에 맞게. 미안하긴 한데. 그렇다고 국제학교 간 게 무조건 좋은 건 아니고. 큰애는 공부를 잘해 줬기 때문에 계속 현지 학교에서 잘했고, 그 덕에 호주〔의 약대에〕 가서도 한 번도 유급 안 하고 잘했던 것 같아요. 둘째는 공부를 잘 안 하고 그랬는데, 현지 학교를 계속 보냈으면 루저(*loser*)가 될 가능성도 있겠다 싶어서 〔차후에 국제학교로 전학시켰는데 …〕 지금까지 해온 건 〔아버지로서〕 최선이지 않았겠는가 생각해 봅니다(50대, 남성, 한국 대기업 주재원 출신 사업가, 영주권자, E씨).

E씨의 두 자녀는 모두 한국인으로서의 정체성이 강하고 한국어 능력

은 상당한 수준이지만, 둘 사이에는 차이가 존재한다.

> 큰애는 당연히 한국인이라고 느끼고, 둘째는 국제학교를 보내 봤더니 한국 친구도 별로 없고 영어가 편한 것 같고 한국말도 잘해요. 근데 딸하고 비교해 보면 지 누나에 비해 정체성은 떨어지는 것 같고. 군대까지 싱가포르에서 나왔기 때문에. 그리고 〔싱가포르〕 국적으로 바꾸는 것에 대해서 크게 〔거부감도〕 없고(50대, 남성, 한국 대기업 주재원 출신 사업가, 영주권자, E씨).

자녀 정체성과 관련하여 주목할 또 다른 쟁점은 한국인으로서의 자부심과 정체성 유지는 청소년기 이후 싱가포르 시민권을 취득하더라도 중요한 이슈로서 본인의 정체성 형성에 핵심을 이룬다는 점이다.

I씨의 경우 앞 절에서 살펴보았던 노년층의 G씨가 자녀의 정체성에 대해 "한국어를 구사하는 부모를 둔 세계인"이라고 정의한 것과 대비적으로 "패스포트만 싱가포르인인 한국 사람"이라고 표현한다.

> 〔패스포트만 싱가포르인인 한국 사람〕. 똑같은 질문을 둘째가 나한테 많이 했어. "아빠, 나 싱가폴 여권 가지고 있지만 싱가폴 사람들이 나를 한국 사람으로 보는 거 맞지?" "맞아"(40대 후반, 남성, 글로벌 기업 근무, I씨).

2세대 정체성과 관련하여 주목할 또 다른 점은 앞서 살펴본 싱가포르 영주권자와 시민권자의 경우와 달리, 싱가포르 영주권을 취득한 경험이 없고 한국 기업 주재원으로 거주해온 1세대 한인의 자녀 2세대 한인들이 싱가포르 혹은 탈한국 정체성을 갖는 경우가 많이 관찰된다는 점이다.

그간 3년 6개월간 싱가포르에서 거주한 30대 T씨의 자녀와 한국 기업 주재원으로 싱가포르에서 10년간 살아온 U씨의 경우가 대표적이다. T씨는 남편의 회사에서 교육비 지원이 나오기 때문에 자녀를 국제학교에 보냈다. U씨의 남편은 한국 굴지의 대기업에 근무해왔지만 국제학교 학비 지원이 안 되는 건설회사이기 때문에 두 자녀를 싱가포르 공립학교에 보냈다. 사실 T씨나 U씨와 유사한 경험을 한 사례는 적지 않다. T씨는 한국 국적에 싱가포르 영주권도 없지만, 싱가포르인이 되고 싶다는 자녀와 씨름을 한다.

〔아이 스스로〕 "나는 싱가포리안이 되고 싶다"고 얘기하고 그러니까 저희는 얘기하죠. "너는 한국 사람이야." 한국에 대한 자부심을 가지〔라고요〕. "한국에는 김치도 있고, 외국 애들 김치 얼마나 좋아하니? 너가 한국 사람으로서 알려줘야 되는데." 왜 그런 거를 부끄러워하는 것도 아닌 거 같고 잘 모르겠어요(30대, 여성, 한국 기업 주재원 아내, T씨).

남편이 지난 10년간 한국 대기업 건설업 주재원으로 일해온 U씨는 첫째 자녀를 싱가포르 공립학교에서 한국국제학교로 전학시키고 이후 한국 대학으로 진학시켰다. 그 중요한 이유로 자녀가 공립학교에 재학하며 싱가포르인으로서 자기 정체성을 확립하는 데 대한 우려도 한몫했다.

예를 들자면 〔아이와 학교가〕 안 맞았는데, 제 아이가 한국국제학교로 옮기고 나니까 〔아이〕랑 맞는 거예요. 제가 제 아이는 한국 애지만 제 아이가 사는 그 문화와 환경은 〔싱가포르〕 아이들을 만나는 거였잖아요. 이거를 제가 이해를 못 했었던 것 같아요. 아이가 한국국제학교로 옮기고 나니까 정서가 얘가 한국적인 아이들을 만나고 다 한국 사람이 되니까 저랑 맞는 거예요. '아 이거였구나, 내가 이해해 주지 못한 부분이구나'라는 거를 그때 알게 되었고요.

작은아이가 로컬 학교를 다니니까 많이 이해하려고 노력해 줬던 부분이 있었어요. 작은아이는 초등학교 때 왔기 때문에 〔첫째 아이〕처럼 한국에 대한 어떤 생각이 없다고 했잖아요. 그게 뭐냐면 저희 아이가 그러더라고요 "자기는 한국도 외국"이라고. 그리고 자기의 "모국어〔로 여기는〕 영어가 더 편하다"고 표현했고요. 그다음에 싱가폴 〔공립학교〕에서 제 아이한테 어떤 정신적 세뇌를 시키는지 모르겠지만 본인이 싱가포리안이라고 생각해요. 제가 섬뜩섬뜩했어요. 그래서 "너는 한국 애야" 그러면 "아, 나 한국 애지" 우리 아이가 그랬어요.

그게 지금 대학교에 가서도 똑같이 이야기하네요. "나는 우리나라 애들하고 어울려" 해서 "우리나라 애들 누구?" 그랬더니 "싱가폴 애들" 이렇게 얘기하는 거예요. 정신적인 교육이 있는 것 같아요. 로컬 학교에서(50대, 여성, 한국 대기업 주재원 아내, 첫째 자녀는 한국 대학 진학, 둘째 자녀는 영국 대학 진학, U씨).

V씨는 U씨와 거의 비슷한 상황이다. V씨의 자녀들은 싱가포르에서 초등교육 후반과 중등교육 전 과정을 마치면서 한국인으로서의 정체성보다 글로벌 정체성 내지 싱가포르 정체성이 강화되었다. 이에 따라 V씨는 자녀의 현재 정체성에 맞는 방식의 부모 노릇(*parenting*)과 부모로서의 가이드를 해야 할 필요성을 절감한다.

애들 자체가 외국 생활을 7년 넘게 하니까 아이들한테 물어봤어요. "너희들은 한국에 들어가서 살아야 된다고 생각하니?" "아니, 세계 어느 나라 가서 살아도 아무 상관이 없"대요. 영어가 자유롭기 때문에 "세계 어느 나라 가서 일해도 상관없"대요. 그렇기 때문에 한국 국적을 가지고 있을 필요는 없다고 생각해요.

사실 국적이라는 게 중요하지 않다고 생각해요. 한국인이라는 거는 알고 있어야 한다, 정체성은 가지고 있어야 한다고 생각하지만, 그게 어떤 제도적인 거에 인생을 얽매일 필요는 없다고 생각하거든요. 저희 남편이나 저나. 그렇기 때문에 저희 아이들에게 맞는 환경을 주려고 하는 게 가장 중요한 포인트였죠.

아이들이 지금까지 싱가폴 생활을 했는데 싱가폴에서도 한국은 되게 무서운 사회거든요. 위험한 사회이고, 군대라는 곳이 폐쇄적이고 알려지지 않은 거 때문에 걱정이 많이 되죠. 그거에 대해 적응하겠지만 굉장히 힘들기 때문에 그 부분을 빼 주고 싶었던 거죠. 이스라엘은 전쟁 나면 간다지만 저희는 〔전쟁에〕 안 보내고 싶네요. 부모의 이기심이에요. 그거는 어쩔 수 없죠(40대, 여성, 한국 기업 주재원 아내, V씨).

싱가포르 영주권자나 시민권자인 경우든, 이러한 영주권 자격 없이 한국 대기업 주재원으로 일하는 가정 자녀의 경우든, 정체성에 있어 혼종적이며 여러 갈래의 다양한 경험을 하는 이유는 무엇일까? 이에 대해서는 더 체계적인 후속 연구가 필요하겠지만, 저자가 관찰하고 생각하는 바를 잠시 나누고 싶다.

이민사회로서 싱가포르는 미국, 호주, 캐나다 등의 이민국가의 맥락과 구분되는 사회적 배경이 중요한 맥락이 된다. 그래서 한인사회 유형화에서도 '전통적 이민국가형'으로 이들 국가를 꼽았다(Castles & Miller, 1993). 이들 국가는 '이민자'에 의해 근대에 만들어진 국가이며, 이에 따른 신규 이민 유입을 '조절'하는 수준의 정책 변화를 유지해왔다(이해경

외, 2016; Heisler, 2008; Castles & Miller, 1993). 이민한 국가(*host society*)에서 여전히 존재하는 차별이나 동화의 압력에 대해 이주자 개인과 이민 공동체 수준에서 선택적 동화, 분절적 동화로 대응하는 전략을 찾아볼 수 있다(Portes & Zhou, 1993). 다양한 이민 공동체에서 여러 구분되는 이러한 '전략'을 채택하는 것은 전통적 이민국가 및 '전통적 이민국가형 한인사회'에서도 발견할 수 있다.

뿐만 아니라 20세기 최후반에 이르기 전까지 세계의 이민은 '동화주의'의 영향이 계속 큰 영향을 미치고 있었다. 이민에 대해서 새로운 시각으로 연구하는 이론들은 1990년대 초중반에 등장했다(Portes & Zhou, 1993). 분절적 동화이론은 사회학에서 이민 연구의 패러다임 전환을 이루었다. 비슷한 시기 인류학자에 의해 제기된 트랜스내셔널리즘과 트랜스내셔널 이주자에 대한 연구는 다른 인류학자, 사회학자, 지리학자 등 사회과학계에 큰 호응을 얻으며, 2000년대 초반 이론적 논쟁이 이루어졌고(Portes, 2001), 그간 미국의 이민자를 중심으로 구성된 이민 이론과 유럽의 소수민족을 중심으로 연구된 이민자 민족집단 및 공동체 연구 전체에도 큰 영향을 미치며, 이주와 이민 이론의 전환을 이루었다(Portes & DeWind, 2007). 이러한 전환의 기초는 현장을 훑으며 이주자와 이주 공동체를 연구하는 학자들의 연구에서 기인했다는 것을 우리는 잊어서는 안 된다. 그 말은 '이주자'의 실제 실천하는 삶이 변화했고, 그 변화가 논문과 이론에 반영되었다고 보는 것이 논리적이고, 사실이기 때문이다.

동화와 압력에 대해 선택적 동화, 분절적 동화로 대응하는 20세기 후반에 들어서야 이주노동자와 이민자를 선택적으로 받아들인 아시아 국가들의 차이점을 인식할 필요가 있다. 아시아 국가의 이민 정책은 '개방적'인 경우가 거의 없다. 따라서, 이러한 국가로 이주하는 외국인 신분인 한인들이나 다른 국가 출신들도 '개방적' 이민을 기대하지 않고서 출발한다. 그러나, 싱가포르는 그간 선택적 이민정책을 채택하면서도 다문화・다인종 사회로서 글로벌 도시를 지향했음을 주의 깊게 고려할 필요가 있다.

싱가포르의 1세대 한인들은 한국에서 태어나 성인 시기에 이주한 경우가 대부분이라 스스로의 정체성과 관련해 한국어가 모국어인 것이나 한인 정체성 유지에 큰 의구심을 갖지 않는다. 그러나 영주권과 시민권을 취득한 초기의 한인 2세대의 경우 1세대인 부모들이 주재원으로 3~6년간 체류하는 것으로 알고 이주했기 때문에 자녀의 한국인 정체성에 대해 이민 초기에 특별한 고민이 없었다. 2세대 역시 당연히 한국인 정체성을 잘 유지할 것이며, 한국어도 귀국하면 곧 회복할 것으로 예상하고 영어 습득 중심의 교육 환경으로 보낸 경우가 많았다.

그러나 1세대 중 정착한 한인 다수는, 1세대 본인 부부의 주재원 생활이 길어지면서 자녀가 거의 대부분의 초・중등 교육과정을 싱가포르에서 보내게 되었다. 더불어 1세대 부모 역시 싱가포르 영주를 5년 혹은 10년을 보낸 후에야 결정하는 경우가 많았다. 장기적 관점에서 보면, 이민은 이미 왔지만 처음에는 본인 스스로를 '이민자'라고 간주하지 않았고, 실제로 영주하는 한인이 된 것은 싱가포르 생활을 최소 5년 이상 하고 PR을 신청한 후인 경우가 2000년대와 2010년대에 특히 많았기 때문이라고 추정된다. 즉, 이주 5~10년 후 이민자가 된 1세대 부모의 경험 속에서 2세대 자녀의 정체성 고민은 차후에 이루어진 경우가 많기 때문으로 보인다.

서구 이민국가와 다른 싱가포르의 이주 연구 학자들이 '이주자를 받아들이는 국가 사회의 중요한 맥락'이라고 설명하는 '이주자 수용 맥락'(*context of reception*)의 차이는 무엇일까? 이주자 수용 맥락은 이주자를 받아들이는 중요한 사회문화적 맥락을 의미한다. 이는 이민을 받아들이는 국가마다 차이가 날 수 있다. 같은 국가라고 하더라도, 특정 이민자 그룹(출신 국가, 인종, 학력, 사회경제적 배경 등)별로 상이할 수 있다.[12]

글로벌 기업 전문직으로서 싱가포르에서 오랫동안 거주했을 뿐만 아니라, 본인도 주재원 부모를 동반하여 미국에서 중등과정을 경험한 바 있는 50대 M씨는 본인이 경험한 미국과 싱가포르 사회의 이민자를 대하는 수용 맥락과 그 영향을 받을 수 있는 한인 공동체의 맥락에 대해 다음과 같이 말한다.[13]

> 한국 문화를 접할 수 있는 기회가 여기는 그나마 아시아권이기 때문에, 아시아권에서는 한류라든지 이런 거에 대한 붐이 많기 때문에 접할 수 있는 기회가 여기가 더 많지, 미국이나 영국에서는 문화적으로 한국 문화를 좋아하고 접할 만한 기회가 없을 것 같거든요.
>
> 그리고 걔네들(영국이나 미국 이민 2세대)은 이미 정체성이 미국에서 살았기 때문에 미국 사람으로 살 거다, 영국 사람으로 살 거다, 세팅이 되는데, 여기

---

12 한국의 예를 들면, 외국 국적을 가졌더라도, 한인 후손은 한인 후손이 아닌 외국 국적자와 달리 우대받는 비자를 신청할 수 있다. 한인 후손이라고 하더라도, 중국어를 구사하는 중국 국적인지, 일본어를 구사하는 일본 국적인지, 영어를 쓰는 미국 출신인지 혹은 영연방 국가 출신인지에 따라, 한국 사회에서 개인 혹은 사회적 수준에서 외국 국적의 한인 후손을 대하는 태도나 인식 그리고 이들을 받아들이거나 대하는 방식은 다른 것이 현실이다.

13 아래 심층 면접은 BTS 등이 글로벌 팬덤을 갖기 전인 2017~2018년에 수행되었음을 고려하길 바란다.

싱가폴은 싱가폴 사람으로 살지, 어떻게 살지 결정이 안 되는, 다 시민권을 받는 구조는 아닌 것 같거든요. 미국 가서 잘되면 미국에서도, 영국 가서 잘되면 영국에서도, 다시 한국 갈 수도 있는 거고. 아직 오픈됐기 때문에. 한국 문화의 정체성, 한국에 대한 자기 정체성은 계속 지켜 나가는 게 아닐까요(50대, 남성, 글로벌 기업 전문직, M씨)?

M씨의 관찰은 주목할 필요가 크다. 또한 아시아 국가인 싱가포르로 이민한 것, 전문직으로 이민한 것은 다른 서구 국가나 비전문직 이민자의 경험과 다른 맥락에서 이민을 경험한다는 것을 고려해야 한다. 싱가포르 정부는 전문직, 고학력자 등 싱가포르 경제와 사회에 도움이 될 만한 '선호되는 이민자'만 선택적으로 PR을 부여한다. 이후 영주권자가 시민권을 신청할 때 그간 개인의 수입, 세금 기타 사항을 심사하여 싱가포르 시민권을 부여한다. 아울러 영주권자 역시 단일국적 제도를 채택하는 싱가포르 국적을 신청할 것인지 고민 후에 신청하는 현지 한인의 시민권 관련 실제 실천의 또 다른 단면이 상호 조응하고 있음을 드러낸다.

70대 G씨는 싱가포르에서 자녀를 교육한 후 미국, 영국, 그리고 한국에 각각 학부 교육을 보냈다. 지금은 30대와 40대가 되어 미국, 일본, 싱가포르, 한국에 거주하는 네 자녀의 정체성에 대해 G씨는 다음과 같이 말한다.

저자: 한국말을 생각보다 못한다고 하셨는데 그러면 자녀분들과 어떤 언어로 소통하십니까?

G씨: 60%는 한국말이고 40%는 미국 말이에요.

저자: 영어를 쓰신다는 거예요? 사모님도 마찬가지세요?

G씨: 똑같죠.

저자: 사모님도 영어를 잘하시나요?

G씨: 안 하면 안 되는 거니까. 영어 안 하고 외국에서 어떻게 살아요? 다른 말은 못해도 영어는 해야죠.

저자: 둘째 자녀는 싱가폴인과 결혼했다고 말씀하셨는데, 첫째 자녀는요?

G씨: 걔는 〔한국 명문여대를〕 나왔어요. 일부러 시집 잘 가라고 한국으로 보냈는데, 걔는 완전히 안티 코리안(*anti-Korean*)이 돼서 결혼도 안 하고, 한국 사람은 무조건 싫대요.

저자: 왜 그렇대요?

G씨: 한국 사람은 싫대요. 특히 한국에 사는 한국 사람은 싫대요.
말이 안 된대, 말이 안 통한대요.

저자: 문화가 달라서요?

G씨: 문화가 다르대요.

위의 G씨의 경우는, 1980년대나 그 이전에 싱가포르 혹은 다른 아시아 국가에 이민하면서, 자녀가 이제는 30대 혹은 그 이상인 경우에서 쉽게 찾아볼 수 있는 사례이기도 하다. 해외 명문대학으로 진학시킬 수도 있는 딸을 일부러 한국 대학으로 진학시킨 경우도 그렇다. 뿐만 아니라 같은 한인 혈통이라고 해도 인생의 거의 전 기간을 해외에서 보낸 자녀가 한국에서만 살아온 한국인과 문화적 소통에 문제가 없다면 그것이 오히려 특이할 것이다. 앞에서 살펴본 K씨나 N씨의 이야기를 G씨의 딸의 이야기라고 가정해 보면, 가장 비슷할 것 같다. K씨와 N씨의 나이는 G씨의 딸과 그리 차이 나지 않는다.

싱가포르 한인 2세대들은 국제학교, 싱가포르 공립학교, 싱가포르한국국제학교 등 세 갈래의 초·중등 교육과정을 거친 후 학부나 대학원 교육은 어떠한 경로를 선택할까? 2000년대 초반까지 싱가포르 영주권자와 시민권자들에게 대학교육은 주로 싱가포르, 한국, 서구 국가로 대비되는 3개 선택지가 중심이었고, 주로 한국 혹은 서구 국가가 선택되었다.

그러나 2000년대 초반 이후부터 싱가포르 영주권자와 시민권자 중에서도 이 두 선택지 외에 싱가포르가 더 매력적인 선택지가 되는 경향이 있고, 한국 대학도 이에 못지않은 위상을 갖기 시작한다. 이는 싱가포르와 한국의 상대적 부상과 더불어, 미국 영주권 없이 미국 대학에 진학해도 변화한 경제 환경과 이민 환경에서 졸업 후 미국에서 선호하는 수준의 직장을 갖는 것이 쉽지 않아졌기 때문이다. 자녀의 나이가 조금 더 많은 한인 가족들의 현실 인식과 정보, 경험이 바로 그 아래 나이대 한인 자녀의 선택에도 영향을 미치는 "한 다리 건너면 다 아는" 싱가포르 한인 공동체의 특성도 반영된다.

결과적으로 되돌아보면, 이와 같은 자녀 세대의 글로벌 유학과 글로벌 취업에 대한 한인 공동체 수준의 인식과 정보 공유는 미국 대학 선호를 약화되게 다는 최근 10여 년간 싱가포르 한인 공동체의 집단적 경험에서도 그 이유를 찾을 수 있다.

아이비리그 대학을 포함한 사립대학의 학비를 감당할 수 있는 재정적 여건도 기본적으로 중요한 제약이다. 더불어 아시아 최고 수준 대학이란 위상이 각인된 싱가포르국립대를 비롯해 싱가포르 대학의 글로벌 위상이 높아졌다(Collins et al., 2017; Marginson, 2006; 2011; Marginson & van der Wende, 2007). 싱가포르 정부와 기업에서 싱가포르의 주요 국립대학 학부를 졸업한 청년층을 선호한다는 현실 인식 역시 공동체와 개인 수준에서 강해졌다. 그에 따라 대학 학비뿐만 아니라 취업 가능성도 동시에 고려하는 현실적이고 실용적인 선택이 더 보편화되는 것으로 보인다.

글로벌 기업에서 전문직으로 종사한 I씨의 경우 두 자녀 모두 싱가포르의 (영어권 명문) 국제학교에서 공부했다. 첫째 자녀는 최근 싱가포르의 국립대학 중 한 곳에 진학했다. 조만간 고등학교를 졸업하는 둘째 자녀는 부모의 경제적 상황을 감안하여 한국 명문대학 진학을 진지하게 고려하고 있다.

〔싱가포르에서〕 외국에 나가는 건 크게 두 가지잖아요. 첫째는 미국에 있는 아이비리그나 영국, 우리가 말하는 서양의 선진국, 두 번째는 한국, 한국의 〔명문대죠〕. 왜냐하면 12년 특례, 9년 특례 같은 게 있으니까요. 〔첫째〕 같은 경우는 일단 여기서 오래 살았고, 한국에서 만약에 직장생활을 할 〔거면〕, 제가 만약 한국 돌아간다든지 하면 한국 대학을 선호했을 텐데. 물론 한국 대학도 백업으로 생각했었죠. 싱가폴 대학이 안 되면, 한국의 예를 들어 꼭 스카이가 아니더라도 성균관대나 한양대에도 그런 특례 같은 게 있더라고요.

첫 번째 그룹은 일단 돈이 많이 들고, 돈도 돈이지만 공부를 잘해야 하고. 둘 다 돼야 해요. 공부도 잘해야 하고, 돈도 많아야 하고. 〔첫째〕 같은 경우는 그 정도 실력은 안 되고 … . 〔둘째의 경우는〕 자기는 공부로 아이비리그 갈 자신은 있는데, 아빠가 경제적 힘이 안 되기 때문에, 아이비리그 가려면 공부도 잘해야 하지만 부모님 서포트도 있어야 한다, 두 개가 맞아야 한다, 하나가 안 되기 때문에 ….

우리는 욕심이 나서 NUS〔싱가포르국립대〕에 가면 안 되냐? 사실 NUS 나오면 〔등록금이나 기타 경비가〕 싸기도 하지만 졸업하고 난 뒤에 길이 많잖아요. 싱가폴뿐만 아니라 외국 나가기도 좋고. 그런데 한국은 모르겠어요. 요즘은 모르겠는데, 제 때만 생각하면 한국 대학 나오면 길이 한국으로 고정되는 느낌이에요(40대 후반, 남성, 글로벌 기업 근무, I씨).

이민 2세대의 정체성과 관련하여 국제결혼 가정의 사례는 한국어를 구사하는 한국인 부모를 둔 다른 한인들과는 구분되는 맥락에서 2세대 자녀 정체성을 경험한다. 싱가포르인과 결혼하여 노년에 이른 가족의 자녀 세대는 일상적으로 그리고 총체적으로 어떠한 정체성을 갖고 있을까?

H씨는 자녀 세대의 정체성과 관련한 중요한 부모 노릇의 일환으로 자녀가 어린 시절에 적극적으로 토요한글학교[14]에 보냈다. 그리고 한인 교회에 보내는 것을 통해 한국어 환경과 한국인 환경에서 자녀를 키우고자 노력했다. 그럼에도 전 교육과정을 싱가포르 공립학교에서 보내고, 대학도 싱가포르에서 다닌 자녀가 한국어 능력을 갖추고 한국인 정체성을 형성하기는 어려운 것이다. 저자와 H씨가 나눈 이야기를 살펴보자.

---

14 유치원 과정은 한인 교회 중 가장 오래된 교회에서 시작되었다. 이 과정은 여전히 유지되고 있다. 동시에 싱가포르한국국제학교에서는 초등과정을 저학년 중심으로 운영하다가 학년 범위를 계속 넓혀왔다.

H씨: 요새는 거의 기본적으로 집에서만 영어를 쓰고, 딸하고는 무조건 한국말로, 말을 많이 하게 되면 자꾸 영어를 써요. 〔딸이 한국어 쓸 때〕 받침 다 틀려요. 제가 딸하고 왓츠앱(*WhatsApp*) 할 때 보면 자기가 아쉬우면 한글로 해요. 영어로 했다가 자기가 아쉬우면 〔엄마에게 부탁할 아쉬운 상황에 있으면〕 한글로 하고 그래요. 그런데 틀리게 나와요 글자가 … . 토요한글학교에 3년 정도 다녔어요. K2부터 2학년까지, 그런데 3학년 올라가면서 안 했거든요. 지금 20세.

저자: 〔자녀인〕 ○○○ 같은 경우에는 본인 스스로 아이덴티티(*identity*, 정체성)에 대해 어떻게 이야기해요?

H씨: 싱가폴 사람이고, 싱가폴 사람들 보면 여권에 레이스(*race*, 인종)가 있어요. 그런데 얘는 레이스를 아빠 쪽으로 가야 하나, 내 쪽으로 가야 하나 하니까. 엄마 쪽으로 가고 싶어 해서 레이스가 코리안 핑크[15]인데. 그래서 레이스가 코리안이다, 그렇게 농담해요. 지금 영어랑 마더텅(*mother tongue*, 모국어)은 중국어 섞여 있어요. 아빠〔남편〕는 영어랑 말레이어, 〔남편은〕 말레이어〔를〕 세컨드 랭귀지(*second language*)로 했어요, 학교 다닐 때. 딸은 영어랑 중국어 했고, 저는 영어랑 한국어.

한국에서 외삼촌〔H씨의 오빠〕이랑 언니〔오빠의 배우자〕가 오면 〔일부러〕 아빠〔남편〕 차에 M〔딸 이름〕하고 같이 태우고 우리는 택시 타요. 그러면서 한국말 많이 시키라고. 일부러 많이 하게끔. 학교 다니고 어렸을 때는 투피엠(2PM), 샤이니, 연예인을 좋아하니까 많이 했는데, 요즘 커서 연예인도 별로 안 좋아하고 점점 멀어져요. 그래서 〔저는 딸에게〕 항

---

15 싱가포르 주민카드(한국 주민등록증과 유사함)는 시민권자는 핑크색, 영주권자는 푸른색 바탕이다. 시민권자와 영주권자에게만 발급된다. H씨가 말했듯이, 본인의 인종·민족 배경을 표시하도록 되어 있다.

상 한국말로 해요. 알아듣든지 못 알아듣든지 일부로 톡을 할 때 한국말로 해요. 그러면 〔딸은〕 영어로 했다 한국말로 했다 그래요.

저자: 〔따님은〕 스스로도 코리안이라고 생각해요?

H씨: 싱가포리안이라고 생각해요. 내가 자꾸 깨우쳐 주죠. 그리고 〔딸의 이야기는〕 "내가 어디 가서 엄마가 코리안이라고 하면 아무도 안 믿는다"는 거예요. "너 진짜냐?" "엄마가 코리안이냐?"고. 사실 저도 한국말 안 하면 한국 사람인지 몰라요.16

싱가포르인과 결혼하여 노년에 이른 국제결혼 가족 중에서 50대 이상인 경우는 어떠할까? 한국어 교육과 한국 문화 교육을 적극적으로 받으면서 최소한 어머니가 말하는 한국어를 어느 정도 이해하는 수준까지 이른 H씨의 자녀와 달리, 이들은 대개 한국어 교육 자체를 하지 않은 경우가 많다. H씨에 따르면 본인의 과거 동료였던 국제결혼 가정의 2세대 정체성에 대해 다음과 같이 말한다.

저자: 같은 해에 일하러 온 동료 중 6명이 싱가포르에서 싱가포르인과 결혼해 남았다고 했잖아요. 다른 집의 경우 자녀들이 한국말을 어느 정도 해요?

H씨: 〔가까운 동료들은 나와 나이가〕 한두 살 차이에요. 나랑 한 살 차이 나는 동생은 늦게 한국 케이팝(K-pop) 붐이 일어날 때 배워서 한국말 좀 한다고 하더라고요. 엄마도 한국말 쓰려고 하고. 그 외에는 한국말 잘 몰라요. 옛날에는 그렇게 생각 안 하고 안 가르친 거죠. 그래서 많이 후회하

---

16 인터뷰하려고 처음 만났을 때 H씨가 중국식 드레스를 입고 있어서 약속장소에 온 한국 사람인 줄 바로 알아차릴 수 없었다.

> 더라고요. 한국이 발전하고 나서 한국말을 못하니까. 걔 같은 경우도 늦게 걔네들이 학교 다니면서 학교에서 한 것도 있고 한글 배운 거지, 어릴 때 가르치지는 않았어요. 어릴 때 가르칠 생각 별로 안 했죠. 얘를 내가 토요한글학교에도 입학시켰거든요.

이 절에서 살펴본 다양한 배경의 사례와 바로 위 H씨와 그녀의 동료의 사례에서 볼 수 있듯이, 한류와 한국 붐이 일기 전에 자녀를 양육한 현재의 노장년 세대의 경우는 2세대 자녀의 한국어 교육과 한인 정체성에 대해 한편으로 당연시한 부분이 있다. 하지만 한국어 구사력과 한인 정체성은 한국어를 잘하는 부모의 부단한 노력과 시간이 동반되는 부모양육이 있더라도(Lareau, 2003; 2011; 2015), 부모가 원하는 바대로 이 자연스럽게 형성되지는 않았음을 알 수 있다. 국제결혼 여성들의 자녀의 경우 한국어 습득이 '자연스럽게' 이루어질 수 있는 여건이 현실적으로 미비한 상황에서 어머니 한쪽이 몇 년간 혹은 10여 년 이상 시간적 노력을 하더라도 한국어 구사력을 부분적으로만 성취했음을 알 수 있다.

4. 현재 초·중·고 재학 중인 미성년 자녀 교육에 대한 부모의 경험과 생각

앞 절에서는 이미 중등과정을 마친 성인 자녀를 둔 부모의 이야기를 들었다. 그렇다면 현재 초·중·고등학교에 재학 중인 미성년 자녀를 둔 부모의 자녀 교육에 대한 경험과 생각은 어떠할까? 이들 부모의 자녀의 경우 향후 2세대 자녀의 정체성에 관한 미래를 조망할 수 있다는 점에서 그 중요성이 크다. 또 한류와 한국 위상의 상승 이후 한인 미성년 자녀의 경험을 알 수 있다는 점에서도 중요하다.

현재 초·중·고 재학 중인 미성년 자녀의 교육 방식은 대략 세 가지로 나뉜다. 첫째, 한국 기업 주재원의 경우 해당 회사에서 자녀 교육 보조금을 지급하면 국제학교에 보내고, 그렇지 않으면 다음의 대안으로 국제학교보다 상대적으로 저렴한, 국제학교와 공립학교 사이의 비용이 소요되는 사립학교를 선택하는 경우가 많다.

둘째, 글로벌 기업 전문직 근무자의 경우 좀 더 실용적인 접근을 선택하는 사례가 많아지고 있다. 기본적으로는 본인의 소득을 고려하여 국제학교를 좀 더 선호한다. 하지만 우선 공립학교에서 유치원과 초등학교 일부 과정을 마친 후 국제학교로 옮기는 실용적 선택을 하는 경우도 많아지고 있다. 싱가포르 공립학교에서 국제학교로 옮기는 것은 학업을 따라가기 어렵지 않지만 반대의 경우 어렵기 때문이다.

셋째, 한국국제학교의 위상과 선호는 2000년대 중반 이전과는 확연히 다른 수준으로 올라갔다. 아주 장기적인 영주 계획을 가진 경우 한국국제학교에서 초등학교 과정을 마친 후 싱가포르 사립학교나 국제학교를 보내는 경로를 선호한다. 또한 초등학교와 중등학교에서 뛰어난 성과를 보이기 어려운 경우 고등학교 2년 정도의 기간 동안 한국국제학교로 보내는 경로도 점차 인기를 얻고 있다. 싱가포르한국국제학교가 한국 명문대학 진학률과 서구 명문대학 진학률에서 상당한 수준을 유지한다는 점이 이러한 다양한 경로 선택을 싱가포르 한인사회에서 보편화한 것으로 보인다.

먼저 국제학교를 선택하는 경로를 좀 더 자세히 살펴보자. 싱가포르 영주권 없이 한국 대기업 주재원으로 일하는 가정의 자녀로 성장하는 모든 경우가 앞 절에서 소개한 3명의 사례로 수렴한다고 표현하는 것은 과잉일반화의 예일 것이다.

2010년대 중반 이후 싱가포르에 주재원으로 파견 왔으면서 한국에서 학교 교육을 몇 년 이상 받은 후 3~4년 이하의 기간 동안 싱가포르에서 교육을 받은 경우라면 아래 T씨와 B씨의 자녀처럼 한류의 영향과 문화가 강화된 맥락에서 국제학교에 재학 중인 좀 더 흔한 사례이다. T씨는 국제학교에 다니는 자녀의 교육 환경에 대단히 만족한다.

너무 도움이 되죠. 왜냐하면 한국에서만 있었다면 한국 사람만 만났을 거잖아요. 그런데 이 세상에는 피부 색깔이 다른 사람도 있고 다른 생각을 하는 사람이 있다는 거를 여기 와서 알게 되었으니까. 인도 아이들, 서양 아이들, 중국 아이들, 일본 아이들을 친구로 만나면서 다양한 문화를 경험하고 있다고 생각하거든요. 그게 애한테는 큰 장점이 될 거라고 생각해요(30대, 여성, 한국 대기업 주재원 아내, 자녀 국제학교 저학년, T씨).

몇 년 후에는 한국으로 돌아갈 T씨나 B씨는 남편의 한국 기업 주재원 근무 기간 중에 자녀를 국제학교에 보내는 것에 만족했다. 뿐만 아니라, 국제학교에 다니는 자녀가 한국인으로서의 정체성을 유지하는 것도 별 어려움이 없다고 생각했다.

> 저희 애는 한국 사람이라는 거를 자랑스러워하고 있어요. 그 부분 중에 하나가 한국에서 2년 동안 한국 교육을 받고 와서 책을 읽을 수 있는 상태에서 오기도 했고, 집에서는 한국말만 하고, TV도 저희는 한국 TV를 보고요. 얘가 중학생이다 보니까 한류 이런 거에 노출이 많이 돼요. 보이그룹이나 이런 애들을 좋아하죠. 여기도 한류가 있기 때문에 싱가포리안 애들이 걸그룹이라든지 보이그룹 좋아하는 애들이 되게 많으니까, 자기가 한국 사람이라는 거에 프라이드(*pride*)가 있는 것 같더라고요(40대 초반, 여성, 남편 글로벌 기업 근무, B씨).

둘째, 자녀를 싱가포르의 공립학교에서 보낸 그룹에 대해 좀 더 자세히 살펴보자. 한국 대기업 주재원이든, 다른 배경의 한인이든 자녀가 공립학교 재학 중인 학부모의 상당수는 한국의 경쟁적인 교육 환경에 못지않게 경쟁적인 싱가포르의 공립학교 교육 환경에서 자녀가 학업을 하고 있다는 것을 곧 알게 된다.

두 자녀의 고등학교 교육을 공립학교에서 얼마 전에 마친 U씨는 남편이 주재원이지만, 건설업 분야라서 학비 보조를 받지 못해 본인의 자녀는 힘든 교육과정을 거쳤다. 하지만 주변의 다른 주재원 가정 자녀를 가까이 지켜봐왔기에, 국제학교의 덜 경쟁적인 환경에 대해 다음과 같이 말한다.

싱가폴이나 우리나라는 시험 가지고 테스트하잖아요. 그런데 국제학교는 시스템이 좋잖아요. 출석, 발표, 프로젝트나 그런 걸로 하니까 너무 좋은 것 같아요. 그래서 정말 돈만 많다면 킨더(*kindergarten*, 유치원)부터 12학년까지 국제학교를 추천하고 싶어요(50대, 여성, 한국 대기업 주재원 아내, 첫째 자녀 한국 대학 진학, 둘째 자녀 영국 대학 진학, U씨).

조기유학생 학부모로서 두 자녀를 공립학교에서 고등학교까지 10여 년간 학업을 수행하도록 한 후 두 자녀 모두 싱가포르의 국립대학에 진학시킨 W씨 역시 U씨의 의견에 공감한다.

아무래도 여기는 시험 제도니까 시험이 안 되어서, 애가 싫어서라기보다는 시험이 안 되어서가 더 많은 거 같아요. 시험을 워낙 이상하게 피라미드를 만들어 놨으니까 제도가 학교를 확 줄여 버리잖아요.[17] 그렇게 된 것 같아요. 경제력만 있으면 여기 중고등학교 다닐 필요가 없어요. 국제학교 다니는 게 좋아요. 공부가 아무래도 대학 가는 쪽으로 그 공부가 낫죠. 경제, 학비 때문에 공립학교를 견딘 거죠. 여기 교육 별로인 것 같아요. 한국보다 못한 데로 왔더라고요(60대, 여성, 조기유학 자녀 어머니, 싱가포르 10년 거주, 현재 자녀는 대학 진학 및 취업 중, W씨).

---

17 싱가포르의 교육 제도는 2000년대 초반까지 초·중·고 과정을 거치는 중요한 시험을 통해 다음 단계 진학자, 특히나 대학에 들어갈 수 있는 비율이 급격히 낮아지는 피라미드형 구조를 유지했다(Gopinathan, 1996). 그러나 그 후 몇 차례에 걸쳐 대학 진학률을 과거보다 높이고, 특히 두 번째 모국어(*second mother tongue*) 시험의 허들을 낮추려는 정책을 펴고 있다(Mok, 2011; Silver, 2005). 하지만 U 씨와 W씨의 의견은 외국인으로 거주하는 한국인에게는 현실적이다.

공립학교에서의 학업 경험에 대해 V씨는 치열하고 학업 스트레스가 큰 한국 교육과 대비하면서 그 상대적 의미를 찾고 위로를 받는다.

한국 사회 애들은 너무 경쟁이 치열하잖아요. 학원 문화도 너무 많고. 반에서 학원 폭력이나 학교 폭력이 너무 많잖아요. 그리고 안 좋은 유해 환경이 많잖아요. 그런 데로부터 아이들을 잘 키웠다는 거. 그리고 학업 스트레스나 그런 걸로 아이들하고 사이가 벌어지지 않고 되게 좋은 편이거든요. 애들하고 저는 그런 거 하나로 만족해요. 그게 성공적이었다는 거, 공부를 잘하지는 못해도 그게 가장 큰 의미인 것 같아요, 저희 해외 생활에 있어서는(40대, 여성, 한국 대기업 주재원 아내, 싱가포르 8년 거주, V씨).

셋째, 보다 젊은 부모 세대의 경우 좀 더 실리적인 접근을 추구하기도 한다.

글로벌 금융회사에서 상당한 연봉을 받는 30대 초반의 C씨가 이에 해당하는 사례이다. C씨는 현재 자녀를 싱가포르 공립 유치원에 보내고 있다. 우선 어린이일 때, 즉 유치원과 초등학교 기간 동안 공립학교에서 영어와 중국어를 모두 습득할 기회를 가지고 이후 시기에 국제학교에 보낼 생각이다.

기본적으로 어차피 저학년이라서 공부보다는 노는 〔것〕 위주로 할 텐데 국제학교 학비가 엄청 비싸거든요. 굳이 그럴 필요가 있나 그런 생각이 들고요. 첫 번째로는. 두 번째로는 싱가폴 학교 수준이 높아요. 저는 그렇게 할 필요가 없을 것 같다. 중국어를 확실히 배울 수 있잖아요. 로컬 스쿨 가면. 인터내셔널 스쿨은 영어가 기본이고 중국어는 덤으로 가거든요. 여기는 중국어, 영어, 반반이니까. 정확하게.

그래서 저는 그런 면에서 봤을 때 경쟁력이 있어 보여서 적응을 못하면 그때 인터내셔널 스쿨 보내도 늦지 않다, 처음부터 인터내셔널 스쿨 보낼 필요가 있겠느냐, 저학년인데. 1학년, 2학년인데(30대 초반, 남성, 글로벌 금융회사 근무, 영주권자, C씨).

C씨가 자녀를 싱가포르에서 교육하면서 기대하는 것은 글로벌 마인드와 함께 한국인으로서의 마인드를 갖추는 이중문화 정체성이다. 마치 싱가포르가 영어와 또 다른 모어 하나를 둘 다 구사할 수 있게 하는 이중언어 환경이듯이, 영어와 한국어 그리고 세계인으로서의 정체성과 한국인으로서의 정체성을 동시에 갖는 것이다(김지훈 · 김성희, 2014).

물론, 이러한 이중언어 및 이중문화 정체성은 자연스럽게 이루어지는 것이 아님을 C씨도 인식하고, 아내와 함께 이를 위해 노력하고 있다. C씨의 생각과 실천은 이렇다.

글로벌 시티즌(*global citizen*), 이런 단어보다는 자기 자국 내에서 역할이 더 중요하게 될 것 같다는 생각이 들거든요. 글로벌 마인드(*global mind*)를 갖는 거는 당연히 중요하죠. 그런데 내가 한국 사람인데 내가 얘기한 것처럼 한국 사람의 정체성을 갖는 것이 아니라 단순히 영어 잘하는 동양인의 모습을 띤다면 아무런 의미가 없어지는 거죠.

저는 그런 거를 봤을 때 부모가 정말 대화를 많이 해야 된다고 생각해요. 자녀랑. 그냥 단순히 학교에 넣어 놓고 유치원에 넣어 놓고 과외 선생님한테 맡겨 놓고 공부시키는 것이 아니라 문화 교류를 서로 하는 거죠. 내가 무슨 생활 하고 있는지 서로 얘기하고. 저는 그래서 저녁에 항상 얘기하는 시간을 갖거든요. 제가 못 하면 와이프가. 같은 만화를 본다고 하더라도, 사극을 같이 본다고 하더라도 얘기할 수 있는 거고. 커뮤니케이션 하는 게 중요하다고 생각하기 때문에 그거를 중심으로 결부시키려고요(30대 초반, 남성, 글로벌 금융회사 근무, 영주권자, C씨).

넷째, 한국국제학교의 선호는 과거와 비해 훨씬 높아졌다.

V씨가 진지하게 한국국제학교를 고려하게 된 이유를 통해 이를 간접적으로 파악할 수 있다. 앞서 언급한 U씨의 경우와 유사하게 한국 대기업 주재원으로 8년을 근무한 V씨는 두 자녀를 다 공립학교에 보냈다. 건설 업종의 기업이라 국제학교 교육비 보조금이 제공되지 않는 것이 주된 이유였다. 공립학교 경로에서 학업 성과를 가늠할 수 있는 중학교 졸업 시점에 기대만큼 성과가 나오지 않아 한국국제학교로의 전환을 계획했다. 하지만 부모의 계획보다는 자녀의 선호를 고려하여 계속 공립학교에 남는 것을 선택했다. 두 자녀의 공립학교 재학 경험에 대해 V씨는 다음과 같이 설명한다.

JC(*Junior College*)[18]를 갔어요. 저희는 원래 오레벨(*O Level*)[19]을 보고 난 다음에 올해 한국국제학교로 옮길까 고민했어요. 한국 대학을 가려면 한국 학교로 가서 2년 준비를 하고 〔고등학교 졸업장을〕 받아야 되니까. 특례 입학 자격이

---

18 한국의 대학 진학 목적의 고등학교에 해당한다.

19 영국 시스템과 유사한 중학교 졸업 후 고등학교 진학을 위한 시험이다.

주어졌거든요. 큰애한테는, 그래서 큰애한테 오레벨이 고득점이 나오지 않았기 때문에 그냥 차라리 이 점수로 JC를 가서 니가 공부를 지금까지 해오던 걸로 똑같이 하면 내가 보기에 이 나라 NUS를 가기 힘들 것 같다. 이 나라 되게 만만치 않은데 외국인 신분으로 아예 한국 학교로 가려면 한국국제학교로 옮기자고 했는데, 아이가 자기는 꼭 이 나라로 가겠다고 빠득빠득 우겨서(40대, 여성, 한국 대기업 주재원 아내, 싱가포르 8년 거주, V씨).

다섯째, 국제학교 학비는 어머니가 글로벌 기업에서 전문직으로 일하는 싱가포르의 맞벌이 가정도 여러 자녀의 학비를 감당하기 힘겨운 수준이다.

두 자녀 모두를 국제학교에 보내다가 그중 한 명을 공립학교로 전학시키기로 결정한 L씨의 경우는 싱가포르의 글로벌 기업 맞벌이 부부의 상황을 잘 보여 준다.

〔부부 둘 다〕 일하면 된다고 생각했는데, 빠듯하게 보낼 수 있는 상황이었는데, 거기서 〔학비 외에도〕 예상치 못한 소소한 것들이 만들어져서 커지니까, 이거 안 될 것 같아요. 지금 더 늦기 전에, 첫째 아이가 더 고학년 가기 전에, 급하게 결정을 내려서 옮겼는데요. 거기부터 다시 평화로운 생활을 2~3년 하다가 작년부터 다시 굉장히 갈등이 생겨서 정신적으로 많이 힘든 상태예요. 지금은 일적으로는 안정이 됐지만, 아이 교육과 이런 부분은 힘들어요. 지금도 받아들이려고 저 혼자 많이 노력하고 있어요. 일단 저희가 전제는 한국으로 돌아가지 않는다(30대 후반, 여성, 글로벌 기업 근무, L씨).

여섯째, 국제결혼 가정의 경우 싱가포르 공립학교에서 공부하더라도 부모가 한국어와 한국 문화를 교육하려는 열망을 실천하고자 노력하지만, 이는 자녀가 학년이 올라가면서 싱가포르 공립학교의 성공적 학업 수행에 필요한 학업량과 과목에 집중하다 보면 우선순위에서 밀리기 쉽다. F씨가 그러한 경우다. F씨는 두 자녀가 한국어를 더 학습하기 어려운 상황에서 싱가포르 공립학교의 중국어 및 영어 교육 중심의 선택과 집중 전략을 추구한 이유에 대해 다음과 같이 설명한다.

> 하이어 차이니스(*Higher Chinese*)[20]가 있는데, 초등학교 고학년이면 우열반을 가리거든요. 공부를 안 할 수 없어요. 애가 영어, 중국어, 수학으로 허덕허덕하는데 와서 물어보는 거예요. "왜 한국어를 해야 하는지 모르겠어." 걔 입장에서 쓸 수 있는 환경이 아니니까 "아니야, 해야 돼." 의지가 강한 엄마가 아니고, 그런 애들 있거든요. 3개 국어를 유창하게 하는 애들이 있거든요. 한국어는 한국 가서 교환학생으로 배우고 영어, 중국어만이라도 제대로 해도 될 거 같다고 〔생각했어요〕(40대, 여성, 글로벌 금융회사 근무 후 현재 자영업, 싱가포르인과 국제결혼, F씨)

이 절에서 우리가 지금까지 살펴보았듯이, 노장년층의 경우 자녀 교육 경로를 국제학교나 공립학교로 정하는 것이 경제적 지원이 가능한 자원 유무에 따라 선호 여부가 명료하게 구분되었다. 국제학교와 공립학교를 선택한 양쪽 집단 모두에게 보다 확신을 준다면, 이러한 구분은 이미 청소년기나 청년기에 유학, 교환학생, 해외 인턴 등 글로벌 이주 경험을 해 본 보다 젊은 세대가 부모가 된 근래 들어 더 다양해지고 있다. 보다 다양

20 한국식으로 표현하면, '고급 중국어'이다. 중국어 성적이 우수한 학생들만 선택할 수 있다.

한 방식의 선택과 경로가 등장했고, 보다 젊은 학부모는 다양한 선택과 그 선택의 타이밍에 대해 고민하고 이를 실천하고 있다.

특히, 어린 자녀를 둔 젊은 세대의 경우 공립학교 진학 후 국제학교로의 전환을 포함하여, 자녀의 선호, 향후 미국을 비롯한 한국 및 싱가포르 대학 진학 문제까지, 자녀 교육 경로 선택은 훨씬 더 많은 사항을 전체적으로 고려하는 결정으로 변화하고 있다. 이에 대해서는 좀 더 심층적인 연구가 필요하다.

싱가포르의 한인 부모 세대는 한국의 학부모만큼 혹은 그 이상으로 자녀 교육을 위해 열정과 노력을 쏟는다. 저자는 한국 학부모가 특별함이 없는 것은 아니지만, 유별난 유형의 학부모라고 보지 않는다. 사실 부모 모두가 자녀 교육을 위해 자신들의 일이 바쁘더라도 시간을 '만들어 내며' 최선의 노력을 하는 것은 미국 중산층 학부모의 부모 노릇의 특징이기도 하다(Lareau, 2011; 2015). 이는 고학력 전문직 여성들이 본인의 커리어도 열심히 하는 가운데 자녀를 위한 어머니됨(*motherhood*)의 일환으로 전문적 지식에 기반한 모성을 실천하면서 더욱 바쁜 삶을 사는 것(Hays, 1996)과 결합되어 있다.

이러한 부모 노릇을 이주 맥락에서 실천하는 것은 더 어렵다(Kim, 2010; Kim & Okazaki, 2017). 한국에서는 서열화된 곳 가장 위의 한 방향을 바라보는 방식으로 학부모의 열망과 부모 노릇을 실천하곤 한다. 여러 방향을 수시로 확인하면서 부모의 역할과 과업을 수행하는 글로벌 한인에게는 한국이 좀 '덜 힘든 곳'으로 생각될 수도 있다. 싱가포르의 한인에게는 자녀 입시 준비는 싱가포르, 한국, 나아가 영미권 국가 등 향후 자녀가 어느 나라 대학에 진학할지의 문제 이상이다. 장기간 동안

이를 준비하는 과정에서 자녀의 정체성은 다층적, 다면적, 복합적으로 때로 혼종적으로 빚어지고 만들어진다. 가장 어려운 점은 현재 자녀 개인 맞춤형으로 여러 나라의 제도를 꿰뚫은 수 있는 지식과 정보도 필요한 훨씬 더 고차원적 방정식을 풀어야 한다는 것이다(Lareau, 2015).

교육, 가족, 이주를 동시에 전공한 사회학자뿐만 아니라, 아동과 청소년 발달을 전공한 심리학자, 이중언어 습득 전공의 언어학자, 싱가포르 및 한국을 비롯한 국제 교과과정을 섭렵한 교육학자들의 연구와 살고 있는 국가와 특정 언어 · 문화 집단(이 책에서는 싱가포르 한인)에 대한 깊숙한 이해도 동시에 갖추어야 한다. 뿐만 아니라, 몇 가지 중요한 가설21을 싱가포르 안에서 선택할 수 있는 학교와 가정, 또래집단, 공동체에서 이를 충분히 실천할 수 있는지의 문제까지 더해진다. 물론, 부모의 경제력이 뒷받침되어야 한다. 아울러 부모가 어찌할 수 없는 중요한 점은 어떻게 할 것인지 현실적 고민도 덧붙여진다.

이러한 모든 것을 종합하여 우리가 이 책의 연구참여자와 자녀의 경험을 통해 확인한 것은 다음과 같다. 같은 부모 아래에서 태어나 성장한 자녀 두 명, 세 명, 이 책에서 다룬 네 명까지, 각기 다른 경로를 선택하고, 각기 다른 정체성을 갖는 경우가 있음을 파악했다. 또한 부모의 열망과 노력이 곧 자녀의 능력 신장, 선택, 열망으로 그대로 이어지지는 않지만, 영향을 미침을 알 수 있었다.

---

21 예를 들어, 다음과 같은 가설이 있다. 언어 습득은 이를수록 좋다, 이중언어 구사는 이중언어 구사를 할 수 있는 가정과 사회적 환경이 중요하다, 구사하는 언어가 살고 있는 국가와 주변 공동체에서 '존중'받는 혹은 '인기' 있는 언어이면, 아동과 청소년은 '자부심'까지 느끼며 언어, 문화, 민족 정체성을 긍정적으로 형성한다, 성인기 이후에 외국어를 네이티브(*native-speaker*) 수준으로 습득하기란 매우 어렵다.

나가며: 다양한 유형의 1세대와 2세대 정체성

5장에서는 싱가포르에서 30년 이상 거주한 오래된 1세대 한인들과 그 세대의 자녀로 태어난 2세대 한인들의 한국어 능력, 한인 정체성, 교육 경험, 그리고 싱가포르와 한국의 의미 등을 통해 싱가포르 이주 1세대와 2세대의 정체성을 알아보았다.

이 장에서 살펴보았듯이, 1세대 정체성이든 2세대 정체성이든 싱가포르 한인사회 내에서는 단일한 한인 정체성 혹은 싱가포르 이민자 정체성이 아니라 다면적이고 때로는 혼종적 유형의 정체성을 관찰할 수 있다. 특히, 싱가포르 영주권자도 시민권자도 아니며 한국 기업 주재원의 자녀로서 중등 과정을 보낸 2세대 자녀 중에서 본인의 정체성을 싱가포리안이라고 생각하는 경우도 상당히 존재함을 알 수 있다.

20세기까지 싱가포르 한인사회는 주재원 중심의 한인사회라고 부를 수 있을 정도로 혈통과 국적에 기반한 한국인 공동체였다. 21세기 오늘날 시점에서 2세대 한인은 싱가포르 국적을 갖는 경우도 점점 늘어나고 있다. 저자가 관찰한 바에 따르면, 싱가포르 국적의 한인이더라도 미국과 같은 이민국가의 2세대들이 한국어 능력이 현저히 낮은 것과 대조적으로 한국어 능력은 상당히 높다. 싱가포르의 2세대 한인들은 교육 기간 전체를 싱가포르에서 보냈다고 해도 한국어 구사력은 상당히 높은 경우가 많다.

이는 지리적·문화적 근거리, 한류 문화가 한인 2세대에게 끼친 직접적 영향, 한류 문화가 싱가포르인에게 준 영향을 통해 싱가포르 한인에게 끼친 우호적인 간접적 영향 등에 따른 것이라고 할 수 있다. 즉, 문화적 친밀성을 이끌어낸 21세기 싱가포르 사회의 한인과 한국을 대하는 태도와 대우 변화가 이민자를 받아들이는 국가의 맥락(*context of reception of host society*)을 매우 우호적이며 긍정적으로 변화시켰다는 점이 큰 영향을 미친 것으로 보인다.

2세대 한인 정체성은 복합적이고 다면적인 양상을 보인다. 20세기보다는 더 이민사회에 가까운 싱가포르에서 시민권자와 영주권자가 주류화되면서 이민 공동체적인 한인사회가 형성되고 있다. 동시에 1세대 및 2세대 한인과 한국의 연결이 더욱 두터워지는 트랜스내셔널 한인사회로 싱가포르 한인사회가 변화하고 있다.

결론

21세기 싱가포르 한인사회의 쟁점과 미래 한인

지금까지 우리는 아시아의 선진국, 도시국가이자 글로벌 도시인 싱가포르 한인사회의 공동체 수준의 특징과 변화를 다양한 한인 구성원들의 경험과 생각을 통해 살펴보았다.

싱가포르 한인사회는 2021년 기준 시민권자와 영주권자 3,311명을 포함하여 2만 명 이상의 한인이 거주하는 동남아시아에서 현지 국가의 영주권자와 시민권자 한인이 가장 많이 살고 있는 한인사회다. 독립 직후인 1960년대 후반에 약 200만 명의 인구 대부분이 시민권자와 영주권자로 구성되어 있었던 싱가포르에 주로 무역업과 기업 주재원으로 일하는 30명 정도의 적은 수의 한인만이 체류하던 한인사회의 성립 초기에 비하면 상전벽해와 같은 변화이다.

공동체 수준 변화의 핵심을 간략히 요약하면, 20세기 기간 동안 싱가포르 한인사회는 '소규모 한인사회' 유형(혹은 한인사회 형성기)에서 한국 기업 파견 주재원이 중심인 '순환이주 주재원 사회'가 되었다. 1990년대 후반과 2000년대 초반부터는 글로벌 기업 전문직, 교육이주자 이른바

'기러기가족' 등이 이주해왔다. 2010년대 들어서는 청년층 글로벌 기업 전문직, 글로벌 기업의 중저임금 서비스직 이주자, 대학(원)생 등 청년 이주자가 새로운 주요 이주 집단으로 등장하면서 한인사회 구성원의 다양화가 진행되었다.

동시에 싱가포르에서 청장년기를 보내면서 한인 2세를 출산한 (혹은 출산을 위해 한국을 다녀온) 가족 단위 한인들이 증가하고, 자녀 세대들이 성장하면서 싱가포르 한인 공동체의 주요 구성원이 된다. 또한, 자녀 세대의 경우 성인기 초반(20대와 30대)에 싱가포르에 왔던 그 부모가 영주권과 시민권을 취득할 때 같이 그 자격을 취득하게 된다. 그래서 2000년대 중반부터 본격적으로 싱가포르 영주권자와 시민권자가 증가하면서 이웃 동남아 국가와 (한인사회 유형 면에서) 다른 경로를 걷는 '트랜스내셔널 이민사회'(유형)으로 변화하고 있다.

싱가포르 한인사회의 시대적 변화를 살펴보는 것은 재외 한인사회 연구에도 함의가 크다. 저자는 싱가포르 한인사회의 변화를 구분하는 세부 유형을 도출하면서 이를 다른 재외 한인사회에도 적용 가능한 이념형 범주로 구분하여 제시하는 것도 시도했다. 싱가포르 한인사회의 시기별 특징은 다른 한인사회 연구에도 적용할 수 있는 한인사회 유형이라고 본다. 물론 싱가포르 한인사회에 전 세계 한인사회의 모든 유형이 존재한다는 의미는 아니다.

싱가포르 한인사회의 시기별 유형화를 통해 각 시기 싱가포르 한인사회 특징과 최소한 세 유형의 한인사회 특징을 함께 제시했다. 즉, 20세기 싱가포르 한인사회는 재외 한인사회 유형화(범주) 중 (이민사회의 맹아기에 해당하는) '소규모 한인사회', 한국계 기업 주재원과 그 가족을 중심으로 구성되는 '순환이주 주재원 사회'의 특징을 보이는 유형의 변화를 경험했다고 요약할 수 있다. 이는 인접한 다른 동남아 국가뿐만 아니라 남아시아와 아프리카 등 한인의 왕래가 역사적으로 적거나 디아스포라 한인 후손이 남아 있지 않은 지역의 국가에서 쉽게 찾아볼 수 있는 유형이다.

싱가포르 사회에서 관찰할 수 없지만, 다른 국가의 한인사회 연구나 근래의 이주 연구에서 제시한 유형을 적용하면 다음과 같다(Castles & Miler, 1993; Cohen, 1997; Kim, 2003; Yoon, 2012; 윤인진, 2014). 미국, 캐나다 등 '전통적 이민국가 유형', 중국, 일본, 러시아와 중앙아시아의 구 소비에트연방 국가 중 한국 근대사를 배경으로 디아스포라 한인 후손이 존재하는 국가의 경우 '디아스포라 유형', 한국전쟁 이후 1960년대와 1970년대에 대규모로 농업 이민을 간 '남미국가 유형', 초청이주자(*guestworker*)인 광부와 간호사로 이주한 후 이민제도의 변화에 따라 정착한 '독일 유형' 등이다.

남미와 독일의 한인 이주자들 중 상당수는 1960년대 중반과 그 후 재이주를 통해 미국과 캐나다 등의 전통적 이민국가[1] 중 미국의 뉴욕, 시카고 등에 정착한 1세대 한인 공동체와 북미 주요 도시 한인회의 창립 구성원이 된다. 독일을 제외한 유럽의 다른 국가는 '새로운 이민국가 유형'으로 불러도 좋을 듯하다. 20세기 전에는 한인 유학생과 주재원 중

---

1 1900년대 초반 하와이에 이주한 후 정착한 한인 후손을 '디아스포라 유형'으로 분류한다. 이들이 캘리포니아 등 미국 본토로 이주하면서 미국의 '디아스포라형' 한인사회가 형성되었다. 그러나 미국에서는 1900년대 중반에서 한국전쟁 직후까지, 좀 더 길게 보면 1960년대 중반까지 약 60년의 한인 이민 공백기가 존재한다. 따라서 미국의 경우 '디아스포라형'과 '전통적 이민국가형'이 결합되었다고 볼 수도 있다.

심의 사회였다가, EU 설립 이후 자유로운 이동이 가능한 현재 체제에서는 복수의 시민권을 갖는 것과 유사하고, 기존 유학생이나 전문직이 체류 중 일부는 영주를 선택하는 것과 더불어 신규 한인들이 마치 싱가포르처럼 유입되는 국가도 있기 때문이다.

21세기 들어 글로벌 기업에 근무하는 20~40대 한인들의 꾸준한 유입이 이루어졌다. 이러한 한인 유입은 싱가포르의 고학력, 기술직 및 전문직을 우대하는 선택적 이민정책인 '외국인재 유치정책'(Ng, 2010)과 한국 사회 안팎으로 '글로벌 이주 경험'을 많은 한인이 지난 20~30년간 전반적으로 늘어난 것이 맞물려 나타난 변화이다. 한국 정부가 1990년대 초반부터 추진한 세계화는 IMF 사태로 이어져 많은 한국 사회와 기업이 흔들렸지만, 이는 해외 한국기업에 근무하던 주재원들이 현지 국가에 정착하는 것을 선택하는 중요한 계기가 된다.

이어진 한국 사회의 신자유주의적 구조조정과 무한경쟁 사회로의 변화는 더 나은 자격과 경험 쌓기(학위, 학벌 등 이른바 '스펙')를 위해 개인 수준에서 '글로벌 문화자본'을 추구하는 경향을 보편화했다(Kim, 2011). 싱가포르는 아시아의 글로벌 도시로서 개인 수준의 '글로벌 경험'을 쌓거나 유학과 글로벌 기업 실무 경력을 갖춘 '고급 인력'에게는 매력적인 대상지 중 하나로 선택된다(Collins et al., 2017).

싱가포르 한인들의 배경을 자세히 살펴보면, 한국에서 직접 온 한인뿐만 아니라 다른 국가에서 유학이나 이민 경험이 있는 1세대, 1.5세대, 2세대 한인이 섞여 있는 글로벌 경험을 갖춘 한인이 많아진 것이 특징이다. 또한 학부와 대학원의 한인 유학생 규모도 대폭 늘었다. 이들 중 상당수는 글로벌 기업의 아시아·태평양 지역 본부가 있는 싱가포르에서 청년기 일자리를 구해 일하기도 한다. 뿐만 아니라, 싱가포르 한인 자녀 세대(1.5세대 혹은 2세대)의 한국과 제3국으로의 진출을 통해 싱가포르 한인사회는 글로벌 한인이 상당한 규모를 이룬 '트랜스내셔널 이민사회'로 변화하고 있음을 1세대와 2세대 한인들의 경험을 바탕으로 제시했다.

싱가포르 한인사회의 이러한 변화는 싱가포르 정부의 발전정책2과 이민정책이 유입 통로가 되어 이루어졌다. 이에 따라 중산층이 경쟁적 한국 사회를 벗어나거나 해외에서 자녀에게 더 나은 기회(특히, 영어와 중국어를 동시에 배울 수 있는 계기)를 찾는 교육이주의 주요 대상지 중 한 곳으로 싱가포르가 선택되었다(Dixon, 2005; Kim, 2010). 뿐만 아니라, 이러한 이점을 가족 수준에서 좋은 기회로 활용하고자 하는 고학력 한인 전문기술 인력이 싱가포르 소재 비한국계 글로벌 기업(및 싱가포르 기업)에 상당한 규모로 유입하게 되었다.

글로벌 기업에 취업한 한인 남성과 여성의 싱가포르 이주 선택의 이유와 동기를 살펴보면, 한국 기업과 사회의 세계화, 자녀 교육 문제, 구호만 있지 실질적으로 느껴지지 않는 가족친화 정책 등이다. 한국 사회의 문제가 탈한국을 추동하고, 글로벌 도시국가로서 싱가포르의 매력이 탈한국의 수요에 조응하는 속에서, 싱가포르가 한인 친화적인 이주 대상지로 부상한 것을 알 수 있었다.

물론, 글로벌 기업 특유의 고용불안정성과 싱가포르 정부의 기업친화적 정책, 여성 및 가족친화적 기업문화는 '싱가포르 방식'과 '글로벌

---

2 글로벌 금융거점 정책, 글로벌 교육허브 정책, IT 산업과 바이오산업 등 지식기반경제 육성정책, 관광정책 등이다.

방식'이 공존하는 장이다. 그래서 전문직은 전문직대로 '자신의 능력을 입증하면서', 기업가는 기업가대로 사업에 '올인'하며 온 힘을 쏟아야 한다. 이에 따라 다른 국가의 한인사회 분위기와 다르게 '조용하고 치열하게' 살아야 살아남는 곳이라는 인식이 형성되었음을 여러 장을 통해 살펴보았다.

싱가포르 정부의 이민정책과 글로벌 경험을 갖춘 한인의 지속적이고 점증적인 유입은 한인 싱가포르 영주권자 및 시민권자의 증가 추이를 통해 잘 알 수 있었다. 2000년대와 2010년대의 약 15년 내외 기간 동안 고학력 전문직의 경우 영주화할 수 있도록 적극적으로 싱가포르 영주권을 부여할 때 당시 10년 이상 체류 경험이 있던 한인의 상당수는 싱가포르 영주권을 선택했다. 그 결과 지난 15년에서 20년 내외 기간 동안 싱가포르 한인 규모는 10배 이상 증가했고, 싱가포르 영주권자와 시민권자가 주재원 이상의 규모로 늘어났다.

싱가포르 영주권을 지원하고 선택하는 것은 한인 모든 계층에서 일어났다고 볼 수 있다. 싱가포르 한인사회는 한국 기업 주재원 출신자들이 주류를 형성하더라도 더 이상 한국 대기업 주재원 혹은 주재원 출신 구성원이 다수를 점하는 사회로는 보기 어려운 이민사회화된 한인사회로 변화하는 과정에 있다.

이민사회화하고 있는 싱가포르 한인사회는 다양한 배경의 한인 구성원뿐만 아니라 한국 기업 주재원 출신 사업가, 한국 기업 주재원, 글로벌 기업 전문직 종사자, 국제결혼 한인, 중저임금 서비스직에 종사하는 청년층 한인,[3] 이민 2세대 한인 등 다양한 구성원들 간의 분절적 교류나, 원심화된 교류에 한정되는 한인사회 세부 구성원 집단의 분절화도 관찰할 수 있었다.

2000년대 이후 주재원 이외에 주목할 필요가 큰 신규 이주자 집단이 상당 규모를 이루는 점에서 싱가포르 한인사회는 다양화되고 있다. 한국 기업 주재원 외에 다국적기업에 종사하는 한인들도 2000년대부터 특히 그 규모가 커지게 되었다. 한인사회 형성기에도 다국적기업에 종사하는 한인이 소수 존재했지만 주목할 정도는 아니었다.

2000년대부터 글로벌 금융 시장에서 싱가포르의 글로벌 지위 상승이 두드러지면서 싱가포르에서 아시아 권역 전체를 담당하는 금융 관련 다국적기업에 종사하는 한인들이 전 시기에 비해 더욱더 늘어났다. 아울러, 반도체산업과 바이오산업 등 일부 첨단 업종에 대한 전폭적 지원으로 과학기술 관련 전문직 종사자 역시 늘어났다. 즉, 신규 한인 이주자 집단의 증가는 싱가포르 발전정책과도 맞물려 이루어진 것이다. 이는 한국계 기업에 종사하는 주재원 외에도 다국적 및 싱가포르 기업에 종사하는 또 다른 유형의 주재원들이 괄목할 만한 규모의 이주 집단으로 성장했음을 의미한다. 다국적기업 주재원은 기존 한인 주재원 사회의 다양화와 분화를 가져왔다.

1만 명 이상의 한인이 거주하기 시작한 2000년대 중후반부터 적어도 3,000명 내외로 추정되는 초·중·고 조기유학생과 그 가족은 싱가포르 한인사회의 중요한 한 축을 형성했다. 다른 나라의 한인 조기유학생 가족과 달리, 싱가포르의 조기유학생 가족은 동질적 유형으로 보기 어렵

3 2010년대 중반부터 급증했지만, 2020~2022년 약 2년 반의 봉쇄 기간 동안 호텔과 레스토랑 영업이 제한됨에 따라 봉쇄가 해제된 2023년부터는 아주 소수만 잔류할 수 있었기 때문에 저임금 서비스직 한인 청년층에 대한 언급은 자세히 할 수 없었다. 이에 대한 연구는 향후 과제로 남긴다.

다. 자녀 교육만을 목적으로 한국에서 싱가포르 공립학교 및 국제학교로 이주한 학생과 동반 학부모뿐만 아니라, 싱가포르에 파견되었던 전직 주재원 가족 중 남편만 귀국하고 아내와 자녀는 고등학교 졸업 때까지 계속 체류한 유형의 교육이주 가족과 싱가포르 주변 동남아시아 국가에서 거주하는 한인들[4]도 포함하는 다양한 유형의 교육이주자로 구성되었기 때문이다(Kim, 2010; Kim, 2015; 김지훈, 2014; Kim & Okazaki, 2017; Okazaki & Kim, 2018).

이들은 싱가포르 정부가 추진한 글로벌 교육산업 정책으로 형성된 이주 네트워크뿐만 아니라 동남아 지역의 한인 이주 네트워크의 지역 수준 연결망의 확대를 잘 보여 준다(Kim, 2010).

2010년대 초반부터 현재까지 고학력 전문직에게 매우 호의적이던 싱가포르 이민정책은 싱가포르 국내의 정치경제적 이유로 재검토되었다가, 2022년부터 다시 적극적이고 호의적인 정책으로 선회했다(김종호·김지훈, 2023). 지난 7~8년간 정책적 전환은 한인사회에 역설적 영향을 미친 것으로 보인다. 이미 영주권을 취득한 한인들이 싱가포르 시민권을 신청하는 경향이나 EP 소지자 중 PR을 신청하는 경향이 뚜렷해지고 있다.

특히, 싱가포르 영주권을 소유한 한인 2세대 자녀들 중 남성은 싱가포르의 병역의무를 이행해야 하며 이를 회피하면 장래 체류 기반에 제약을 받을 수 있다. 싱가포르 병역을 이행한 한인 남성들도 한국 시민권을 유지하면 한국에서의 병역의무 역시 이행해야 해야 한다. 군대에

---

4 싱가포르 외 다른 동남아 국가에서 사업이나 일을 하는 한인 중에서 아내와 자녀를 싱가포르에 조기유학 보낸 유형이다.

두 번 보내고 싶은 부모나 두 번 가고 싶은 청년이 있을까? 한국 정부가 싱가포르 이민사회의 특수성을 고려하여 병역제도를 변경할 수 있을까? 많은 이들의 민원에도, 이중 병역 복무 문제는 결국 개인과 가족 수준의 중요한 선택 사항이 되었다.

이러한 '경직된 시민권 체제'를 유지하는 한국-싱가포르 이주 맥락, 즉 '유연한 시민권' 행사가 제약받는 체제 아래에서 영주화가 이루어지고 있다. 이는 싱가포르 한인사회 구성원 다수가 현재 고민하는 당면 쟁점 중 하나이다. 뿐만 아니라 이주의 시대로 상징되는 현재의 세계 사회에서 글로벌 시민권 이론에 대한 함의가 적지 않다. 싱가포르 한인사회의 미래를 조망하는 데도 핵심적 이슈 중 하나이며 향후 추가적 연구가 필요한 영역이다.

향후 추가적으로 연구되어야 할 주제와 대상을 좀 더 자세히 밝히면 다음과 같다. 신규 이주 청년층에 대한 연구는 한인 규모가 싱가포르 정도 수준이라면 진작에 이루어졌어야 할 연구라고 생각한다. 기존 이민자 중 60대 후반과 70대 이상 노년 세대 역시 싱가포르 한인사회의 미래를 조망하는 데 핵심적인 연구 대상으로 주목할 필요가 크다. 현재 싱가포르 한인사회는 전 연령층 중에서 노년 세대의 비중은 대단히 작다. 윗부분은 긴 호리병형이면서 중장년층과 청년층은 많은 마름모꼴 인구구조를 보인다. 노동 가능 연령기 대부분을 싱가포르에서 거주한 한인 중에서 노년 후반기에 싱가포르를 떠나는 사례가 적지 않기 때문이다.

다른 한편으로, 20대와 30대 초반 미혼의 젊은 층 신규 이주자들이 최근 몇 년간 많이 유입하고 있다. 젊은 층 신규 이주자들의 경우 싱가포르 소재 국공립대학과 사립대학에 재학하는 대학생이 500명 이상,

한국 대학 졸업 후 다양한 서비스 업종에 취업하기 위해 유입한 청년 취업자가 많았을 때는 5,000명 내외로 추산되었다. 코로나19의 직격탄을 맞은 항공, 호텔, 관광 관련 업종에 한인 청년의 상당수가 종사했기에, 2년 반의 봉쇄 기간 동안에 이들 젊은 층 대부분이 한국으로 귀국하는 선택을 했다.

이들 중 중저임금 서비스직이 아닌 분야에서 일하는 한인 청년은 여전히 상당한 규모이다. 이들은 대부분 한국 기업 주재원이 아닌 다른 영역에서 일한다는 점에서 탈주재원 사회화, 한인사회의 다양화와 분화를 가속화할 가능성이 크다. 다양한 직업군(대학생, 다양한 업종의 청년 취업자 등)의 한인 청년 세대 역시 미완의 연구 영역으로 향후 후속 연구가 필요하고 유망하다.

공동체 수준에서 싱가포르 한인 정체성을 한 단어로 요약하기 어렵다. 다양한 이주 배경과 세대 배경을 가진 한인이 많아졌기 때문이다. 한인 공동체 안에는 한국 외 경험이 없이 싱가포르가 첫 외국인 한국에서 갓 온 청년층부터 한국이나 싱가포르가 아닌 다른 제3국에서 태어나 청년기 이후에 싱가포르에 온 한인 2, 3세에 이르기까지 (한인 정체성 정도 차이의 다양성 측면에서) 복합성과 개인 수준에서 혼종성[5]이 함께 관찰된다. 이러한 공동체 수준의 다양성과 한인 정체성의 특성은 특히 글로벌 도시에서 더 쉽게 관찰할 수 있는 특징이기도 하다.

싱가포르에서 30년 이상 오래 거주한 이주 1세대 한인들과 그 세대의 자녀로 태어난 2세대 한인들의 싱가포르에서의 한인 정체성, 교육

---

5 토종 한국인이란 의미의 Korean-Korean과는 다른 hybridity를 뜻한다.

경험, 그리고 싱가포르와 한국 시민권의 의미를 파악하는 것을 통해 싱가포르 이주 1세대와 2세대의 정체성을 살펴보았다.

1세대 정체성이든 2세대 정체성이든 싱가포르 한인사회 내에서는 단일한 한인 정체성 혹은 싱가포르 이민자 정체성이 아니라 다면적이고 다층적이며 복합적이고 때로는 혼종적 유형의 정체성을 관찰할 수 있었다. 싱가포르에서 태어난 2세 한인 형제자매 중에도 서로 차이 나는 정체성을 가진 사례도 볼 수 있었다. 그 반대로, 싱가포르 영주권자도 시민권자도 아니며 한국 기업 주재원의 자녀로서 중등과정을 마친 2세대 자녀 중에서 본인의 정체성을 싱가포리안이라고 생각하는 경우도 상당수 존재함을 알 수 있다.

20세기까지 싱가포르 한인사회는 주재원 중심의 한인사회로 불릴 수 있을 정도로 혈통과 국적에 기반한 한국인 공동체였다. 21세기 오늘날 시점에서 2세대 한인이 싱가포르 국적을 갖는 경우도 점점 늘어나고 있다. 그렇지만 싱가포르와 영국, 미국을 다 살아 본 경험자로서 저자는 싱가포르 2세대 한인은 미국 등 서구권 2세대 한인과 큰 차이가 있다고 본다. 싱가포르 국적 혹은 복수 국적의 2세대 한인 청소년들은 같은 또래의 미국과 같은 '전통적 이민국가형'의 2세대 한인들이 한국어 구사력이 현저히 낮은 것과 대조적으로 한국어 구사력이 상당히 높다. 싱가포르 한인 2세의 경우 교육 기간 전체를 싱가포르에서 보냈다고 하더라도 한국어 구사력이 상당히 높은 경우가 많다.

이는 지리적·문화적 근거리, 한류 문화가 한인 2세대에게 끼친 직접적 영향, 한류 문화가 싱가포르인에게 준 영향을 통해 싱가포르 한인에게 끼친 우호적인 간접적 영향 등에 따른 것이라고 할 수 있다. 즉, 문화적 친밀성을 이끌어낸 21세기 이민을 받아들이는 싱가포르 사회가 한인과 한국을 대하는 사회적 맥락이 큰 영향을 미친 것으로 보인다. 이 분야 역시 후속 연구가 유망하고 중요한 분야라고 생각한다.

2세대 한인 정체성은 복합적이고 다면적인 양상을 보인다. 20세기보다는 더 이민사회에 가까운 싱가포르에서 시민권자와 영주권자가 주류화되면서 이민 공동체적 한인사회가 형성되고 있다. 동시에 1세대 및 2세대 한인과 한국의 연결이 더욱 두터워지는 트랜스내셔널 한인사회로 싱가포르 한인사회가 변화하고 있다. 앞으로 이 변화의 정도는 더욱 뚜렷해지지 않을까.

싱가포르 한인사회의 미래는 전 세계 한인사회를 공동체 수준에서 이해하는 데 중요하다. 뿐만 아니라, 한국과 싱가포르, 한국과 동남아, 싱가포르와 다른 동남아 국가의 삼각 연결망이 점차 더욱 중요해지고 있다는 점을 고려할 필요가 있다. 싱가포르는 인접 동남아와 태평양 국가 연결망의 중심에 있으며, 한국과 싱가포르를 포함한 동남아 간에 맺어진 결합[6]의 '인간적' 단면은 미래에 더욱 중요한 주제임을 지적하며 앞으로 다른 연구자의 연구를 기대한다.

---

6 예를 들어, 국제결혼을 통한 동남아인과 한인의 가족 결합, 사회문화적 영향력 주고받기, 상호 무역의 중요성, 글로벌 생산 체계에서 가장 끈끈한 사슬로 맺어진 한국과 동남아의 관계 등이다.

참고문헌

구지영(2013). “동북아시아 이주와 장소구성에 관한 사례 연구: 중국 청도(青島) 한인 집거지를 통해.” 〈동북아문화연구〉, 37호, 269~289.

국가통계포털(2017). “경제활동 인구조사.” http://www.kosis.kr(검색일: 2017. 3. 2).

권 율(2003). “싱가포르 경제의 진로와 과제: 성장전략과 산업정책에 대한 비판적 고찰.” 〈동남아시아연구〉, 13권 1호, 341~382.

김도혜(2019). “‘환영할만한’ 은퇴이주자의 탄생: 필리핀, 말레이시아, 태국의 비자정책을 중심으로.” 〈동남아연구〉, 28권 3호, 123~154.

김종영(2015). 《지배받는 지배자: 미국 유학과 한국 엘리트의 탄생》. 파주: 돌베개.

김종호·김지훈(2023). “싱가포르 2022: 포스트 팬데믹, 포스트 고령사회의 제도적 조치를 선도한 국가.” 〈동남아시아연구〉, 33권 1호, 65~128.

김지훈(2007). “급증하는 싱가포르 조기유학.” 동아시아의 오늘과 내일 특집 기획 35회, 〈경향신문〉, 10. 27.

______(2010). “싱가포르의 교육산업화와 교육이주.” 〈동아시아 브리프〉, 5권 4호, 46~51.

______(2011). “체류자 아내/어머니로 살아가기: 싱가포르 거주 한국인 기혼 직장 여성의 일과 가족 양립 문제에 대한 탐색적 연구.” 〈동남아시아연구〉. 21권 1호, 217~246.

______(2012). “싱가포르의 이중언어 정책과 이중언어 교육정책에 대한 연구: 역사적 형성, 공고화 과정, 사회적 함의를 중심으로.” 〈사회과학연구〉, 36권 1호, 157~177.

______(2013). “동남아시아에 조기유학 한 학생들의 귀국 경험.” 〈언어와 문화〉, 9권 2호, 101~120.

______(2014). “초국적 이주로서의 조기유학: 싱가포르의 한국인 조기유학생 추적 조사를 통한 이동성(*mobility*) 유형화.” 〈동남아시아연구〉, 24권 2호, 207~251.

______(2017). “글로벌 이민 추세와 한국의 선택.” 코리아컨센서스연구원(편), 《코리아 컨센서스: 민주주의와 평화》(170~181쪽).

______· 이민경(2011). “외국인 유학생들의 한국유학 동기와 경험 연구: 서울 A 대학 석사과정 학생들의 내러티브를 중심으로.” 〈동아연구〉, 30권 2호, 73~101.

______· 김성희(2014). “싱가포르 이중 언어 현실과 교육 정책: 역사적 형성 과정과 사회적 함의를 중심으로.” 〈새국어생활〉, 24권 1호, 152~180.

______· 김홍구 · 채수홍(2022). “동남아시아의 한인사회: 현지와 동반성장하는 공동체.” 김지훈 · 김홍구 · 채수홍 · 홍석준 · 엄은희 · 김동엽 · 이요한 · 김희숙(2022). 《동남아시아 한인: 도전과 정착 그리고 미래》(8~37쪽). 서울: 눌민.

노현종 · 홍민기 · 전재호 · 허두회 · 김기형(2012). 〈글로벌 청년취업 지원제도의 발전 방안에 관한 연구: 수요자 중심의 맞춤형 지원방안을 중심으로〉, 서울: 고용노동부.

대한무역투자진흥공사(2016). 〈2017 싱가포르 진출전략〉, 서울: 대한무역투자진흥공사.

서동혁(1999). 《21세기 지식기반경제로의 도약을 위한 싱가포르의 산업발전 전략과 시사점》. 서울: 산업연구원.

성정현 · 홍석준(2013). 《그들은 왜 기러기가족을 선택했는가: 말레이시아 조기유학 현장보고》. 서울: 한울아카데미.

신지영(2021). 《언어의 높이뛰기: 신지영 교수의 언어 감수성 향상 프로젝트》. 서울: 인플루엔셜.

심두보(2010). “싱가포르의 한국에 대한 인식.” 한국동남아연구소(편), 《동남아의 한국에 대한 인식》(313~349쪽). 서울: 명인문화사.

싱가포르한국상공회의소(2015). 《Members Directory 2015~2016》. 싱가포르: 싱가포르한국상공회의소.

싱가포르한국국제학교(2016). “학생현황.” http://www.skis.kr(검색일: 2017. 1. 24).

______(2023). “학생현황.” http://www.skis.kr(검색일: 2023. 2. 1).

싱가포르한인회(2013). 《싱가포르 한인 50년사》. 서울: 이지출판.

안지영·김지훈(2014). “저소득층 국제재혼가족 전혼자녀(前婚子女)의 가족 경험에 대한 탐색적 연구: 베트남 출신 새어머니를 둔 한국인 청소년을 중심으로.” 〈가족과 문화〉, 26권 4호, 25~57.

오인환(2019). 《앞으로 더 잘 될 거야: 20대에 떠난 뉴질랜드, 싱가포르에서의 기록》. 파주: 생각의빛.

외교통상부(1968~1990). 〈재외국민 현황〉. 서울: 외교통상부.

______(1991~1997). 〈해외동포 현황〉. 서울: 외교통상부.

______(1999~2021). 〈재외동포 현황〉. 서울: 외교통상부.

______(2017). “국가(지역) 전체보기: 싱가포르.” http://www.mofa.go.kr(검색일: 2017. 1. 1).

윤인진(2014). 《코리안 디아스포라: 재외 한인의 이주, 적응, 정체성》. 서울: 고려대학교 출판부.

이순미(2018). 《싱가포르: 유리벽 안에서 행복한 나라》. 서울: 책읽는 고양이.

이승은(2014). “글로벌 도시국가 싱가포르의 한인사회: ‘이주’와 ‘정착’의 역사 및 전망.” 〈한중미래연구〉, 2호, 135~165.

이혜경 외(2016). 《이민정책론》. 서울: 박영사.

임상래·김우성·이광윤·김용재·김영철·이순주(2008). 《중남미 한인 디아스포라 연구 : 한인 전문직 그룹을 중심으로》. 부산: 부산외국어대학교 출판부.

임시연(2016). “싱가포르 외국인 고급인력의 코스모폴리탄 정체성과 시민권 연구.” 서울대학교 박사학위 논문.

장수현(2012). “중국 청도 한국인 교민사회에 대한 연구: 지구화 시대 초국적

이주의 구조적 유동성." 〈중국학연구〉, 62호, 337~360.
정근하(2016). "한일 청년층의 해외탈출 현상 비교연구." 〈문화와 사회〉, 22호, 7~58.
정락인(2010). "고통 끝없는 'B·C급 전범'들." 〈시사저널〉, 8. 23.
정영수(2012). 《멋진 촌놈: 36년간 적도에서 일궈 낸 한 경제인의 사업과 인생 이야기》. 서울: 이지출판.
조영태(2016). 《정해진 미래: 인구학이 말하는 10년 후 한국 그리고 생존전략》. 서울: 북스톤.
주싱가포르 대한민국대사관(2016). "한-싱 관계." http://sgp.mofa.go.kr (검색일: 2017. 1. 1).
______(2022). "정책자료." https://overseas.mofa.go.kr(검색일: 2022. 12. 10).
채수홍(2022). 《베트남: 한인의 베트남 정착과 초국적 삶의 정치》. 서울: 눌민.
출입국·외국인정책본부(1965~1983). 〈출입국 통계연보〉. 경기도: 법무부.
한경구(1996). 《세계의 한민족: 아시아·태평양》. 서울: 통일원.
한국교육개발원(2005~2014). 〈교육통계연보〉. 충청도: 한국교육개발원.
한국무역협회(2023). "국가의 수출입." http://stat.kita.net(검색일: 2023. 5. 5).
______(2017). "아시아-국가정보-무역정보-싱가포르." http://www.kita.net (검색일: 2017. 1. 20).
한국산업인력공단(2017). "한국산업인력관리공단을 통한 청년 해외 취업자수, 2013~2016." 서울: 한국산업인력공단 내부 자료.
한국수출입은행(2023). "국가별 해외투자현황." https://www.koreaexim.go.kr(검색일: 2023. 5. 5).
한국촌(2014). "취업비자(WP: *Work Permit*) 개요 및 신청 자격." http://www.hankookchon.com(검색일: 2017. 3. 6).
해거드, 스테판(1994). 《주변부로부터의 오솔길: 신흥공업국의 정치경제학》, 박건영 외(역), 서울: 문학과지성사〔Haggard, S. (1990). *Pathways from the Periphery: The Politics of Growth in the Newly*

Industrializing Countries, Ithaca: Cornell University Press].
황인원・김형종・김지훈(2012). "말레이시아와 싱가포르의 고등교육정책 변화의 정치경제적 함의." 〈동남아시아연구〉, 22권 3호, 123~167.
KOTRA 해외시장뉴스(2015). "싱가포르, 세계 최고 항구 도시로 뽑혀" https://news.kotra.or.kr(검색일: 2017. 2. 6).

Amit, V. (2002). "The moving 'expert': A study of mobile professionals in the Cayman Islands and North America." In N. Sorensen & K. Olwig(Eds.), *Work and Migration: Life and Livelihoods in a Globalizing World*(pp. 145~160). London: Routledge.
Amsden, A. H. (1989). *Asia's Next Giant: South Korea and Late Industrialization*. New York & Oxford: Oxford University Press.
Basch, L. G., N. G. Schiller, & C. Szanton Blanc(1994). *Nations Unbound: Transnational Projects, Postcolonial Predicaments, and Deterritorialized Nation-states*. Amsterdam: Gordon and Breach.
Beaverstock, J. V. (2011). "Servicing British expatriate 'talent' in Singapore: Exploring ordinary transnationalism and the role of the 'expatriate' club." *Journal of Ethnic and Migration Studies*, 37(5), 709~728.
Ben-Ari, E. (2002). "The Japanese in Singapore: The dynamics of an expatriate community." R. Goodman, C. Peach, A. Takenaka, & P. White(Eds.), *Global Japan: The Experience of Japan's new Immigrant and Overseas Communities*(pp. 116~130). London & New York: Routledge.
Berry, D. P. & M. P. Bell(2012). "'Expatriates': Gender, race and class distinctions in international management." *Gender, Work and Organization*, 19(1), 10~28.
Birks, M. & J. Mills(2011). *Grounded Theory: A Practical Guide*. Sage.
BIS(2016). "Triennial Central Bank Survey of foreign exchange and OTC derivatives markets in 2016." *BIS Triennial Central Bank Survey 2016*. Basel: Monetary and Economic Department.

Black, J. S., M. Mendenhal, & G. Oddou(1991). "Toward a comprehensive model of international adjustment: An integration of multiple theoretical perspectives." *Academy of Management Review*, 16(2), 291~317.

Bokhorst-heng, W. D. (2005). "Debating Singlish." *Multilingua*, 24(3), 185~209.

Bonebright, D. A. (2010). "Adult third culture kids: HRD challenges and opportunities." *Human Resource Development International*, 13(3), 351~359.

Bryceson, D. F. & U. Vuorela(2002). *The Transnational Family: New European Frontiers and Global Networks.* Oxford: Berg.

Castles, S. & M. J. Miller(1993). *The Age of Migration: International Population Movements in the Modern World.* London & New York: The Guilford Press.

Charmaz, K. (2006). *Constructing Grounded Theory.* London: Sage Publications.

Chua, B. H. (1995). *Communitarian Ideology and democracy in Singapore.* London: Routledge.

______(2003). "Multiculturalism in Singapore: An instrument of social control." *Race and Class*, 44(3), 58~77.

Changi Airport Group(2016). "Traffic statistics." Retrieved February 6, 2017, from http://www.changiairport.com.

Cohen, E. (1977). "Expatriate communities." *Current Sociology*, 24(3), 5~133.

Cohen, R. (1997). *Global Diasporas: An Introduction.* London: UCL Press.

Colic-Peisker, V. (2010). "Free floating in the cosmopolis: Exploring the identity-belonging of transnational knowledge workers." *Global Networks*, 10(4), 467~488.

Collins, F., K. C. Ho, M. Ishikawa, & S. Ma(2017). "International student mobility and after-study lives: The portability and prospects of overseas education in Asia." *Population, Space and Place*, 23(4), doi: 10.1002/psp.2029.

Connelly, B. L. (2010). "Transnational entrepreneurs, worldchanging entrepreneurs, and ambassadors: A typology of the new breed of expatriates." *International Entrepreneurship and Management Journal*, 6(1), 39~53.

Constable, N. (Ed.) (2004). *Cross-border Marriages: Gender and Mobility in Transnational Asia.* Philadelphia: University of Pennsylvania Press.

Cooke, F. L. (2007). "Husband's career first: Renegotiating career and family commitment among migrant Chinese academic couples in Britain." *Work, Employment and Society*, 21, 47~65.

Cote, J. E. (1996). "Sociological perspectives on identity formation: The culture-identity link and identity capital." *Journal of Adolescence*, 19(5), 417~428.

Cranston, S. (2016). "Imagining global work: Producing understandings of difference in 'Easy Asia.'" *Geoforum*, 70, 60~68.

Creswell, J. W. (2007). *Qualitative Inquiry and Research Design: Choosing among Five Traditions* (2nd Ed.). Thousand Oaks, CA: Sage.

D'Andrea, A. (2006). *Global Nomads: Techno and New Age as Transnational Countercultures in Ibiza and Goa.* Routledge Taylor & Francis Group.

Dixon, L. Q. (2005). "Bilingual education policy in Singapore: An analysis of its sociohistorical roots and current academic outcomes." *International Journal of Bilingual Education and Bilingualism*, 8(1), 25~47.

Dreby, J. (2007). "Children and power in Mexican transnational families." *Journal of Marriage and Family*, 69(4), 1050~1064.

______ (2010). *Divided by Borders: Mexican Migrants and Their Children.* Berkeley: University of California Press.

Duchêne-Lacroix, C. & A. Koukoutsaki-Monnier(2016). "Mapping the social space of transnational migrants on the basis of their (supra) national belongings: The case of French citizens in Berlin." *Identities*, 23(2), 136~154.

Erel, U.(2010). "Migrating cultural capital: Bourdieu in migration studies." *Sociology*, 44(4), 642~660

Espiritu, Y. L.(2003). *Home Bound: Filipino American Lives across Cultures, Communities, and Countries*. Berkeley, CA: University of California Press.

Fail, H., J. Thompson, & G. Walker(2004). "Belonging, identity and third culture kids: Life histories of former international school students." *Journal of Research in International Education*, 3(3), 319~338.

Fechter, A. M.(2007). *Transnational Lives: Expatriates in Indonesia*. Aldershot & Burlington, VT: Ashgate.

Finch, J.(2007). "Displaying families." *Sociology*, 41(1), 65~81.

Findlay, A. M., F. L. N. Li, A. J. Jowett & R. Skeldon(1996). "Skilled international migration and the global city: A study of expatriates in Hong Kong." *Transactions of the Institute of British Geographers*, 21(1), 49~61.

Foner, N. & J. Dreby(2011). "Relations between the generations in Immigrant Families." *Annual Review of Sociology*, 27: 545~564.

Goh, C. B. & S. Gopinathan(2008). "The development of education in Singapore since 1965." In S. K. Lee, C. B. Goh, B. Fredriksen, & J. P. Tan(Eds.), *Toward a Better Future: Education and Training for Economic Development in Singapore since 1965*(pp. 12~38). Washington. D. C.: World Bank.

Gopinathan, S.(1996). "Globalisation, the state and education policy in Singapore." *Asia Pacific Journal of Education*, 16(1), 74~87.

______(2007). "Globalisation, the Singapore developmental state and education policy: A thesis revisited." *Globalisation, Societies and Education*, 5(1), 53~70.

Green, D.(2017). "As its population ages, Japan quietly turns to immigration." *Migration Information Source: The Online Journal of the Migration Policy Institute.*

Guest, G. S., K. M. MacQueen, & E. E. Namey(2012). *Applied Thematic Analysis.* Thousand Oak: Sage.

Hall, S.(2002). "Political belonging in a world of multiple identities." In S. Vertovec & R. Cohen(Eds.), *Conceiving Cosmopolitanism: Theory, Context, and Practice*(pp. 25~31). Oxford: Oxford University Press.

Hardill, I.(2004). "Transnational living and moving experiences: Intensified mobility and dual-career households." *Population, Space and Place*, 10, 375~389.

Hays, S.(1996). *The Cultural Contradictions of Motherhood.* New Haven & London: Yale University Press.

Heisler, B. S.(2008). "The sociology of immigration." In Brettell & Hollifield(Eds.), *Migration Theory: Talking Across Disciplines.* New York & London: Routledge.

Ho, K. C., H. Y. Yun, & J. Kim(2022). "Sojourning Korean expatriate families and the ethnic enclave in Hanoi." *Korea Journal*, 62(4), 18~47.

Hornberger, N. & V. Vaish(2009). "Multilingual language policy and school linguistic practice: Globalization and English-language teaching in India, Singapore and South Africa." *Compare*, 39(3), 305~320.

Huang, S. & B. S. A. Yeoh(2005). "Transnational families and their children's education: China's study mothers' in Singapore." *Global Networks*, 5, 379~400.

Immigration and Checkpoints Authority(ICA) (2010). "Naturalization guide for foreign students." Retrieved October 3, 2010, from http://www.ica.gov.sg.

Ishikawa, M. (2009). "University rankings, global models, and emerging hegemony: Critical analysis from Japan." *Journal of Studies in International Education*, 13(2), 159~173.

Jones, G. & H.-h. Shen(2008). "International marriage in East and Southeast Asia: Trends and research emphases." *Citizenship Studies*, 12(1), 9~25.

Katz, V. S. (2014). *Kids in the Middle: How Children of Immigrants Negotiate Community Interactions for Their Families.* Rutgers University Press.

Khagram, S. & P. Levitt(2008). *The Transnational Studies Reader: Intersections and Innovations.* New York and London: Routledge.

Kim, A. E. (2009). "Global migration and South Korea: Foreign workers, foreign brides and the making of a multicultural society." *Ethnic and Racial Studies*, 32(1), 70~92.

Kim, H. H. (2003). "Ethnic enclave economy in urban China: The Korean immigrants in Yanbian." *Ethnic and Racial Studies*, 26(5), 802~828.

Kim, Jaeeun(2019). "Ethnic capital, migration, and citizenship: A Bourdieusian perspective." *Ethnic and Racial Studies*, 42(3), 357~385.

Kim, Jeehun(2009). *Managing Intergenerational Family Obligations in a Transnational Migration Context: Korean Professional and Educational Migrant Families in Singapore*(Doctor of Philosophy). University of Oxford, Oxford.

______(2010). "'Downed' and stuck in Singapore: Lower/middle class South Korean Wild Geese (Kirogi) children in public school." *Research in Sociology of Education*, 17, 271~311.

______(2011). "Living as expatriate wives and mothers: Balancing work and family issues among Korean working women in Singapore." *The Southeast Asian Review*, 21(1), 217~248.

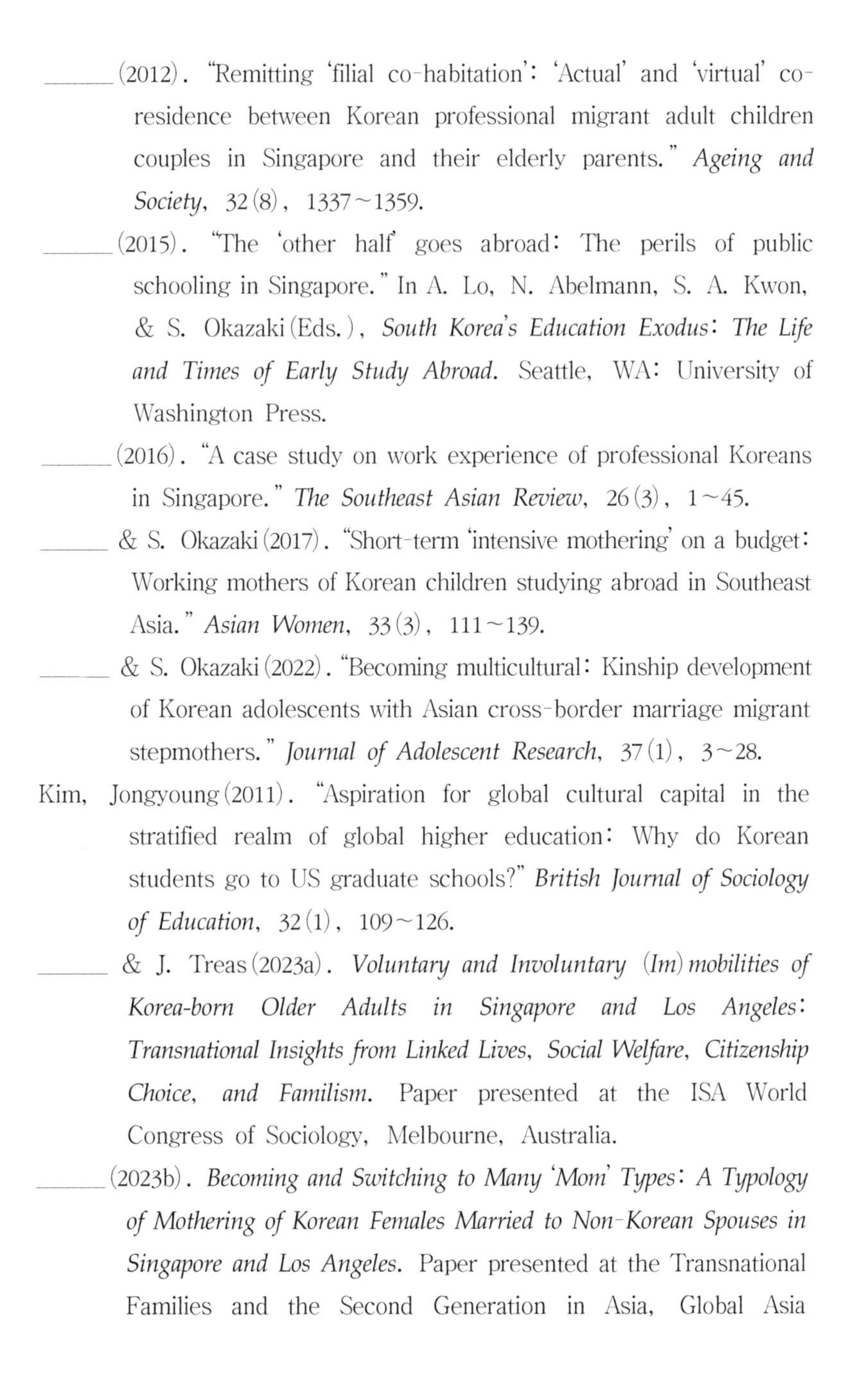
______(2012). "Remitting 'filial co-habitation': 'Actual' and 'virtual' co-residence between Korean professional migrant adult children couples in Singapore and their elderly parents." *Ageing and Society*, 32(8), 1337~1359.

______(2015). "The 'other half' goes abroad: The perils of public schooling in Singapore." In A. Lo, N. Abelmann, S. A. Kwon, & S. Okazaki(Eds.), *South Korea's Education Exodus: The Life and Times of Early Study Abroad*. Seattle, WA: University of Washington Press.

______(2016). "A case study on work experience of professional Koreans in Singapore." *The Southeast Asian Review*, 26(3), 1~45.

______ & S. Okazaki(2017). "Short-term 'intensive mothering' on a budget: Working mothers of Korean children studying abroad in Southeast Asia." *Asian Women*, 33(3), 111~139.

______ & S. Okazaki(2022). "Becoming multicultural: Kinship development of Korean adolescents with Asian cross-border marriage migrant stepmothers." *Journal of Adolescent Research*, 37(1), 3~28.

Kim, Jongyoung(2011). "Aspiration for global cultural capital in the stratified realm of global higher education: Why do Korean students go to US graduate schools?" *British Journal of Sociology of Education*, 32(1), 109~126.

______ & J. Treas(2023a). *Voluntary and Involuntary (Im)mobilities of Korea-born Older Adults in Singapore and Los Angeles: Transnational Insights from Linked Lives, Social Welfare, Citizenship Choice, and Familism*. Paper presented at the ISA World Congress of Sociology, Melbourne, Australia.

______(2023b). *Becoming and Switching to Many 'Mom' Types: A Typology of Mothering of Korean Females Married to Non-Korean Spouses in Singapore and Los Angeles*. Paper presented at the Transnational Families and the Second Generation in Asia, Global Asia

Research Center, National Taiwan University, Taipei, Taiwan.

Lam, T., B. S. A. Yeoh, & L. Law(2002). "Sustaining families transnationally: Chinese-Malaysians in Singapore." *Asian and Pacific Migration Journal,* 11(1), 117~143.

Lan, P. C.(2011). "White privileges, language capital, and cultural ghettolization: Western skilled migrants in Taiwan." *Journal of Ethnic and Migration Studies,* 10, 669~1693.

______(2014a). "Deferential surrogates and professional others: Recruitment and training of migrant care workers in Taiwan and Japan." *Positions,* 4(5), 31~549.

______(2014b). Compressed Modernity and Glocal Entanglement: The Contested Transformation of Parenting Discourses in Post-war Taiwan, *Current Sociology,* 62(4), 531~549.

Lareau, A.(2003). *Unequal Childhoods: Class, Race, and Family Life.* Berkeley: University of California Press.

______(2022). "Downplaying themselves, upholding men's status women's deference to men in wealthy families." *RSF: The Russell Sage Foundation Journal of the Social Sciences,* 8(7), 112~131.

______(2011). *Unequal Childhoods: Class, Race, and Family Life with an Update a Decade Later*(2nd ed.). Berkeley: University of California Press.

______(2015). "Cultural knowledge and social inequality." *American Sociological Review,* 80(1), 1~27.

Lee, H. L.(2022). "National day rally 2022 speech." *Prime Minister's Office.* August 21. Retrieved December 2, 2022.

Lee, K. Y.(2000). *From Third World to First: The Singapore Story, 1965~2000*(1st ed.). New York: HarperCollins Publishers.

______(2012). *My Lifelong Challenge: Singapore's Bilingual Journey.* Singapore: Straits Times Press.

Lee, Y.-J.(2020). *Divorce in South Korea: Doing Gender and the*

Dynamics of Relationship Breakdown. Boston: University of Hawaii Press.

Lee, Y. K. (2017). "National heterogeneity and transnational linkage to homeland: The case of Korean migrants in China." *Korea Observer,* 48(1), 157~181.

Lehmann, A. (2014). *Transnational Lives in China: Expatriates in a Globalizing City.* Palgrave Macmillan.

Leonard, P. (2010). "Work, identity and change? Post/colonial encounters in Hong Kong." *Journal of Ethnic and Migration Studies,* 36(8), 1247~1263.

Liew, I. (2022). "8 key changes to take note of in the new year: These include CPF contribution rates, rules on returning to offices." *The Straits Times.* January 1.

Lim, L. (2009). "Beyond fear and loathing in SG: The real mother tongues and language policies in multilingual Singapore." *AILA Review,* 22(1), 52~71.

Lim, T. (2010). "Rethinking belongingness in Korea: Transnational migration, 'migrant marriages' and the politics of multiculturalism." *Pacific Affairs,* 83(1), 51~71.

Lin, W. (2012). "Beyond flexible citizenship: Towards a study of many Chinese transnationalisms." *Geoforum,* 43(1), 137~146.

Lloyd, L. (2015). "The fourth age." In J. Twigg & W. Martin(Eds.), *Routledge Handbook of Cultural Gerontology* (pp. 261~268). New York: Routledge.

Lo, A., N. Abelmann, S. A. Kwon, & S. Okazaki(Eds.) (2015). *South Korea's Education Exodus: The Life and Times of Study Abroad.* Seattle, WA: University of Washington Press.

Lockwood, William(1971). "Employment, technology and education in Asia." *The Malayan Economic Review,* 16(2), 6~24.

Marginson, S. (2006). "Dynamics of national and global competition in higher education." *Higher Education*, 52, 1~39.

______(2011). "Higher education in East Asia and Singapore: Rise of the confucian model." *Higher Education*, 61(5), 587~611.

______ & M. van der Wende(2007). "To rank or to be ranked: The impact of global rankings in higher education." *Journal of Studies in International Education,* 11(3/4), 306~329.

Mason, J. (2004). "Managing kinship over long distances: The significance of 'the visit.'" *Social Policy & Society*, 3, 421~429.

Meier, L. (2016). "Dwelling in different localities: Identity performances of a white transnational professional elite in the City of London and the Central Business District of Singapore." *Cultural Studies*, 30(3), 483~505.

Ministry of Education(MOE) (2010). *Education Statistics Digest 2010: Management Information and Research Branch Planning Division Ministry of Education Singapore.* Singapore: MOE.

______(2011). *Education Statistics Digest 2011: Management Information and Research Branch Planning Division Ministry of Education Singapore.* Singapore: MOE.

______(2012). *Report of the Committee on University Education Pathways Beyond 2015*(CUEP): *Final Report.* Singapore: MOE.

______(2017). "Finance matters." Retrieved March 6, 2017, from http://www.ifaq.gov.sg/MOE.

Ministry of Manpower(MoM) (2017a). "Work passes and permits." Retrieved February, 20, 2017, from http://www.mom.gov.sg.

______(2017b). "Labour Market Statistical Information." Retrieved February, 20, 2017, from http://stats.mom.gov.sg.

Mok, K. H. (2011). "The quest for regional hub of education: Growing heterarchies, organizational hybridization, and new governance in Singapore and Malaysia." *Journal of Education Policy*, 26(1), 61~81.

Moore, F.(2016). "City of sojourners versus city of settlers: Transnationalism, location and identity among Taiwanese professionals in London and Toronto." *Global Networks*, 16(3), 372~390.

National Population and Talent Division(2013). *A Sustainable Population for a Dynamic Singapore: Population White Paper.* Singapore: Author.

Ng, P. T.(2010). "Singapore's response to the global war for talent: Politics and education." *International Journal of Educational Development*, 31(3), 262~268.

Nukaga, M.(2013). "Planning for a successful return home: Transnational habitus and education strategies among Japanese expatriate mothers in Los Angeles." *International Sociology*, 28(1), 66~83.

OECD and World Health Organization(2022). "Health at a glance Asia/Pacific 2022: Measuring progress towards universal health coverage." Retrieved January 8, 2023, from https://stat.link/6o7nri

Olds, K.(2007). "Global assemblage: Singapore, foreign universities, and the construction of a 'global education hub.'" *World Development*, 35(6), 959~975.

Oishi, N.(2012). "The limits of immigration policies: The challenges of highly skilled migration in Japan." *American Behavioral Scientist*, 56, 1080~1100.

Okazaki, S. & N. Ablemann(2018). *Korean American Families in Immigrant America: How Teens and Parents Navigate Race.* New York: New York University Press.

______ & J. Kim(2018). "Going the distance: Transnational educational migrant families in Korea." In M. D. Guzman, J. Brown, & C. Edwards, *Parenting from Afar*(pp. 321~338). New York: Oxford University Press.

Olwig, K. F. & N. N. Sorensen(2002). "Mobile livelihoods: Making a living in the world." In N. N. Sorensen & K. F. Olwig(Eds.), *Work and Migration: Life and Livelihoods in a Globalizing World* (pp. 1~19). London: Routledge.

Ong, A. (1999). *Flexible Citizenship: The Cultrual Logics of Transnationality.* London: Duke University Press.

Ono, H. (2007). "Careers in foreign-owned firms in Japan." *American Sociological Review*, 72(2), 267~290.

O'Reilly, K. (2013). *The British on the Costa Del Sol: Transnational Identities and Local Communities.* Taylor and Francis.

Orellana, M. F., B. Thorne, A. Chee, & W. S. E. Lam(2001). "Transnational childhoods: The participation of children in processes of family migration." *Social Problems*, 48: 572~591.

Park, J. S. Y. & S. H. Bae(2009). "Language ideologies in educational migration: Korean jogi yuhak families in Singapore." *Linguistics and Education*, 20: 366~377.

Parrenas, R. S. (2005). *Children of Global Migration: Transnational Families and Gendered Woes.* Stanford, CA: Stanford University Press.

Paul, A. (2011). "Stepwise international migration: A multi-stage migration pattern for the aspiring migrant." *American Journal of Sociology*, 116(6), 1842~1886.

______(2013). "Good help is hard to find: The differentiated mobilisation of migrant social capital among Filipino domestic workers." *Journal of Ethnic and Migration Studies*, 39(5), 719~739.

______(2017). *Multinational Maids: Stepwise Migration in a Global Labor Market. Cambridge*, UK: Cambridge University Press.

Pereira, A. A. (2008). "Wither the developmental state?" *Third World Quarterly*, 29(6), 1189~1203.

Phang, S. Y. & M. Helble(2016). "Housing policies in Singapore." ADBI Working Paper Series 559.

Plüss, C. (2013). "Chinese migrants in New York: Explaining inequalities with transnational positions and capital conversions in transnational spaces." *International Sociology*, 28(1), 12~28.

Port Technology News(2015). "In pictures: Top 5 transhipment hubs." February 25.

Portes, A.(2001). "Introduction: The debates and significance of immigrant transnationalism." *Global Networks*, 1(3), 181~193.

______ & M. Zhou(1993). "The new second generation: Segmented assimilation and its variants." *The Annals of the American Academy of Political and Social Science*, 530, 74~96.

______, W. J. Haller, & L. E. Guarnizo(2002). "Transnational entrepreneurs: An alternative form of immigrant economic adaptation." *American Sociological Review*, 67(2), 278~298.

______ & J. DeWind(2007). *Rethinking migration: New Theoretical and Empirical Perspectives*. New York: Berghahn Books.

Ramirez, C. D. & L. H. Tan(2004). "Singapore Inc. versus the private sector." *IMF Staff Papers*, 51(3), 510~528.

Roos, H.(2013). "In the rhythm of the global market: Female expatriates and mobile careers: A case study of Indian ICT professionals on the move." *Gender, Work and Organization*, 20(2), 147~157. doi: 10.1111/gwao.12016.

Rumbaut, R.(2007). "Ages, life stages and generational cohorts: Decomposing the immigrant first and second generations in the United States." In A. Portes & J. DeWind(Eds.), *Rethinking Migration: New Theoretical and Empirical Perspectives*(pp. 342~390). New York: Berghahn Books.

Sassen, S.(1991). *The Global City: New York, London, Tokyo*. Princeton, NJ: Princeton University Press.

Scott, S.(2006). "The social morphology of skilled migration: The case of the British middle class in Paris." *Journal of Ethnic and Migration Studies*, 32(7), 1105~1129.

Seo, J. (2007). "Interpreting Wangjing: Ordinary foreigners in a globalizing town." *Korea Observer*, 38(3), 469~500.

Sidhu, R. (2006). "How to assemble a knowledge economy: Singapore's transnational education project." *Perspectives in Education*, 24(4), 45~56.

Silver, R. E. (2005). "The discourse of linguistic capital: Language and economic policy planning in Singapore." *Language Policy*, 4(1), 47~66.

Singapore Department of Statistics(2002). *The Education Industry in Singapore*. Occasional Paper on Business Statistics. Singapore: Department of Statistics.

______(2016a). *General Household Survey 2015*. Singapore: Department of Statistics.

______(2016b). *Population Trend 2016*. Singapore: Department of Statistics.

______(2021). *Census of Population 2020 Statistical Release 1: Demographic Characteristics, Education, Language and Religion*(June 2021). Singapore: Department of Statistics.

______(2022). *Population Trends 2022*. Singapore: Department of Statistics, Ministry of Trade & Industry, Republic of Singapore.

Singapore Economic Development Board(2016). "Our history." Retrieved January 10, 2017, from https://www.edb.gov.sg.

Singapore Ministry of Education(2010). *International Student Admission: General Information on Studying in Singapore*. Retrieved October 3, 2010, from http://www.moe.gov.sg.

Singapore Ministry of Manpower(2020). *Tripartite Guidelines on the Re-employment of Older Employees*.

______ & Statistics Department(2022). *Labour Force in Singapore: Advance Release 2022*. Singapore: Ministry of Manpower and Statistics Department.

Singapore Tourism Board(2007). *Education Guide 2008/09 for International*

Students. Singapore: Educational Services Division, Singapore Tourism Board.

Skovgaard-Smith, I. & F. Poulfelt (2018). "Imagining 'non-nationality': Cosmopolitanism as a source of identity and belonging." *Human Relations*, 71(2), 129~154.

Smith, M. P. & L. Guarnizo (1998). *Transnationalism From Below.* New Brunswick, NJ: Transaction Publishers.

Stahl, C. W. (1984). "Singapore's foreign workforce: Some reflections on its benefits and costs." *International Migration Review*, 18(1), 37~49.

Stalford, H. (2005). "Parenting, care and mobility in the EU: Issues facing migrant scientists." *Innovation*, 18, 361~380.

Starr, R. L., A. J. Theng, K. M. Wong, N. J. Y. Tong, N. A. B. Ibrahim, A. M. Y. Chua, C. H. M. Yong, F. W. Loke, H. Dominic, K. J. Fernandez & M. T. J. Peh (2017). "Third culture kids in the outer circle: The development of socio-linguistic knowledge among local and expatriate children in Singapore." *Language in Society*, 46(4), 507~546.

Suárez-Orozco, C. & M. M. Suárez-Orozco (2001). *Children of Immigration.* Cambridge, MA: Harvard University Press.

______ & M. M. Suárez-Orozco M (2013). "Transnationalism of the heart: Familyhood across borders." In D. Cere & L. McClain (Eds.), *What is Parenthood? Competing Models for Understanding Today's Revolution in Parenthood*, London: Cambridge University Press.

Sun, K. C. (2013). "Rethinking migrant families from a transnational perspective: Experiences of parents and their children." *Sociology Compass*, 7(6), 445~458.

Tan, C. (2006). "Change and continuity: Chinese language policy in Singapore." *Language Policy*, 5(1), 41~62.

Thang, L. L., E. MacLachlan & M. Goda (2002). "Expatriates on the margins: A study of Japanese women working in Singapore." *Geoforum*, 33(4), 539~551.

The Straits Times(1992). "English-educated but more at ease with Chinese." June 20.

______(2005). "Foreign students in Singapore a class apart." December 3.

______(2009a). "Was Chinese wrongly taught for 30 years." November 27.

______(2009b). "The price of bilingualism." November 27.

______(2014). "Singapore remains best place to do business: EIU." May 21.

______(2017). "Financial sector to add 4,000 jobs a year." October 31.

______(2022). "All you need to know about PM Lee's national day rally speech." August 21. Retrieved December 2, 2022.

Thomas, W. I. & F. Znaniecki(1918). *The Polish Peasant in Europe and America: Monograph of An Immigrant Group.* Boston: Badger.

Vertovec, S. & R. Cohen(Eds.)(2002). *Conceiving Cosmopolitanism: Theory, Context, and Practice.* Oxford: Oxford University Press.

Wade, R.(1990). *Governing the Market: Economic Theory and the Role of Government in East Asian Industrialization.* Princeton, NJ: Princeton University Press.

Wang, L. K.(2013). "Unequal logics of care: Gender, globalization, and volunteer work of expatriate wives in China." *Gender and Society*, 27(4), 538~560.

Wee, D.(2009). "Singapore language enhancer: Identity included." *Language and Intercultural Communication*, 9(1), 15~23.

Wee, L.(2010). "'Burdens' and 'handicaps' in Singapore's language policy: On the limits of language management." *Language Policy*, 9(2), 97~114.

______.(2011). "Language policy mistakes in Singapore: Governance, expertise and the deliberation of language ideologies." *International Journal of Applied Linguistics*, 21(2), 202~221.

WHO(2022). *Singapore: Coronavirus Disease 2019(COVID-19) Situation Report*. World Health Organization-Malaysia, Brunei Darussalam and Singapore. December 11, Retrieved December 20, 2022.

Wong, R. H. K.(1974). *Educational Innovation in Singapore*. Paris: UNESCO Press.

World Bank(1993). *The East Asian Miracle: Economic Growth and Public Policy*. Oxford & New York: Oxford University Press for the World Bank.

______(2016). "World Bank Open Data" Retrieved February 6, from http://data.worldbank.org.

Yan, J. & M. Meinhof(2018). "The other Chinese: Identity work and self-orientalization of Chinese host country nationals in multi-national corporations." *Social Identities: Journal for the Study of Race, Nation and Culture*, 24(5), 666~683.

Yeoh, B. S. A.(2006). "Bifurcated labour: The unequal incorporation of transmigrants in Singapore." *Tijdschrift voor Economische en Sociale Geografie*, 97(1), 26~37.

______(2007). "Singapore: Hungry for foreign workers at all skill levels." Retrieved October 3, 2010, from http://www.migration-information.org.

______, S. Huang, & K. Willis(2000). "Global cities, transnational flows and gender dimensions, the view from Singapore." *Tijdschrift voor Economische en Sociale Geografie*, 91(2), 147~158.

______, E. Graham, & P. J. Boyle(2002). Migrations and family relations in the Asia Pacific region. *Asian and Pacific Migration Journal*, 11(1), 1~11.

______ & T. Lam(2012). "Migration and diverse city: Singapore's changing demography, identity, and landscape." In D. W. Haines, K. Yamanaka, & S. Yamashita(Eds.), *Windover Water: Rethinking Migration in an East Asian Context*(pp. 60~

77). New York, NY: Berghahn.

______ & W. Lin(2012). "Rapid growth in Singapore's immigrant population brings policy challenges"(migration information source). Retrieved from http://www.migrationpolicy.org.

______, C. H. Leng, V. T. K. Dung, & Y. E. Chen(2013). "Between two families: The social meaning of remittances for Vietnamese marriage migrants in Singapore." *Global Networks*, 13(4), 441~458.

______ & T. Lam(2016). "Immigration and its (dis)contents: The challenges of highly skilled migration in globalizing Singapore." *American Behavioral Scientist*, 60(5/6), 637~658.

Yoon, I. J. (2012). "Migration and the Korean diaspora: A comparative description of five cases." *Journal of Ethnic and Migration Studies*, 38(3), 413~435.

Yoon, S. J. (2021). *The Cost of Belonging: An Ethnography of Solidarity and Mobility in Beijing's Koreatown*. New York, NY: Oxford University Press.

Yun, H. Y., J. Kim, & K. C. Ho(2022). "Spatial capital, cultural consumption and expatriate neighbourhoods in Hanoi, Vietnam." *Asia Pacific Viewpoint*, 63(3), 426~440.

찾아보기

ㄱ~ㄴ

ㄷ~ㅂ

ㅅ

ㅇ

ㅈ~ㅊ

ㅋ~ㅎ

기타

지은이 소개

김지훈(金知勳)

현재 인하대 사회교육과 교수이자 인하대 Center for Global Korean and Asian Studies 센터장, 캘리포니아대 어바인캠퍼스(University of California, Irvine) 사회학과 방문연구자(*visiting researcher*)이다. 글로벌 도시, 이주, 가족, 교육의 교차점을 주로 연구하며, 이주연구(*migration studies*), 동남아시아와 싱가포르 전문가이다.

현재 한국동남아학회 부회장이다. 서강대 동아연구소 조교수를 역임했다. 한국사회학회(총무이사), 한국비교사회학회(총무이사, 국제이사)에서 봉사했다.

고려대 사회학과에서 문학사와 문학 석사학위를 받았고, 싱가포르국립대 사회학과에서 석사학위(논문: "A new urban type in Jakarta")를 받았다. 옥스퍼드대 지리환경학과에서 석사학위를, 사회학과에서 박사학위(논문: "Managing intergenerational family obligations in a transnational migration context")를 받았다.

〈아세아연구〉, 〈한국사회〉, 〈동남아시아연구〉 편집위원이다. 케임브리지대출판부에서 발간하는 *TRaNS: Trans-Regional and-National Studies of Southeast Asia*의 창간 실무 책임을 맡았고, 초대 부편집장을 역임했다.

국가연구자번호는 10118537이며, ORCID(ID: 0000-0001-7985-5519), SCOPUS(Scopus Author ID: 55272425200l)에서 논문을 확인할 수 있다.

저서로는 《동남아시아 한인사회: 도전과 정착 그리고 미래》(공저, 2022, 눌민), *Parenting from Afar and the Reconfiguration of the Family Across Distance*(챕터 공저, 2018, Oxford University Press) 등이 있다. 대표 논문으로는 "Becoming multicultural: Kinship development of Korean adolescents with Asian cross-border marriage migrant stepmothers"(공저, 2022, *Journal of Adolescent Research*), "Spatial capital, cultural consumption and expatriate neighbourhoods in Hanoi, Vietnam"(공저, 2022, *Asia Pacific Viewpoint*), "Remitting 'actual' and 'virtual' co-residence between Korean professional adult children couples in Singapore and their elderly parents"(2012, *Ageing and Society*), "'Downed' and stuck in Singapore: Lower/middle class South Korean wild geese (Kirogi) children in public school"(2010, *Research in the Sociology of Education*) 등이 있다.